Infant Observation
and Research:
Emotional Processes in Everyday Lives

乳児観察と
調査・研究

日常場面のこころのプロセス

キャシー・アーウィン
Cathy Urwin 編著
ジャニーン・スターンバーグ
Janine Sternberg

鵜飼奈津子 監訳
Natsuko Ukai

創元社

日本語版への序文

　キャシーと私が編集した本書の日本語版が出版されることを光栄に思います。特に、2012年の夏、英語版の原書が出版されて間もなくキャシーが亡くなってしまったことから、これはなおさらのことです。本書は、ある意味でキャシーの専門家としての関心の多くを象徴するものです。彼女は、子ども・青年心理療法士としての訓練を受ける前は、長年にわたって社会科学者として学術分野で仕事をしていました。つまり、彼女が過去と現在の職業生活の間につながりを見いだしたことこそが、乳児観察の実践――これは今では乳児観察の方法論と呼ばれるようになったわけですが――を社会科学の調査・研究において用いることを可能にしたのです。

　キャシーは、物事を新鮮な目で見つめることに熱心で、自分が見たことについて再検討し、それに驚くことのできる感性を持っていました。本書に掲載されている論文で彼女は次のように締めくくっています。「乳児観察の調査・研究は、単なる事実の収集によってではなく、新たな扉と可能性を開き、そのプロセスに読者を引きつけ、読者がそこにともに参加することで知識を生成するものである」。この「新たな扉と可能性」を開くことこそ、彼女が興味を抱いていたことです。その新たな扉は、個々の単一観察事例の中に特有のものであると同時に、乳児観察を新たな調査・研究の方法論として位置づける、より広く新しい扉でもあるのです。

　乳児観察を調査・研究の方法論としてより広く用いることについて考える上で、私たちは観察者／調査・研究者の体験のインパクトを重要なデータの源として注目する価値を強調しています。むろん、すべてのデータが解釈の対象となるわけですが、こうした主観が調査・研究としての価値を失わせるのではないかという懸念は抱いていました。なぜなら、こうした主観は再現可能ではないからです。とはいえ、ホールウェイ（Hollway, 2012）が「調査・研究者は現象の外側にい

て調査・研究を行うことから、そこで得られたデータは中立なのだという楽観的な客観性は、かなり批判されるようになってきている」（p.29）と言うように、社会科学の内部においても、まさに大きな変化のうねりがあります。あらゆる意味において、乳児観察の調査・研究の方法論は、民族誌学（ethnography）と近似しています。実際、本書においても、いかに観察を通して知識を得て、それを他者に伝えることができるのかについて、また観察そのものの性質についての問いを発するために、文化人類学の民族誌学的伝統に言及している章がいくつかあります。シャトルワース（本書においても『国際乳児観察研究（*International Journal of Infant Observation*)』で発表した論文においても）は、この両者の観察方法における興味深い類似点と相違点について検討しています。観察されたことについての理解に、観察者の中に引き起こされた感情を付け加えることが強調されている点こそが、この方法論のまさに真骨頂なのです。

　調査・研究者の主観に綿密に関与していくことで、日常経験の情緒的側面に対して調査・研究が開かれる可能性が、社会科学の調査・研究にとってもより重要性を帯びることは間違いありません。この方法論は、これまでは接近困難であった新たな文脈と精査の領域の扉を開くものです。乳児観察の方法論は、クラークとホゲット（Clarke & Hoggett, 2009）が日常生活の「表層の背後（behind the surface)」に横たわる情緒的プロセスと呼ぶものを精査する妥当な方法である、そして本書はそのことを示す良い例になる──キャシーも私もそのように信じています。

ジャニーン・スターンバーグ

〈文献〉

Clarke, S. & Hoggett, P. (Eds.) (2009) *Researching Beneath the Surface: Psycho-Social Research Methods in Practice*. London: Karnac.

Hollway, W. (2012) Infant observation: Opportunities, challenges, threats. *International Journal of Infant Observation and its Applications*, 15(1), 21-32.

まえがき

ウェンディ・ホールウェイ
Wendy Hollway

　心理療法の伝統や子どもの福祉に直接関わることのない研究者の私が乳児観察の方法についての熱心な支持者、かつ利用者になったのには、次のような理由がある。乳児観察の方法は、文化的に多様な家族のあり方に、想像をかき立てるように引き寄せてくれ、そこで直面する情緒的プロセスの詳細に意味を見いだすのを助けてくれる。つまり、この方法とそこから現れてくるものは、これまで私が知っていたことをはるかに超えるものなのだった。

　乳児と養育者との関係性を、そのパラダイムの中心に据えるこの方法は、調査・研究での出会いを中心とする社会的設定をも維持するものである。観察者の情緒的注意を総動員させるとともに、その詳細を振り返って記録に残すという専門性には今なお震撼させられる！　これは、観察者の中に客観性を育てる方法であるが、それは世界に対して最も客観的であるという意味においてではなく、自身の情緒的反応に対して注意を払うという感覚と、いつ、どこで、どのように自らが観察した情緒的反応を理解するのかという意味において、客観的な方法なのである。また、観察者が自らの体験を消化するのをグループが助け、それによって得られたデータについて、より創造的に考えることを助ける方法でもある。

　本書は、こうした特長と、それ以上のことを伝えるものになっている。現時点での、乳児観察の調査・研究の応用範囲がすばらしく描かれている。特に、このむしろ新しい領域に活力をもたらしてくれるという意味で印象的である。本書には、幅広いトピックや設定（里親養育、モスク、複雑な出生、同一性の変容、施設、集団内の赤ん坊）が挙げられているばかりか、乳児観察の方法と組んだ幅広い専門性（文化人類学、発達心理学、社会学、精神分析学、そして愛着理論）の視点も含まれている。

　本書で紹介されている調査・研究方法には、実験室研究、グラウンデッド・セオリーによるデータ分析、そして単一事例分析が含まれている。さらに、方法論的、認識論的課題について、注意深く検討されている。例えば、いかに単一の事

例を一般化することが可能なのか、精神分析的概念は操作可能なものなのか、観察者の情緒的で主観的な反応をいかに調査・研究データとして用いることができるのか、乳児観察で見いだされた事柄をどのような方法的結果として推論し得るのか？　本書は、これらの問いについて考察するほか、詳細で厳密な治療データという文脈が提供されているため、読者は自らの調査・研究実践のための学びを得ることができる。ここに力強く描写された世界に入っていくことで、私たち自身の想像力をかき立てられるからである。

　本書は、現在出版されている書籍や『国際乳児観察研究（*International Journal of Infant Observation*）』とともに、乳児観察の価値ある特長を共有するものである。著者らは、専門用語に縛られない書き方をするという伝統を汲みつつ、誤解を与えることなく、シンプルにかつ思慮深く、活気ある感覚を伝えている。そのため読者は、単にこのトピックに「ついて学ぶ（learning about）」のではなく、体験を共有し、それによって変化をもたらされることになるであろう。著者らはまた、既存の考えを押しつけるのを避けつつ自身のトピックを探求しているため、私たち読者は、確信を得たいという誘惑を避けながらも、暫定的で終わりのない洞察を深めていくことになるだろう。人間科学、および社会科学の調査・研究者、学生、そして教師にとって、有益だがいまだ生成過程にあるジャンルもあれば、この論文集を読むことそのものから喜びが得られるようなジャンルもある。

　本書は、乳児観察の臨床家養成訓練の方法から、調査・研究の方法への広がりと多様性を明らかにするものである。また、私はここに、個人、対、集団、そして組織に焦点を当てることを通して、精神分析的に裏打ちされた情緒的プロセスの観察が調査・研究の知見を深め、日常生活へと洗練させ得るような設定の応用の可能性を見る。乳児観察のパラダイムを用いることによって、調査・研究者がいかに日常生活の重大な諸側面に気づき、それについて理解することができるのかは、他のどの調査・研究パラダイムをも超えたものである。これは、ただもう強みをさらに強みに変えていくのみなのである！

謝　辞

　本書の起源は、乳児観察の分野における多くの展開に負うものである。乳児観察は、いくらかの出版物を通してより広く知られるようになってはきているが、特に『国際乳児観察・乳児観察応用研究（*International Journal of Infant Observation and its Applications*）』に負うところが大きい。より最近では、乳児観察のユニークな貢献が調査・研究という文化を牽引するものとしてさらなる発展をもたらしてきていると言えよう。この数年の間に、私たちは、心理療法士、調査・研究者やそのほかにもこの領域に関心のある人々とのディスカッションを行ってきたが、それがこれらの一見したところ異なる伝統を持つ、乳児観察と調査・研究を一つにしてくれたのである。ここから、この領域におけるいくつかのキーワードを一つの本にまとめようというアイディアが生まれ、それが結果として本書につながった。特に、アン・アルヴァレズ（Anne Alvarez）、アンドリュー・クーパー（Andrew Cooper）、アン・ホランダー（Anne Hollander）、ウェンディ・ホールウェイ（Wendy Hollway）、エフィー・リグノス（Effie Lignos）、ニック・ミッジリー（Nick Midgley）、リサ・ミラー（Lisa Miller）、シモナ・ニシム（Simona Nissim）、スー・リード（Sue Reid）、マーガレット・ラスティン（Margaret Rustin）、マイケル・ラスティン（Michael Rustin）、ジアンナ・ウィリアムズ（Gianna Williams）、イスカ・ウィッテンバーグ（Isca Wittenberg）には、多くのアイディアを与えてくれ、関心を注ぎ続けてくれたことに感謝する。

　最後に、事務的なサポートをしてくれたエスティ・ミンギオネ（Estie Mingione）とジョセフ・アンダーソン（Joseph Anderson）、またあらゆる面で本書を生み出すことを助けてくれたすべての人々に感謝したい。

目　次

日本語版への序文　i

まえがき　iii

謝辞　v

第1章　イントロダクション　3

第Ⅰ部

イントロダクション　17

第2章　調査・研究方法としての乳児観察　20

第3章　乳児の体験世界をいかにして知ることができるのか？　30
　　　　──調査・研究から学んだこと

第4章　子どもや家族と第一線で関わる専門家訓練における
　　　　乳児観察の応用の評価　43

第5章　乳児観察の体験が精神分析的心理療法の訓練の
　　　　中心に据えられる意味　58

第6章　現場で　71
　　　　──精神分析的観察と認識論的実在論

第Ⅱ部

イントロダクション　87

第7章　精神分析的乳児観察の単一事例から
　　　　何が学べるのだろうか？　90

第8章　里親養育を受ける乳児の治療的観察　104

第9章　文化体験を観察する際の驚きを利用する　119

第10章　早期介入としての乳児観察　134
　　　　──予備調査・研究プロジェクトから学んだこと

第11章　傷つき、情緒的に凍りついた母親が、赤ん坊を観察し、
　　　　違ったやり方で接し、赤ん坊に生命の光が宿るのを
　　　　見守れるようになるための援助　148

第12章　赤ん坊の喪失の後に新たに生まれてきた赤ん坊の体験　161

第Ⅲ部

イントロダクション　177

第13章　赤ん坊の集団生活　180
　　　　──認知と可能性の広がり

第14章　乳児観察の調査・研究を他のパラダイムと
　　　　つなげていくこと　194

第15章　老人ホームにおける観察　208
　　　　──調査・研究の方法としての単一事例研究と組織観察

第16章　乳児観察、民族誌学、そして社会人類学　221

あとがき　233

文献　237

人名索引　259

事項索引　260

監訳者あとがき　263

乳児観察と調査・研究
日常場面のこころのプロセス

Infant Observation and Research: Emotional Processes in Everyday Lives
Edited by Cathy Urwin and Janine Sternberg

Copyright © 2012 Selection and editorial matter, Cathy Urwin and Janine Sternberg; individual chapters, the contributors
All Rights Reserved. Authorized translation from English language edition published by Routledge, a member of the Taylor & Francis Group
Japanese translation rights arranged with Taylor and Francis Group, Abingdon through Tuttle-Mori Agency, Inc., Tokyo

本書の日本語版翻訳権は、株式会社創元社がこれを保有する。
本書の一部あるいは全部についていかなる形においても
出版社の許可なくこれを使用・転載することを禁止する。

第1章

イントロダクション

キャシー・アーウィン＆ジャニーン・スターンバーグ
Cathy Urwin & Janine Sternberg

　赤ん坊は、どのように世界を感じ、体験するのか。どのように他者を知り、自分自身の心を持つようになるのか。これは非常に神秘的なことである。赤ん坊は話ができないので、私たちの問いに答えてくれることはない。にもかかわらず、自身の心をそこで起こっていることのインパクトに対してオープンにしながら、毎週1時間、同じ赤ん坊を、介入することなく、ただそこに静かに座って見ていることで、私たちは非常に多くのことを学ぶことができる。

　本書は、一見したところシンプルな原則に従って赤ん坊の発達を学ぶ方法について述べたものである。そして、私たちすべてにとって関連のある体験領域に、いかにして接近するのかについて述べている。このアプローチは、当初は精神分析的心理療法士、および関連領域の専門家の訓練のために用いられていた。それが次第に、様々な文脈において用いられるようになり、特に、弱い立場にある個人や集団の発達、そして情緒的プロセスの理解における調査・研究方法としての価値が認識されるようになってきたのである（Briggs, 1997; Rustin, 2006）。この価値はまた、いわゆる研究の「対象（object）」に対する、調査・研究者の情緒的、主観的体験を、体系的に調査・研究方法に融合させる必要のある社会科学の分野では、より広く確認されている（Clarke & Hoggett, 2009; Hollway, 2007）。

　現在まで、調査・研究方法論としての乳児観察の範囲と可能性を完全にとらえようとする試みはなされていない。本書は、いくつかの重要な観察的調査・研究

を提示する一方で、赤ん坊の発達や情緒的プロセスについて知るための批判的、かつ多様な視点による異なる方法論も含めて、この新たな領域の可能性を描き出している。このイントロダクションでは、まず、この観察方法の歴史と性質について概観する。精神分析的臨床家の訓練における貢献について述べ、その知識を一般化する上での実際と、それが潜在的に貢献できる可能性について考察する。これは、認識論的、かつ哲学的問題を提起することになるだろうが、私たちはこの2つの領域における議論に焦点を当てながら、これらの問題に取り組んでいく。第1に、これは精神分析的探求に関わるものであると言われるが、精神分析コミュニティーの内部では、乳児の発達と観察の潜在的可能性がその理論や臨床実践にどのように関係すると考えられているのだろうか？　第2に、この観察の方法を、どのように調査・研究に用い、その妥当性の評価について科学的にはどのような基準を適用するべきなのだろうか？　結局のところ、自然主義的観察というものは、定義上は自然科学に適用されるのと同じ基準に従うものではないのである。

乳児観察小史

　ここで用いる「乳児観察（infant observation）」という語は、赤ん坊の発達を時間経過の中で追っていく方法のことを言い、時折、あるいは1回のみ行うことを基本とした観察や、前もって選択されたカテゴリーを用いて行われる動物行動学的（ethological）観察とは対照的なものである。当初は、1948年にタビストックの子どもの心理療法（Child Psychotherapy）コースの正式なカリキュラムの一部として、エスター・ビック（Esther Bick）が発展させたものである。1960年代には、精神分析研究所（Institute of Psychoanalysis）のコースがオプションとしてこれを取り入れた。1962年には、アンナ・フロイト・センター（Anna Freud Centre）もまた、「母親－赤ん坊（mother-baby）」観察としてこれを始めているが、アンナ・フロイト（Anna Freud）のもとで訓練を受けていた学生は、すでに戦争中から幼い子どもの観察を行っており、1940年代には乳児保健センター（well-baby clinics）で乳児の観察を行っていた。

　今日でも、それぞれの訓練において、原則は同様のままに維持されている。通

常、精神分析、あるいは精神分析的心理療法の訓練コースに入る学生は、週に1回、定期的に家庭を訪問して新生児を観察することを快く引き受けてくれる、間もなく出産を迎える親を探すことになる。子どもの心理療法の訓練では、観察は通常2年にわたって行われるが、成人の心理療法、あるいは精神分析の訓練では、観察期間は1年である。

　前もってその家庭を訪れておいた後、学生は赤ん坊が生まれてからできるだけ早い時期に観察を開始する。家庭を訪問した際、学生は侵入的にならないように、介入しない位置にとどまって、赤ん坊に集中し、そこで起こっていることをできる限り取り入れることに努める。古典的な「観察的態度（observational stance）」である。観察者が赤ん坊に集中することを求める訓練機関もあれば、母子の対（mother-infant dyad）に、より焦点を当てるよう求める機関もある。その場では記録は取らないが、学生は自分がそこで経験したことをできるだけ詳細に覚えておくことを心がけ、それを観察直後に書き出す。記録をする際には、観察をしているときに感じたことを、観察されたこととは別のことであるという認識を持ちながら、記録することが勧められる。学生は、できる限り理論的先入観を抜きにして観察することが求められ、また観察経験のインパクトを反映するような自然発生的な生々しさを持って記録を起こすことが求められる。

　こうしたナラティブ記録は、観察期間中にわたり、週に1回を基本として集まる小セミナーグループ（通常は6名を超えることはない）において検討される。グループでは、学生は他の学生が観察している赤ん坊や家族についても知るようになる。経過の中で、それぞれの赤ん坊の行動や反応の仕方のパターンのようなものが明らかになっていく。関連があるようなときには、セミナーリーダーが理論的な考えを少しずつ紹介していく。学生はそれぞれに、コースの最後には自らの観察した赤ん坊の発達や特徴的な関係性のパターンについて、観察記録をエビデンスとして、記録を振り返りながら論文を書くことになっている。この方法は、現在では幅広く世界の多くの場所で、同じように行われている。ただ、フランスでは、ビックが晩年にかけて行っていたように、グループで1人の赤ん坊を追うことによって、すべての観察がグループの精査の対象になるという、発展した手続きをとっている（Magagna, 1987）。

　ビックのこうした先導は、もともとは、1940年代早期のいわゆる英国精神分

析協会（British Psychoaralytic Society）内の論争（Controversial Discussions）という文脈の中で起こったものである。これは、言語を獲得する以前の乳児の心のプロセスの性質について、異なる理論的考えを持つ分析家らの間で起こった対立であった。詳細な観察素材は、理論的視点を支持するために用いられた。むろんそれまでにも、精神分析的心理療法士の他にも、赤ん坊や幼い子どもの観察は行われていた。フロイト（Freud）の著作は、チャールズ・ダーウィン（Charles Darwin）が自身の息子を観察した近代的な児童研究運動（Movement for Child Study）の参照に満ちているが、これは人類の情緒的、精神的生活の起源を精査するのに役立ち、一般の親の日記のモデルにもなった。

　ビックがこの観察方法について紹介する中でもともと強調していたのは、乳幼児についての理解を得ることであった。中でも、乳幼児の非言語的コミュニケーションと、家族の中でどのように関係性が発達していくのかということであった。しかし、時の経過とともに、学びの体験が認識されるようになっていった。それは特に、新しく母親になった人と赤ん坊の近くにいることで受ける、強力な情緒的インパクトをいかに扱うのかということである（Bick, 1964; Briggs, 2002）。ウィッテンバーグ（Wittenberg, 1997）は、乳児観察の「膨大な豊かさ（enormous richness）」は、その実践者によって徐々に発生してきたものだと言う。この20年ほどは、観察者が様々な感情の嵐（maelstrom of feelings）にさらされる体験は、心理療法の仕事をする上で欠かすことのできない能力の発達を促進するものであるという点に、より注目が集まってきている。このことは、治療的プロセスにおいて、逆転移（あるいは、精神分析家／心理療法士に引き起こされる感情）に気づき、それを用いることを大切にするという、精神分析の一派の伝統ともパラレルであると言えよう。こうした感情は、部分的には患者の情緒的体験のコミュニケーションの可能性だと見なされるものである。これは、ビオン（Bion, 1962）で言うと、赤ん坊が不安や強烈な情緒的体験を、母親に調節し、消化してもらうという、コンテインメント（containment）を求めて行うコミュニケーションの反映であると考えられる。あるいは、ウィニコット（Winnicott, 1984b）で言うと、これは赤ん坊が自分で経験について考えることができ、対処することができるようになるまでの間の「抱っこ（holding）」である。

　最初の関係の親密さの中で起こる精神的、情緒的生活の根源について、より理

解を深められる可能性こそが、乳児観察が精神分析的実践に貢献するものであると示唆される。しかし、乳児観察にはより広い応用がある。ミラーら（Miller, Rustin, Rustin & Shuttleworth, 1989）の編著書やリード（Reid, 1997）の著書でとらえられているように、乳児観察は、例えば家族が困難な状況を乗り越える方法について、あるいは喪失や突然のトラウマを取り扱う方法についてなど、予期せぬ情報を引き出すことで、新たな領域の探求に道を開いてくれる。観察それ自体が多くの家族にとってコンテイン、あるいは支持的になり得るということ、また、セミナーグループが文化差について多大な学びを提供してくれるといった知見は、驚くに値しない（本書第4章）。最初の2年間に確立された乳児の特徴がその後も比較的安定したものであることを探索するような魅力的なフォローアップ研究（Diem-Wille, 1997）がある一方、より最近では、乳児観察が行われる設定が、病院に入院中の赤ん坊（Cohen, 2003; Mendelsohn & Phillips, 2005）や、里親養育を受ける乳児、あらゆる発達課題を抱えた赤ん坊など、他の方法では侵襲的になりすぎる危険性があるところでの計画的な観察へと拡張されてきている（本書第8章および第10章; Briggs, 1997）。例えば現在では、方法に大きな変更を加えることなく、老人（McKenzie-Smith, 2009; 本書第15章）、ロンドンのモスクに参拝する人々（本書第16章）、あるいは組織プロセスそのもの（Hinshelwood & Skogstad, 2000）の観察も行われている。

　こうした領域のそれぞれが、いかに乳児観察がそれに関わる人々すべて――訓練中の心理療法士、観察される家庭、個人、組織――に影響を与えるものなのかに目を向ける調査・研究につながり、こうしたアプローチが有益であろうさらなる領域を示唆する。赤ん坊の主観的体験について知り、それがより広い文脈におけるプロセスにいかに影響を及ぼすのかを知るためには、どの方法、あるいはモデルの分析が適切なのかという問題が提起される。

観察する乳児が私たちに教えてくれることについての哲学的、方法論的議論

　まず、赤ん坊の心の生活について考えてみよう。幼い赤ん坊が知っていることや体験していることについての仮説は、もう長きにわたって哲学者や心理学者らが議論していることである。ここでより関連があることは、私たちがそれをどの

ようにして見つけ出すことができるのかという問題である。ミュージックが記述しているように（本書第3章）、発達心理学の認識論的伝統においては、特に近年多くの理論的可能性について異なる定義づけをするための実験計画が盛んになってきている。ここでの仮説は、赤ん坊の知識と体験の現実の諸側面のうちのいくらかは、具体化され、とらえることができるというものである。もう一方の極では、赤ん坊についての意見は常に相対的なものであり、ある程度は解釈過程、あるいは歴史的、政治的要因によって支配された思想の伝達を通して、社会的に生み出されたものであるという視点がある（Burman, 1994）。これらは、例えば、良い養育とは何かといった考え方に影響する。精神分析家は、これらとは異なる興味深い視点を持っている。先述の通り、精神分析的思考は、その萌芽より、乳児と子どもの発達という、その時代が持つ視点に影響を受けてきた（Steiner, 2000）。しかし、精神分析コミュニティーの内部では、家庭や実験室で観察された、親の知っている「実際の（actual）」乳児期の赤ん坊が、どれほど患者として面接室に現れるのかについての一致した見解は得られていない。乳児の発達に関する調査・研究がすべてのもとになると考える精神分析家がいる一方で、調査・研究と臨床領域は相互に何の関連性もなく、両者の間の対話は無関係であるか、そもそも精神分析にとっては有害だとすら考える分析家もいる。両者の間で矛盾しているかに見える精神分析家もいる。例えば小児科医という背景からウィニコットが、医師としての経験を母親－赤ん坊関係の理論と自身の精神分析的役割の理解に取り入れたことはよく知られている。しかし、ウィニコット（Winnicott, 1984a）は、実際の赤ん坊を見ることよりも、心に問題を抱えた大人から、乳児的な心の状態についてより多くを学んだと述べているのである！

　このトピックに関する現代の議論には、フランスの精神分析家アンドレ・グリーン（André Green）と、精神分析家であり発達研究者であるダニエル・スターン（Daniel Stern）との間で行われたものがある（Sandler, Sandler & Davies, 2000）。スターン（Stern, 2000）は、発達研究から得られたエビデンスを、臨床家の意見を確証したりそれに疑問を投げかけたりすることに用いるのが重要であると信じている。彼は、幼い乳児の感覚的、知覚的コーディネーションが、いかに相対的に洗練されたものであるかというエビデンスの例を引用し、ごく最近まで精神分析の伝統における仮説であり続けた、非常に幼い乳児の「正常な自閉期（normal autistic phase）」

という考えに異議を唱えた。

　スターンは、発達研究が、精神分析的思考に構造的な役割を持たせるものであるという見方をするが、これを共有する精神分析家もいる。例えば、フォナギーとターゲット（Fonagy & Target, 1997）は、愛着と発達心理学の調査・研究の知見を、彼らが乳児期に起源を持つと考える心的過程、あるいは「メンタライゼーション（mentalisation）」の理論に先進的に取り入れてきた。しかし、こうした視点は、多くの精神分析的臨床家にとっては不快感を抱かせられるものでもある。グリーン（Green, 2000）は、この点に関して特に明確な意見を述べている。彼は、実際に乳児の養育をする上で関連性があると思われる実証的調査・研究と、精神分析過程において現れてくる患者の乳児的生活とを区別している。ここでの焦点は、乳児についての「事実（facts）」を発見することよりも、転移状況という文脈における夢の素材の探求にある。

　グロアーク（Groarke, 2008）がこの分野で批判を展開したのと同様に、グリーンは実験発達心理学との関係で議論を進めているが、そのうちいくつかの点を、乳児観察における調査・研究にも適用している。グリーンと同様にグロアークは、乳児観察の訓練における価値を認めながらも、「観察された乳児（observed infant）」と患者との間の関係性の欠落について議論している。さらに、乳児観察は、精神分析が持つような事実の言及の妥当性を確認する方法を欠くと主張する。特に、乳児観察では分析的設定の中で行われる患者の素材の「解釈（interpretation）」と、それに対する患者の反応についての吟味が行われないため、それがこの専門性に対する貢献の可能性を低くするという。

　このようにグロアークは、精神分析的乳児観察は、精神分析的知見には貢献しないと主張する。厳密には、分析的関係の中で起こるプロセスとの橋渡しや評価に関するような知識という限りにおいては、これは確かに正しい。さらに、こうした議論を受けて、乳児観察はそれ自体の知見の集積へと発展するという。しかしながら、私たちの見方では、乳児観察が精神分析に貢献できる可能性に関する判決はまだ下されていない。ほぼ間違いなく、乳児の観察は、逆転移体験の吟味をより強調することを通して、精神分析の実践にすでに貢献している。こうした流れは、心理療法の訓練における乳児観察の役割を通じて続いていくであろう。また、心理療法士と精神分析家を、さもなければ気づかれることのないような成

人患者の中の乳児的な心の状態に対して敏感にさせる（Sternberg, 2005）。臨床家でもある観察者（あるいは観察のスーパーヴァイザー）の心に起こる幸運な相互作用もまた、精神分析の知見に貢献すると言えよう。なぜなら、観察者は、面接室で得られる臨床素材と、乳児観察で現れてくる素材との間の関係性に気づくことができるからである。このプロセスは、ビック（Bick, 1968）自身も例証しているが、本書の第10章と第12章においても詳述されている。

　精神分析に裏打ちされた臨床実践は、乳児観察の調査・研究の価値を不毛にするものではない。早期の発達について知ろうとするこの方法は、観察者の主観的、情緒的プロセスと深くユニークに結びつく。また、こうした経験が観察者に変化をもたらすことがあるかもしれない。調査・研究者の主観性との厳密なつながりを持つ日常経験の情緒的側面に、調査・研究のメスを入れることが持つ可能性は、社会科学の調査・研究との関連性を増すことを約束する。最近の調査・研究（Thomson, Moe, Thorne & Nielsen, 2012）は、調査・研究者が観察素材に対する情緒的反応を系統的に吟味する可能性を示唆しているが、これは素材が伝える事柄について多くの論争を生み出している。このことは、観察者によって部分的に消化され、記録されたもともとの状況と、後に異なる個人が情緒的に影響された体験との違いをつなぐことを意味する。こうした意見交換は、調査・研究者が「トラベリング・アフェクト（travelling affect）」と表現し、私たちが心的現実と考えること、そして時間経過を経た体験の連続性についての大切な問いを投げかける。

乳児観察の調査・研究のための方法論的意味

　自然科学に関する方法論的手続きは、自然主義的文脈において、最小限の介入による主観的体験を主とする観察で、一般に行われるようなデータの集積過程に即時に適用されるものではない。以下のほとんどの章では、社会科学における質的調査・研究に特徴づけられるような仮説を引き出し、いかにデータを集めてその厳密性を維持するのかといったシステムの強調を含む、原則の共有を導き出している。観察者の訪問が定期的であるため、赤ん坊と家族を引き続き同じような状況で観察することができる。そのため、そこにはある程度のシステムが安定的に内在していると言える。このことは、ナラティブ記録と、その後の行動パター

ンや赤ん坊の関係性の特質などとの間の比較検討を促す。乳児観察の調査・研究は、発達研究者がビデオ録画を繰り返し振り返るような機会は持たない。セミナーグループ、あるいはスーパーヴィジョンが担う役割は、そこに意味づけをする前に、複数の情報を用いながら、記述された行動に内在する異なる可能性を検証することにある。ここには、ある特定の考えや仮説が後の観察において見られるかどうかを評価することも含まれる。また、グループのプロセスが、例えば母親に対する感情が同情的なものなのか、あるいは怒りなのかといった、いかに情緒的にパワフルな素材に対する反応を引き起こすのかといった認識をもたらすことも含まれる。こうした多様な観点を集積することで、グループは、そのそれぞれに価値を感じたり、あるいはそれらの統合された視点を発見したりすることができる。

　議論の流れ、あるいはそこに与えられる意味が受け入れられる以前に、多様な視点を考慮することを保証しようとする試みは、調査プロセスが厳密であることを維持することを基本とする「トライアンギュレーション（triangulation）」▽訳注1の原則と矛盾しない。本書においては、社会学的仮説を引き出す研究が挙げられる一方で、いかに観察を通して知見が得られるのか、そしてそれを他者に伝えるのか、また観察それ自体の性質といった問題を提起することで、文化人類学における動物行動学的伝統に言及する研究もある。シャトルワース（本書第16章）は、これらの観察方法における興味深い類似性と創意について議論している。

　ごく最近までとられていた主な方法は、単一事例研究を基本とする手続きであった。このことは、そこで得られた知見が、どの程度、他の事例や文脈において一般化され得るのかという問題を提起する。単一事例研究が新たな情報や洞察をもたらしたり、さらに重要で普遍的な問題を提起したりすることによって、ある種の一般化がもたらされることは少なくない。例えば、アーウィン（本書第9章）は、アフリカ系の赤ん坊とその家族の記述において、移民の第1世代の体験を理解することや、母国とのつながりを維持することの大切さといった普遍的な問題を提起している。また、事例の集積から概念の改変をもたらすことによって、あ

▽訳注1　三角測量。質的研究の分野では「トライアンギュレーション」と表記されることが多いようであり、本書でもそのように表記する。

るいは共有された準拠枠の価値についての理論的議論に貢献することによっても、一般化への道は開かれるであろう。こうした可能性については、特に本書の第Ⅲ部で例証されている。

　乳児観察の調査・研究がもたらすデータは、主に観察のナラティブ記録からなる。観察素材を分析するという点では、本書においては可能性のあるすべての質的枠組みを網羅しているわけではない。観察者／調査・研究者には、観察期間の終了時に書き上げる乳児観察論文の構成の際に、すでに系統的に整えられたものを基礎にした主題分析の価値を強調する者もいる。先述の通り、この論文では、観察の過程を振り返り、記録に見られる発達の核となる、理論的、臨床的議論のエビデンスとするために十分な素材の例証を抽出することが求められる。そつがなく、しかし読む者にとって情緒的に納得のいくようなものを書き上げる力が特に求められる。ここで用いられる素材は、ランダムに引っ張ってきたものではなく、時間をかけて観察体験を消化する中でまとめ上げられた理解を支持するインパクトを持ち、それを例示するものが選ばれる。調査・研究という文脈においては、素材の意味を理解する過程における内省的分析や、自らが学んだことこそが、調査・研究領域における発見を精査するのに貢献するものなのである（本書第6章; Urwin, 2007）。

　本書において取り入れられているデータ分析の方法の多くは、グラウンデッド・セオリーである。これは、ストラウスとコービン（Strauss & Corbin, 1990）が、理論に基づく仮説を論破するための試験例を確立することにのみ調査・研究を限定するような、社会科学の流れに対抗する目的で確立したものである。理論に基づく問題から始めるのではなく、質的データを小さな塊によって系統的に分析することを通して、それらをコード化し、最終的にはより秩序だった高次の概念に分類するという調査手続きである。この手法によって、調査が理論から解放されるわけではない。しかし、理論的概念化はデータから現れてくるのであって、データが理論的概念にさらされるのではないということが系統的に確かめられると、認められるようになった。グラウンデッド・セオリーと、乳児観察の調査・研究の間の両立性を示す2つの主な理由がここにある。臨床家と同じく、観察者の態度は、まず理論と先入観がありきなのではなく、それらは頭の片隅に置かれる。学生は、早々に理論化を試みることは勧められない。つまり、意味は探索的

分析過程において現れ出てくるのである。むろん、ここで現れる概念は、多かれ少なかれ精神分析的思考に染められたものではあろう。しかし、それとまったく瓜二つであるとか、それによって決めつけられるというものではない。第2に、グラウンデッド・セオリーは、物理の世界と同様に、社会もまた法則性に支配される性質のものであると仮定する。つまり、構成されるのではなく、発見されるべき法則性が「そこに（out there）」あるのだ、と。方法が厳密で系統的である限り、いずれの手法でデータ分析を行うにしろ、比較可能な真実が導き出される。これは、その後に行う分析において、さらなる意味が現れ出ることがないということではない。この仮説は、大多数の臨床家が、臨床実践とその発見は、潜在的な心的現実と素材によって支えられるという確信を持っているという、暗黙の視点を裏打ちするものである。

　現実に対するこうした見方は、大多数の乳児観察者が、実践において他の方法論を用いようとする事実にも貢献する。例えば、ミュージック（本書第3章）が記述するように、これらがいかに相互に影響するのかという複雑な問題はあるにせよ、発達心理学者の記述する現象との関連性について検討しようとの試みがある。これは、伝統的な科学的手法がそのまますぐに精神分析的乳児観察に適切な知見をもたらすものではないだろうが、乳児観察から派生した概念的枠組みの構築や、あるいは理論的叙述の有用性に関する評価には役立つかもしれないという意味でもある。例えば本書においては、ブリッグスとバーリンガー（第14章）が、もとは少ないサンプルで観察されたコンテインメントのスタイルの特徴的なパターンが、より大きな集団においても認められるものかどうかを確立するための、信頼性のある標準化されたスケールの開発について記述している。また、ロード（第10章）は、ハイリスク乳児に対する介入としての乳児観察の効果について検討するため、標準化された測定法を用いている。

　ここで欠けている調査・研究方法があることは興味深い。私たちの知る限り、乳児観察の調査・研究者のうち、談話分析（discourse analysis）を用いた者はまだいない。しかし、こうした研究は、定式化された考え方や既成概念の批判、あるいはそれらに対する対抗手段としては有用であるかもしれない。同様に、インタビューや生育史的素材を用いる、多くの社会科学者に好まれるようなナラティブ手法もまた、ここには欠落している。ここで分析されるべきデータがナラティブ

記録の形をとっていることを考えると、これは驚くべきことかもしれない。しかし、乳児観察者が検討しようとするデータは、そのテキストの**中に**（in）見られる意味ではなく、その背後に横たわる内容と、その発見に伴う自己内省的な過程なのである。文化人類学者のアードナー（Ardener, 2007）以降、形式的に記録を提供する1つの目的は、読者がそこに書き記されていることを超えて、さもなければ精査のもとに置かれることのないような領域について、情緒的な共鳴をもって連想を引き起こされることなのである。つまり、読者の能動的な想像につながっていくということである。

　こうした相互のプロセスこそが、乳児観察のアプローチのデータ分析を、新たな文脈を開きつつ、より広い社会科学の調査・研究に関連づけていくものなのである。私たちは、これが、日常生活の「表層の背後（behind the surface）」（Clarke & Hoggett, 2009; Hollway, 2007; Redman, 2009）に横たわる情緒的プロセスについて精査することができる方法論の必要性に見合う貢献になることを願っている。

第I部

イントロダクション

　乳児観察の主題を訓練から調査・研究へと移行するにあたり、ここでは乳児観察から得られた方法論と知見の現状について述べる。マイケル・ラスティン（第2章）は、家庭という親密な文脈の中で乳児が成長するのを観察することの価値を強調しつつ、その方法の起源について概観している。彼は、この方法を系統的調査・研究で用いる際に求められるであろう諸段階について指摘し、そして精神分析そのものが、臨床実践の枠組みと同時に、そこで得られた知見を一般化する方法と見なされるための方法論について検討している。また、面接室の中の精神分析的臨床家と患者が、実験室の中で科学者が行う観察や実験と比較され得るものかどうか考察している。さらに、精神分析と乳児観察を並列してみた際に、後者が前者にとっての知識の源として正当化され得ることを指摘し、乳児観察から得られた知見を系統的に精査することで、現在に至るまでの革新的な研究としてまとめられると示唆している。

　グレイアム・ミュージック（第3章）は、別の視点から、精神分析的乳児観察と、近年の発達心理学から得られた知見や洞察との間の関係性について考察している。彼は、実験研究が発見した事柄について知っておくことは、乳児観察にとっても価値のあることだと主張する。実験研究の中には、観察者が主張したり仮定したりする乳児の体験や理解を支持するものもあるが、同時に乳児ができることとできないことについて非常に明確な線引きをするのに役立つものもあるかもしれないという。ミュージックは、多くの創造的な乳児調査・研究者が臨床家でもあることから、乳児観察者と発達研究者が、それぞれの調査・研究領域を定義づけていくための実りある協働について検討している。こうした文脈におけるブリッグスとバーリンガーの斬新な研究例が第Ⅲ部の第14章に掲載されている。

　発達心理学の知見と乳児観察の関連性にもかかわらず、これら2つの伝統は異なる地勢図上にあると言えよう。第4章のトロウェルとマイルズの研究は、もと

もとはトロウェルが、帝王切開による出産が母親と赤ん坊に及ぼす影響に関して研究するために用いた基本的な観察方法に限界を感じたところから始まったものであるという。彼らは、乳児観察を取り入れたソーシャルワーカーのためのコースを確立し、そのプログラムの評価を行った。ここでは、質問紙と標準的な自己評価指標と面接とを組み合わせた結果をまとめている。そして、家庭の中で赤ん坊を観察することと、セミナーグループに参加するという両方のインパクトが、参加者にとってどのような体験であったのかということが非常に鮮明に描き出されている。特に、様々な環境下にある家族を観察すること、あるいは人種的、文化的背景が自らとは異なる家庭を観察することの価値が強調されている。

　ストレスに耐え、内省的な実践ができる能力は、ソーシャルワークにとっては目に見える財産となる。乳児観察を行うことは、そうした意味でも役に立つことであると考えられている。しかし、実際にそうした有効性があることは確信できるものなのだろうか？　ジャニーン・スターンバーグ（第5章）は、心理療法士と精神分析家に求められるスキルに焦点を当て、この疑問に取り組んでいる。彼女は、異なる精神分析的心理療法の訓練機関のコースで乳児観察を行っている訓練生のグループに、それぞれ、観察の初期と、週1回の観察とセミナーグループが1年目の終わりを迎える時期に面接を行った。そして、面接素材をグラウンデッド・セオリーを用いて分析している。すべてのグループの訓練生について、時間経過の中で増加する概念カテゴリーをまとめているが、ここには訓練生自らがより内省的に報告したものも含まれている。ここで挙げられた変化は、一般的に臨床実践の土台だと考えられているスキルと矛盾のないものであった。スターンバーグはまた、ある特定の家族の中で特定の赤ん坊を知っていくというプロセスによって、深く影響を受けたり、自身が変化したりするのを見つめ、そこに参与するような感覚がもたらされたとする観察者の体験を描き出している。

　このように、乳児観察は、根源的な学びの体験を生み出すものだと言えよう。第6章では、ヘザー・プライスとアンドリュー・クーパーが、観察者が、調査・研究プロセスの中で、いかに自らの体験を用いてその調査・研究の主題と関連する情報を絞り出していくのか探求している。彼らは、施設という設定の中で仕事をしながらも、乳児観察の応用によって調査・研究を行い、またそのようにして実施された博士論文研究のスーパーヴィジョンを行っている。第3章のミュー

ジックやこのプライスとクーパーは、発達心理学の調査・研究に求められる科学的信頼性の基準と、乳児観察においては個々の観察者の想起に依存するという点について比較している。これらは、社会学や文化人類学における特徴であるフィールドワークと乳児観察との対比を促す。そうすることで、彼らは、このある種特異な質的社会科学的調査・研究を発展させるのに有用な、基本的方法論の原則を概観する。さらに、調査・研究者とその被験者との間に潜在的に起こり得る、力動的で間主観的なプロセスについて触れ、こうした体験に気づき、それを用いる機会が、この新しい調査・研究の伝統を特徴づけるようなものになるのかどうか、例を挙げながら記述している。

第2章
調査・研究方法としての乳児観察[原注1]

マイケル・ラスティン
Michael Rustin

　乳児観察は、1948年にエスター・ビック（Esther Bick）が精神分析的教育の一方法として「考案（invented）」して以来、実践されてきている。当時のタビストック・クリニックでは、ジョン・ボウルビィ（John Bowlby）とビックが指導者として、これを子どもの心理療法の訓練の基礎の1つに据えた。残念なことにビックの著作は少ないのだが、乳児の発達の独特な様式である「第二の皮膚（second skin）」についての定評ある論文（Bick, 1968）があり、これは子どもの心理療法の文献の中心に位置づけられる。しかしながら、精神分析的調査・研究の一形態としての乳児観察が興味を持たれるようになったのは、乳児観察が教育と訓練の役割を担うようになってから、ずっと後のことである。少し前になるが、無意識の理解は、臨床場面の面接室での転移状況においてのみ得られると主張する精神分析家のアンドレ・グリーン（André Green）と、生後間もない頃に観察される無意識はないと主張する発達心理学者のダニエル・スターン（Daniel Stern）との公開討論会（Sandler, Sandler & Davies, 2000）において、アン・アルヴァレズ（Anne Alvarez）のような精神分析的乳児観察の自然主義的な方法論の主張はほとんど受け入れられることはなかった。

▼原注1　この論文の初稿は、ブエノスアイレスで2008年8月21日～23日に開かれた、国際乳児観察学会第8回大会で発表された。

しかし、過去20年の間に精神分析的観察の領域における出版物は実質的に増加し、何点かの書籍（例えば、A. Briggs, 2002; S. Briggs, 1997; Miller, Rustin, Rustin & Shuttleworth, 1989; Negri & Harris, 2007; Reid, 1997; Sternberg, 2005）と、特筆すべき『国際乳児観察研究（*International Journal of Infant Observation*）』（1997年創刊）がある。この雑誌の中では、乳児観察が精神分析における知の生成を促すことができるということ、つまり、乳児観察の精神分析的調査・研究への貢献が1つのトピックとして探求されてきた。ここにはさらに議論の余地のある重要な諸点が含まれている。第1に、実際の「調査・研究」と同様に、臨床場面の面接室での発見が、精神分析における調査・研究の主要なデータとして検討され得るものであるかどうかという点である。第2に、乳児観察の設定で発見されてきたもの、もしくは発見することのできるものが、臨床状況で成し遂げられるものに匹敵するような新たな精神分析的知を生成するものなのかどうかという点である。私の見解では、これらのいずれに対しても、答えはイエスである。これがなぜなのかを理解するためには、科学的調査・研究においては常に特定の研究対象を確保するのが適切であるということを知っておく必要がある（Galison & Stump, 1996）。科学のあらゆる領域——例えば、核物理学、天文学、進化生物学、あるいは社会学——においては、調査方法はまったく異なっていても、それぞれが理論上矛盾のない原則を持ち、実験上のエビデンスに依拠する点で共通していることがわかる。これら様々な専門領域の方法論において、研究対象が特有のものであるのと同様に、精神分析における調査・研究の方法論——面接室における被分析者と分析家の間の相互作用についての精査——は、その主要な研究対象である無意識の精神過程を研究するために発展してきたものである。

　他で論じているが（Rustin, 2001, 2007, 2009）、臨床の面接室は、精神分析的精査の主要な「実験室（laboratory）」である。ここでは、分析家と被分析者に認識と検討が可能な形で無意識の精神現象が「生じる（produced）」よう、比較的外部の出来事の「混入（contamination）」が遮断されるような設定を企図している。これは、パスツールの研究室で「ピュアな（pure）」設定の中でバクテリアの生成と精査が行われたのと類似している（Latour, 1983）。転移と、より近年では逆転移もまた、無意識の精神生活の特性が目の当たりになるような多くの現象を引き起こすと考えられている。この臨床の文脈は（フロイト（Freud）自身の夢生活の分析とともに）、そ

の初期から精神分析における概念と理論の発展の基礎を提供してきた。新たな臨床のエビデンスが、100年以上の精神分析的理解に取って代わる、多大な分化と伸展の根拠を提供してきた。転移（Strachey, 1934）の理解、逆転移（Heimann, 1950）の理解、子どもの精神生活の研究を可能にするクライン（Klein, 1932）による遊戯療法の技法の発展、そしてビオン（Bion, 1962）の精神病患者との仕事は、臨床体験の圧力の下での精神分析的思考の進化の4つの契機である。つまり、これらは精神分析的形式をとる経験的エビデンスなのである。

　乳児観察の文脈は、発展途上にある精神分析的理解の観点による臨床的設定と、ある点では共通しているが異なる点もある。その類似点は、観察の設定——通常は赤ん坊の家で週1回、1時間のセッション——の規則性と一貫性が推奨される点である。観察者の役割は、そこで何が起こっているのかを、かなり受け身で目撃することに限定される。その体験を記録することは、臨床セッション後に記録をつけることと類似している。また、観察者の記録や観察の体験を思い起こし、それをスーパーヴィジョングループの中で詳細に議論することもそうである。そこでは、記録を振り返りつつ、その重要性を探求することになる。

　乳児観察は、学びの1つの形として始められたものであり、新たな精神分析的発見の源として意図されたものではなかった。観察者は、乳児−母親の相互作用に注意を向け、それをきめ細かく詳細に記録することを学ぶ。また、その状況での自らの体験が情緒的に強烈なものになり得ることに気づく。観察者自身もそうであるが、観察報告を検討するセミナーグループもまた、母親と赤ん坊のみならず、しばしば観察者も含めた無意識の感情の領域にさらされることがわかってきた。このように、乳児観察は、観察者に対して無意識の感情と心のありようを非常に強力に示すため、精神分析の分野に入ることを望む人々のための最初の良い学びの経験になることがわかっている。無意識というものを「見たい（see）」ならば、面接室だけではなく、乳児観察の設定の中でもそれを発見することはできるのである。

　乳児観察の設定と面接室との間に、こうしたいくつかの類似点があるとすれば、はたして相違点は何だろうか？　調査・研究、あるいは特に知識生成という観点から、ここでは以下の4つの点に注目したいと思う。

　第1に、臨床場面の面接室は、分析家の心の中で展開する仮説や考えが、解釈

過程を通して積極的に検証され、探究されるという文脈である。アドルフ・グリュンバウム（Adolf Grunbaum）が考えたように（Grunbaum, 1984; Wollheim, 1993）、精神分析的仮説の妥当性の決定的な基準は、決して患者が言葉で表現する同意ではないが、それでも患者の解釈への反応は、患者の心的現実の傾向や適合性の基準にはなる。解釈は抵抗を喚起したり、安心や理解されたという感覚をもたらしたり、または、新たな感情の流れや想像力に富んだ生活を開放するのだろうか？このような問いは、分析家が患者の理解や、多くは早期の生育歴や転移関係の力動に関連する彼らの「内的な（internal）」精神生活の地図を得ようとするプロセスの一部である。しかし、乳児観察においては、解釈の余地はない。この観察者の非介入的役割が治療的役割との相違である。このように、臨床的精神分析的方法の主要な精査資源の1つは、乳児観察者には疑いなく拒まれているものである。

　第2に、臨床的精神分析実践における研究対象と、乳児観察の研究対象の間には、とらえがたいが、しかし重要な差があるように思われる。精神分析家と精神分析的心理療法士は、「内的世界（inner world）」の現実や無意識の精神生活を、自己認識している心の状態と（しばしば困難を伴うとしても）区別できることを前提とする個人の患者と仕事をする。ただ、意識的な状態を無意識がどう構成するのかは隠されているのであるが。この形づくられた役割は、人生早期における関係性の無意識の結果の名残としての実演や、不安に対する無意識的で強固な防衛、もしくは「外の（external）」関係性の解釈としてジョイス・マクドゥーガル（Joyce McDougall）が心の劇場という有用な比喩で内的脚本と呼んだもの（McDougall, 1986）によって考えられるかもしれない。2、3歳の子どもとの精神分析的作業においてさえ、この種の仮説は正当なもののように思われる。非常に小さな子どもの遊びには、彼らの内的対象との関係の実演が示される。例えば、想像上の母親と赤ん坊の姿、もしくはエディプス的な状況から生じた空想との同一化である。個人の精神生活がそこにあって研究され得るという仮説は、子どもの患者の場合でさえ、患者とセラピストが2人だけで面接室の中で会うという、好ましい精神分析的実践において具現化されているものである。

　乳児観察の最も重要な焦点は、とりわけ人生の最初の1年はかなり特異なものであるという点にある。通常、観察されるのは、母親（時には他の養育者）との関係の中の赤ん坊であり、日常から離されたり、観察者と新たな集中的関係をつく

るよう促されたりする赤ん坊ではない。人生最初の月に観察されるべきは、母親－赤ん坊相互の、微妙で複雑な関係性である▼原注2。この関係だけが、内的生活を持ち、少なくとも時には自立し、自己充足的な個人となっていく赤ん坊を発達させるのである。したがって、乳児観察の主要な研究対象は、個人の心や感情の状態ではなく、乳児とその乳児と交流する人との間の感情や思考の流れ、やりとり、そしてこの体験領域における乳児のアイデンティティの兆しだと言える。

　赤ん坊の早期の心理的発達についての科学的関心は、ここ数十年で様々な精査方法を通して続けられてきた。これについては、次の章でグレイアム・ミュージックが記述している。こうした発達心理学の調査・研究と並行して、いかに最早期の乳児の情緒的、精神的生活に多くのことが生じているのかという認識も先行していた。にもかかわらず、このことに関しては、クラインやウィニコット、ビック、マーサ・ハリス（Martha Harris）、ジアンナ・ウィリアムズ（Gianna Williams）などの子どもの精神分析家の観察と臨床的推測によって行われてきたのである。そこには少なからず、エスター・ビックの先駆的な仕事における、乳児観察的方法と臨床的発見との間の密接な関係がある。1940年代のその始まりのときから、精神分析的乳児観察は、早期の段階からの母親－乳児の関係性の複雑さについての気づきに貢献してきた。この明らかに特徴的な研究方法は、多少なりとも他領域との相互の対話を継続しながら、並行して進められてきた。

　臨床の方法と乳児観察の方法についての調査・研究という観点からの第3の重要な違いは、偶然性と治療可能性である。このことは、大半の乳児観察者が、精神分析的教育の第1のステップの1つとして、1人の赤ん坊、もしくは母子の発達を追うという事実による。2年間、週1回の観察のスーパーヴァイズを受けることは、強烈な体験となるが、それにもかかわらず観察者は知識の領域に貢献することではなく、通常は1人の赤ん坊について学ぶことが主な課題である。臨床の精神分析的実践の状況は、これとはいくぶん異なる。精神分析家は、多くの患

▼原注2　あるいは、次のウィニコットの有名な表現がある。「私はかつて、危険を冒して『1人の赤ん坊はいない』という見解を述べた。その意味するところは、1人の赤ん坊について述べようとするならば、1人の**赤ん坊と誰か**のことを述べることになるだろうということである。赤ん坊は1人で存在することはできず、基本的に関係性の一部なのである」（Winnicott, 1964, p.88）。

者に長い期間にわたって出会う。彼らは特定の関心と技術を発達させる。また、そうした特定の領域の理解を深めるために、例えば主要な情緒障害、もしくは年齢群によって患者を選ぶことがあるかもしれない。精神分析の歴史において、このような特定分化は、トーマス・クーン（Thomas Kuhn）によって定義された「通常科学（normal science）」（Kuhn, 1962）のような機能を果たしていることがわかる。すなわち、理論と方法の独特な「パラダイム」の範囲の中で、パズルを解こうとし、理解の領域を広げようとするのである。

　臨床実践と観察実践の間の第4の違いは、臨床実践では患者が問題だと体験していることに集中するが、これはそもそも患者が心理療法に来ることになったきっかけである。専門的訓練のために精神分析的療法を受ける者ですら、未検討のままにしておきたかったかもしれない経験の領域を探索することになるだろうし、それは時には不快なことであるということにもすぐに気づくであろう。それは、パーソナリティの健康さや回復力の低い面、もしくはあまり発達していない面と言えるものかもしれない。しかし、ともかくも英国では、個人の教育の一方法として、まずは乳児観察が用いられる。主に観察を受け入れてくれるよう頼むのは、問題がないと考えられる普通の家族であり、問題があると思われる家族ではない。もちろん、長い観察の間に発達的な問題に遭遇することもあろうが、観察家族はそのために**選ばれた**のではない。事実はその反対である。このことは、乳児観察がごく最近まで、乳児の発達上の問題の体系的な研究の手段としては考えられてこなかったことを意味する。こうした状況は、これまでに完了し、書き上げられた観察の中に同定できるだろうし、後ろ向き調査・研究の対象にすることができるであろう。また現在では、主にフランスにおいて最初に発展した実践である、問題を抱える乳幼児を持つ家族に対する、スーパーヴィジョンを行いながらの「治療的観察（therapeutic observation）」という方法も出てきている。しかし、これは従来の乳児観察において優先されてきた実践ではない。

　このように、広範な精神分析の領域の中で、調査・研究として乳児観察を行うことができるであろう。しかし現時点では、これを成し遂げるために、教育実践という主要な役割からの重要な進展が起こっているところなのである。

調査・研究方法としての乳児観察

　私の提言は、精神分析的乳児観察の手続きは、調査・研究の目的のためにすでに効果的なものであり、それ以上のものになるに違いないということである。乳児観察の利点の1つは、これが経験に近接した方法であり、乳児と家族の「生の生活（lived life）」を観察できることである。この方法から展開する概念、および理論は、たいてい特定の個人間の比較や記述を通して証明される。こうした発見や発表の方法は、調査の一般化や量的方法と相補的なものであり、そこでの理解を伝えることは、とりわけ有益なことである。ラトゥール（Latour, 1983）の科学的発見に関する表現を用いれば、事例検討は強力な「登録装置（inscription device）」になり得る。また、必ずしも妥当な量の証拠や、正確さに不足があるというわけでもない。2年以上実施された1つの乳児観察ですら、相当な量のデータを入手できる可能性を秘めている。もしセッションの記録が入念に書き上げられているならば、その再検討と分析のためのセッションは80ほどになる。そこにスーパーヴァイズでの議論の記録や、その後の観察者による理論的考察、もしくは比較を加えれば相当の資料になる。詳細さと量においては、こうした記録は臨床事例から生じるものと類似のものかもしれないが、ここにはすでに述べたような形態と内容の違いがある。もし観察者／調査・研究者としての関心が特別に刺激される側面があるなら、それは乳児の発達、もしくは乳児－母親の関係性の発達の独特な特徴を述べるための、豊富な素材を提供することになる。クーン（Kuhn, 2000）が科学的パラダイムの発達について述べる際に進化との類推で用いた用語で言えば、精神分析理論の「種分化（speciation）」は、しばしば特定の事例研究の中から現れてきた（ドラやハンス少年といった、とりわけ大きな影響を与えたフロイトの2つの事例、またクラインの子どもの患者リチャードについて、改めて言及する必要はないだろう）。つまり、乳児観察の調査・研究も同じく、発達の独特なパターンの同定と研究を導くことが期待できるのである▼原注3。

　現在、タビストック・クリニックと東ロンドン大学において着手している博士号の調査・研究プロジェクトで、経験を積んだ子どもの心理療法士のウェンディ・シャークロスがこの点を説明している。この2年間の観察は、数年前に前臨床訓練のコースにおいて行われたものである。この観察における予期せず際

立った様相は、赤ん坊の母親が自動車事故の後、しばらく病院で治療していたときのことである。赤ん坊は、父親と乳母に世話をされることになった。シャークロスの毎週の観察は、非常に丁寧に詳細が書き上げられており、さらなる振り返りと分析の物語としても成り立つものである。シャークロスは、グラウンデッド・セオリーから派生した、「1行ごとの（line by line）」系統的比較方法（Anderson, 2006; Charmaz, 2006）を用いている。本書（第7章）で記述されている「単一事例研究」は、生後間もない頃の赤ん坊と母親がどのように互いのことを知り始めるのかという複雑な細部を記録する、極めて貴重な機会となるこのプロジェクトから生じたものである。注意深い分析を通して、母親－赤ん坊関係を妨害した、この異常で破壊的な体験と、幸運にもそれが回復する過程におけるこの赤ん坊の反応を検討することが可能であることを証明している。

　乳児観察の調査・研究の2つ目の例は、アガサ・グレットン（Agathe Gretton）が自閉的発達パターンのリスクが懸念されたために選ばれた乳児と母親について、スーパーヴァイズを受けながら行った治療的観察の報告である（Gretton, 2006）。本書の第10章でマリア・ロードが論じているように、この観察の重要な点は、赤ん坊と親密に関わろうとする際の母親の困難と、それが乳児に及ぼす影響、そして観察者の注意深さと包容の存在を通して与えられる援助のあり方というエビデンスである。後者は、赤ん坊の要求によって引き起こされる母親の不安を軽減した。そして、母親は生き生きとして心地よい関係を赤ん坊との間に成し遂げるありようを見ることができるようになっていった。この観察報告は、潜在的に自閉的な乳児の相互作用のパターンについての既存の文献に、新たなページを加えるものである。また、そのような相互作用についての児童発達実験研究、および臨床実践を補完するものでもある。そして、注意深く観察介入を行うことが、母親と赤ん坊が互いに関わる潜在的な力を解き放ち得ることを示している。

▼原注3　私は、複雑性理論を引用して、精神分析的観察と臨床的調査は、原因と結果の直線的な前後関係における、2つもしくはそれ以上の変数のつながりを明らかにすることよりも、自己組織化状況を識別することに関係すると論じたことがある（Rustin, 2002）。精神分析においては、臨床と観察的な方法のいずれも、エディプス・コンプレックスのように、全体論的パターンを同定するものである。「ストレンジ・アトラクター（strange attractors）」としてうまく表現されてきたものの役割は、心の循環状態のマッピングのためのさらなる手段を提供する。

私は、近年の論文（Rustin, 2006）で、乳児観察が調査・研究の特徴的な課題を確立し始めた領域の文献を概観しているが、それには以下の領域が含まれている。

- 母親－乳児関係の精神分析的調査・研究の重要な理論的基礎としての、母親－乳児関係における包容と非包容のパターンの差異に関する研究（Briggs, 1997; Williams, 1997）。
- 乳児の身体と心の統合パターンと、情緒的もしくは身体的欠損が与える潜在的困難（Haag, 2000; Maiello, 1997; Rhode, 1997, 2003）。
- 相対的に剥奪された新生児集中治療の状況における、乳児と養育者との体験。このような乳児は、発達のスペクトラムにおいてより極端な位置に属するが、在宅で観察を行う大半の赤ん坊よりも、専門的観察が受けやすい（Cohen, 2003; Mendelsohn & Phillips, 2005; Sorensen, 2000）。
- すでに言及した、治療的介入としての乳児観察の適用（Delion, 2000; Gretton, 2006; Houzel, 1999; Lechevalier, Fellouse & Bonnesoeur, 2000）。
- 乳児の養育のパターンの違いと、家族の移住と移動という状況への適応を探求するための、異文化の文脈における乳児観察の実践（Urwin, 2007）。これは本書の第9章で議論されている。

　現在、観察的調査・研究に新たな下位領域が生じている。特定の乳児－母親の体験の種類に焦点を当てた研究、例えば10代の母親（Roper, 2009; Thomas, 2009; Waddell, 2009）に関するものや、保育所（Datler, Datler & Funder, 2010; Elfer, 2010）や学校（Briggs & Ingle, 2005）といった、他の設定での子どもの観察という幅の広がりである。乳児観察は、現在、乳幼児精神保健の仕事の中核的実践の1つとして認められている（Emanuel & Bradley, 2008）。例えば、乳児観察的方法を組織という文脈に広げたもの（Hinshelwood & Skokstad, 2000）や、老年期（Datler, Trunkenpolz & Lazar, 2009; Davenhill, 2007; Ng, 2009）、またシャトルワース（Shuttleworth, 2010）がロンドンのモスクでの研究において乳児観察と人類学的方法を統合したように、状況を広げたものや、乳児期という段階を超えた年齢層に広げたものがすべて本書の後の章に例示されている。最後になったが、観察者が自らの仕事の実践の側面も含む

観察を報告する、ワークディスカッションの学習方法に関連した調査・研究の可能性（M.E.Rustin & Bradley, 2008）については、プライスとクーパーが第6章で述べている。

　それでもやはり、乳児観察の「調査・研究の意義」をより十分に説明できるようになることや、明白な調査・研究課題を精密に立てる必要がある。精神分析的教育の目的のために行われた当初の観察からは貴重な理解がもたらされてはきたが、最初から調査・研究を目的とすることで、より多くが成し遂げられるに違いない。子どもの心理療法における臨床的調査・研究の領域においても生じているように（Midgley, Anderson, Grainger, Nesic-Vuckovic & Urwin, 2009）、資料の収集と分析に対するより体系的なアプローチの発展が期待される。その際、すでに経験のある観察者と臨床家がさらなる観察を行うことが望ましいが、それは可能であろう。また、調査の比較対照が可能となる乳児を観察例として選択することが望ましい。観察的設定であるための臨床的解釈の欠如や、観察する乳児が発達の前言語段階であるということが、精神分析的理論の生成という目的のためには不十分であるかもしれないし、そうではないかもしれない。こういった特定の事項については、さらに解決されるべき重要な理論的議論である▼原注4。

　精神分析的思考の導入を助けるものとしての乳児観察の価値は、調査・研究の目的の遂行のために傍らに置かれたり、犠牲にされたりするべきではなく、こうしたことが起らないための注意が必要なのである。それでもやはり、私は乳児観察の調査・研究が生産的な発達段階に到達していると示唆したい。今後、これがさらに増していくことを期待している。

▼原注4　例えば、スティーブン・グロアーク（Steven Groarke）は、精神分析的調査・研究のための手段としての乳児観察を、こうした議論やまた他の議論でもって批判しているが（Groarke, 2008）、間もなくそれに対する詳細な応答を発表する予定である(Rustin, 2011a, 2011b)。

第3章
乳児の体験世界をいかにして知ることができるのか？
調査・研究から学んだこと

グレイアム・ミュージック
Graham Music

　本章では、発達心理学、神経科学、愛着理論のような調査・研究領域から得られる知見が、いかに訓練や調査・研究ツールとしての乳児観察に関連するのか考えてみようと思う。特に、乳児観察とは異なる、乳児研究とその研究成果（Sternberg, 2005; Urwin, 2007）は、いずれも精神分析的乳児観察の仮説と協働もできれば、挑戦にもなり得ることを提示したい。また、現在、あるいは将来の臨床家としての観察者の心が、いかに様々な調査・研究仮説を生み出し得るのかについても示したい。乳児観察と乳児研究は、異なる哲学的認識論の立場から発展してきた。心理学的調査・研究は、歴史的に、情緒と対立する「認知（cognitions）」、あるいは明らかに「観察できる（observable）」振る舞いに主な焦点を当ててきたが、精神分析的乳児観察は、情緒的な世界と無意識のファンタジーにより着目する。歴史的に心理学は、情緒や意識的ではない過程を正当な調査・研究分野と見なすことに消極的であったが、同様に精神分析も「経験主義（empiricist）」や行動的アプローチには警戒感があった。確かに、愛着理論を展開するボウルビィ（Bowlby）の初期の記述は、あまりにも行動的すぎるものであり、内的精神生活を理解する助けにはならないと見なされていた。

　この数十年で、新しい乳児研究がセラピストに多大な影響を及ぼし、愛着の言語、神経科学と乳児研究は、多くの子どもの精神保健サービスにおいて重要なものとして普及してきている。こうした調査・研究の多くは、数十年にわたり、精

神分析的臨床家としての実践を続けながら行われてきたものであり、彼らの臨床的な心が調査・研究に影響を与えてきた。こうした伝統を代表しているのが、ルウ・サンダー（Lou Sander）、ベアトリス・ビービ（Beatrice Beebe）、エド・トロニック（Ed Tronick）、ピーター・ホブソン（Peter Hobson）、そしてもちろんダニエル・スターン（Daniel Stern）である。彼らと、その他の調査・研究者らは、この幼い研究対象者たちの心理的状態に対する敏感な感覚と、時には痛みを伴う情緒的経験に触れる能力を、調査・研究の専門性と結びつけてきた。敏感な調査・研究者たちは、このような調査・研究によって乳児が何を「する（do）」のかについてだけではなく、いかに乳児がこの世界を体験するのか、何を感じ、考えているのかといったことについて重要な提言を行ってきた。

　当然のことながら、乳児観察、あるいは実験的乳児研究には、少しの価値もないとする精神分析家も確かにいる。その主要な論争として挙げられるのは、アンドレ・グリーン（André Green）とダニエル・スターンの間のものである（Sandler, Sandler & Davies, 2000を参照）。これらの議論については、スターンバーグが慎重に説明している。彼女はまた、「自然主義的な（naturalistic）」乳児観察と乳児研究の違いについても検討している（Sternberg, 2005）。

乳児の思考と感情を知ること

　心理学者や学生、そして専門外の人たちから、しばしば次のような重要な問いが提起される。「観察者は、どのようにして自分の主張を正当化するのか？」。「他人の心の中や感情を知ることなど本当にできるのか、ましてや赤ん坊の心の中を？」。学術的心理学は、通常、「観察」でき、真実だと「証明」できる伝統的な「科学的」実験的立場を採用する。乳児観察は、乳児が感じ、考え、あるいは経験していることに専心するが、これは、こうした伝統的な学術的関心事とはまったく相容れない。

　このような懐疑的な態度、そして経験主義的基盤は、心と身体の分離という信念につながった。これは少なくとも、古代ギリシャまでさかのぼることができ、デカルト（Descartes）以来、西洋的思考においては神聖なものとして大切にされてきた。デカルト学派の二元論では、心は他者には不可知であり、個人的なものと

して概念化される。つまり私たちは、乳児または大人が何を感じたり考えたりしているのかも、また乳児が重要な大人が何を考えたり感じたりしているのかという感覚を持っているのかどうかも知ることはできないというわけである。

とはいえ、最近では、科学的にこれらの現象を研究するためのあらゆる興味深い方法論が開発されてきている。私たちは、心と身体の間がはっきりと分離しているのではなく、一方がなければもう一方を理解することができないということを知った。神経科学は、例えば、人の扁桃体は恐怖を感じるときにより活発化するなど、思考や感情と、神経と身体との関連性を示すだけではなく、情緒が身体の状態にその基礎を備えている（Damasio, 1999）ということを示している。心について私たちが学んできたことは、実体なく、隠れ、実在の知れないものではあるが、心は他者の心とも身体的存在とも確かにつながっているのである。

心理学とは対照的な乳児観察

乳児観察のグループのメンバーは、目の前に提示される素材にはあらゆる潜在的な意味があると見なし、見聞きしたものに対して驚きを持ち続け、情緒的に開かれているよう奨励される。参加者は、情緒的な経験に必然的に関与することになるが、これは科学的試みの定義の中では、本質的なものとして考察されることはほとんどない。しかし、精神分析的思考、また社会構成主義（Gergen, 2009）に影響された社会心理学やその理論における現代的説明の中核にあるのは、意識することなく知覚したものは、その人の現在の情緒の状態と信念体系に必然的に影響されるという考えである。むろん、そうした主観的プロセスを妨害と考えるのか、あるいは有用であると考えるのかということはあるが。

例えば、次のような観察者の報告がある。6か月の赤ん坊が母親が部屋を出て行ったばかりのドアのほうを向きながら体をよじって顔を歪め、携帯電話のほうを向き、それを強く押す。セミナーメンバーは、様々に異なる方向からこのことについて考えるだろう。しかめ面や苦痛のようなことにあまり気づかない人もいれば、赤ん坊が「おなら」をしたのではないかと話す人もいるだろうし、このような幼い赤ん坊が苦痛や怒りを感じられるものなのかと疑問を持つ人もいるだろう。一方で、この赤ん坊は、明らかに母親が出て行ったことに対する動揺に対処

しているのだと感じる人もいるかもしれない。近年の実証的研究は、こうした仮説が妥当であるかどうかを、どのように「知る (know)」ことができるのかに答えようとしてきた。

　乳児の模倣が、その古典的な例である。生まれてから20分の赤ん坊に向かって大人が舌を突き出すという実験において、リラックス状態にある赤ん坊は、それを注意深くじっと見つめ、かなりの苦労の末に自分の舌を突き出すという反応を示す（Meltzoff, 2007）。生後20分の赤ん坊は、それが「舌」と呼ばれることを知らない。しかし、自分が見たものを身体のしぐさに翻訳しているのである。生まれて2日しか経っていない赤ん坊でも、微笑、しかめ面、驚きといった様々な表情を模倣できる。これらは、単なる身体上の反射能力ではない。模倣をするときには、赤ん坊は確かに能動的なコミュニケーションの行為主体なのである。彼らは、くしゃみのような意図のない動きは模倣しない。また、大人のしぐさを真似るときには、心拍数が増加する。しかしながら、大人に自分の模倣をさせようとするときには、赤ん坊の心拍数は遅くなる。これらは、それぞれに異なるものの明確な志向性を示している（Trevarthen & Aitken, 2001）。

　もう少し月齢の高い乳児が、いかに他者の意図や心を理解するのかを例証するものもある。2歳に満たない子どもが、おもちゃが隠されるのを見た。このおもちゃを隠したのは母親だと知っている子もいれば、母親がおもちゃが隠されたのを見ていなかったとわかっている子もいる。母親がそのありかを知ら**ない**と仮定した子どもは、そのおもちゃと、それがどこに隠されたのか（あるいは、言葉を獲得する前ならば、それについて明確なジェスチャーで）の両方を特定する傾向が見られる（Akhtar & Tomasello, 1998）。言い換えれば、彼らは、母親の心には何があり、どうすればそのおもちゃを首尾よく取り戻せるのかを確実に伝える必要があることを理解しているのである。こうした応答は、考え、感じ、そして意図するという心が働いていること、そして少なくとも、他者の心を理解する上での基本的な能力を示すものである。

　他者の思考や感情をいくらかでも理解するための能力は、人間の中核的な能力であるが、それを欠いた人もいる。それが最も顕著なのは、自閉症スペクトラム上にある子どもである（Hobson, 2002）。私たちの多くにとって、人間の行動を観察することは、他者の感情や思考を理解することをも意味する。これは、デカル

ト学派の心身の分離においてはいくらの余地もないものである。このような二元論は、数年前のミラーニューロンの発見によってさらなる挑戦を受けている。次に、これについて説明する。

共感、ミラーニューロンとリゾラッティの猿

　イタリアの神経科学者のグループは、アカゲザル（macaque monkey）が物をつかんだときに発火する脳のニューロンを調べていた際、偶然に新しい現象に出くわした（Rizzolatti & Sinigaglia, 2008）。ある科学者が食べ物に手を伸ばしたときに、大発見の瞬間が訪れた。**彼**が昼休みの軽食を手に取ったとき、同じニューロンの活動電位を機械が記録したのに気づいて、驚愕したのだった。つまり、サルが物をつかむためのニューロンもまた、**科学者**が物をつかんだときに発火したのである。ミラーニューロンについての論争はまだ残されているが（Heyes, 2010）、それ以来、調査・研究者たちはヒトの複雑なミラーニューロンのシステムも発見している。もし、あなたがうっかりガラス戸にぶつかるのを見たら、私は同情して顔を歪めるだろう。そして、そのような場面では、あなたと同じニューロンが私の脳内で活発化するのである。模倣や言語、そして共感のためのヒトの脳内回路は、密接につながっている。誰かが能動的に物をつかむのを見ると、このようなニューロンは活発化するが、ただその対象を見たり、あるいはつかむ振りをしたりしても活発化しない。このようなミラーニューロンのシステムは、他者の経験を即座に理解するという人間の能力の証拠を示すもののように思われる。これは、他の社会的学習とともに、いかに私たちが他者の情緒、あるいは意図を知ることができるのかを説明するものである。このような調査・研究は、単純に距離を置いた観察者でいるというよりも、ヒトが、他のヒトに対して、身体的、心理的、そして情緒的な方法で反応するということを、再び示すものである。乳児観察であろうと日常場面であろうと、社会的関与は、他者についての重要な理解を獲得する手段なのである。

調査・研究、推測、そして懐疑

　乳児研究は、乳児観察とともに私たちの推測にエビデンスを提供する、あるいは反対に棄却する上で用いることができる。例えばある観察者が、観察中の出来事を次のように報告している。その家の訪問者が何か物を落としたまま歩き続け、しばらくしてから、まるで何かを探すように振り向く姿を見た。16か月の乳児は、この会ったばかりの大人を見て、その物を指さした。私たちは、乳児がこの人を助けようとしたのだと推測できるかもしれない。しかし、本当にそうだったと確信できるかどうか、あるいは16か月の赤ん坊がそのような洗練された理解力を持てるのかどうかについて疑問を呈することもできよう。もっとも、実験的エビデンスは、機会を与えられると、乳児は生まれながらに利他的であるようだということを示している。トマセロ（Tomasello, 2009）と共同研究者らは、大人が手の届かない物を取ったり、手がふさがった状態で食器棚のドアを開けるといった実験場面において、乳児がほとんど常にすばやくそれを助けることを明らかにしている。しかし、乳児がその対象の外観を好まなかっただけ、あるいは食器棚のドアを開けるのが好きなだけだということなど、いかにして知ることができるのか。次のような統制条件の実験から、このことがわかっている。それは例えば、机の上の物を落とすのではなく床に投げつける、あるいは手がふさがっているときに食器棚を開けようとするのではなく、どこかに行く途中で食器棚にぶつかるというものであるが、そのような場合には、乳児は助けようとはしない。この年齢までに乳児は、すでに他者の意図を汲んだり、それに反応したりすることができるようになっているため、こうした利他的行為を行うことができるのである。

　それどころか、このような幼い乳児は、ある研究（Vaish, Carpenter & Tomasello, 2009）が示すように、他の誰かのためにうろたえる能力さえも有している。生後18か月の乳児が、大人が絵を描き終わるのを見ていた。次に、別の大人がやってきてその絵を奪い、ビリビリに引き裂いた。その「被害者」は何の感情も示さなかったが、乳児は、評価者（raters）が「気にかける（concern）」と表現する表情で、この最初の大人のことを見たのである。その乳児は、後に、この加害者よりも被害者を助けたがった。統制条件で、白紙が取り上げられても乳児は関心を示さな

かった。乳児観察において、こうした振る舞いを散見することで、乳児は他者の感情を気遣うことができるという直観を得ることはあるだろう。このような例が、特定の赤ん坊に何度も起こるのを見たり、あるいは様々な赤ん坊の複数の例を見たりすることで、潜在的仮説が生成される。これは、発達心理学研究が確証を与えてくれるものである。

実験と早期乳児期

　非常に幼い乳児のしぐさは、解釈するのが困難な場合がある。生後1～2か月の赤ん坊は、手足のコントロールが困難で、指さしもできず、対象に近づくことも難しい。また、顔の表情の範囲も限られている。しかし、数十年もの間、乳児観察セミナーでは、教員も学生も、乳児は、乳房を探し求め、あるいは母親の注意を引こうとするように積極的に動くものだと主張してきた。経験のない者にとっては、これは、事実に基づくというよりも、理論主導の突飛な推測に基づく、最も無価値な推測のように思われるかもしれない。しかし、調査・研究は、赤ん坊が母親を認識し、母親に対する好意を示す状態で生まれてくることを明確に示してきた。新生児は、優先的に母親のにおいがするほうに振り向く（Macfarlane, 1975）。顔を見ることを好むが、とりわけ自分の母親の顔を好む（Field, Cohen, Garcia & Greenberg, 1984）。そして、活発に自分の母親の声を認識して、探し出す（DeCasper & Spence, 1986）。

　このような知識は、最近では、独創的に考案された実験からだけではなく、ますます高度になった技術からも到来している。例えば脳内スキャンは、2か月の赤ん坊が、部外者にはかろうじて聞き分けられる程度の、見知らぬ人の声と自分の母親の声を聞いた際に、それぞれ脳の異なる部分が反応することを示した（Dehaene-Lambertz et al., 2009）。数十年にわたって、乳児観察者は、赤ん坊がこのような能力を持っていることを「知っている」と感じてきた。しかし、このような実験研究は、乳児が行為の主体の感覚（sense of agency）を持っているという、明確な証拠を付け加えてくれる。つまり、乳児は母親の近くにいたいということ、そして、そのために動くということである。様々な感覚様式を用いて、自分の母親と他の人々の違いを見極めるのである。

エビデンスは重んじられてきた信条に疑問を呈し得る

　観察の方法の危険性の1つは、私たちが見ると予測しているものを見るということである。実験的調査・研究は、乳児観察または精神分析理論に由来する推測をバックアップするだけではなく、論破することもできる。そして、そのために、観察実践の補助として特に役立つのである。例えば、フロイト（Freud）の一次的ナルシシズムに関する理論は、スターン（Stern, 1985）やその他の人々の乳児期初期の研究によって、厳しく意義を唱えられた。同様に、かつて精神分析の実践家の多くは、最近の研究によって払拭された考えである「通常の自閉状態（ordinary autism）」（Mahler, 1965）の段階を幼児が経るものだと信じていた。新たな発見は、それまで重んじられてきた精神分析の古い考えに、挑戦し得るのである。

　他の調査・研究も、興味深い討論の機会を提供してくれるかもしれない。乳児の生得的な援助性についてのトマセロ（Tomasello, 2009）の研究は、乳児は元来、自己中心的な状態で生まれてくるという精神分析的考えに意義を唱えるものなのか？　あるいは、乳児のクロスモーダルな[訳注1]知覚の能力に関する調査・研究は、断片的で未統合な、もしくは部分対象的世界の見方という考えに疑問を呈するものなのか？　このクロスモダリティの調査・研究では、乳児は、音から光、あるいは触覚から視覚というように、1つの感覚様式で受け取った体験を別の感覚様式に翻訳する。それによって、聴覚－視覚のクロスモーダル適合（cross-modal matching）が可能になる。例えば、目隠しをされた赤ん坊に、それぞれ球の形の乳首のおしゃぶりと、他が突出した突起があるおしゃぶりを与える。目隠しが取り払われたとき、乳児は、まさに今まで吸っていたおしゃぶりのほうをより長く見つめた。これはつまり、彼らが感触と吸引という異なる感覚を通して経験したことを、視覚を用いて認識したことを示すものである（Meltzoff & Borton, 1979）。初期の理論家たちはこのことを疑っていたが、これは、吸った乳房が、その感触も、見た目も、あるいはにおいも同じであることを乳児がとてもよくわかっていることを示唆する。このような調査・研究は、たとえある領域（例えば、調査・研究）からの理論が他の領域、または記録による理論には必ずしもきちんと位置づけられ

▽訳注1　異なった感覚様式に関連するということ。

ないとしても、挑戦的な理論の点検のために用いることは可能であり、より新しく、より適した理論の発展に役立ち得る。

直感と関係性の知

　乳児観察セミナーの刺激的な特長の1つは、様々な推論を交わすことができるということである。例えば、考えや直感を十分に試すこと、起きていることについての考えをふくらませるために、進行中のプロセスの性質についての仮説を発展させること。また、それらの考えを支持するであろうさらなる例を探したり、反対にそうした仮説が反証されることに対してオープンでいること、である。これは、後の臨床実践と、調査・研究仮説の土壌を潜在的に育てるための優れた訓練である。もちろん、直感は長所と短所を併せ持つ。しばしば、私たちは臨床家として、あるいは日常生活の中でも、強い直感、もしくは何かがそうであるという予感を持つ。ダマシオと同僚らは、私たちの身体、および「本能（gut）」が、しばしば論理的思考ではわからないことを、どれほど知っているのかを示した（Bechara, Damasio, Damasio & Lee, 1999）。私たちの直感は、かなりしばしば、以前の経験に由来する。そのため、時には非常に正確なのだが、社会心理学的調査・研究が教えてくれるように、時には大きな間違いであることもある（Myers, 2002）。

　繰り返すが、調査・研究は、私たちが知っていることや考えていることを、知ることができるのかどうか確かめるのを助けてくれる。私たちの知識は、意識的には記録されていない情報に基づいていることもあり得る。多くの調査・研究は、マイクロ秒の間の気づかないうちに起こる伝達である、サブリミナル・メッセージとプライミング（Bargh, 2007）について示唆を与えてきた。ビデオの使用は、この点で重要な調査・研究ツールとなっており、母親と乳児がマイクロ秒の中で互いに反応するのを次の通り示している。母親は、乳児が**ジェスチャーをし始めた**1/6秒以内に、乳児のジェスチャーに応じる。すると乳児は、およそ1/3秒で同じように反応する（例えば、Beebe & Lachmann, 2002）。これは、実際の時間の中で気づくにはあまりに速すぎるものであり、1/12秒までスピードを落とすビデオが必要になる。このように、私たちは、何を見ているかについて「知っている」と確信しているかもしれないが、どのようにそれを知り、それについて説明できる

のかはわからないのである。これは、伝統的な科学用語によって正当化することは難しいが、臨床能力と観察能力においては中核的な知識体系である。

　この典型的な例が、ある観察セミナーで見られた。グループの2人のメンバーが何やら落ち着かなかったのだが、それがなぜなのかは明言できないでいた。この母親は、乳児に対してとても敏感なようで、観察者は母親が非常に良い育児を行っていると思っていた。しかし、これはあまりにもできすぎではないだろうか？　彼女はあまりに気を配り、敏感過ぎるのではないだろうか？　このような微妙なプロセスに気づくのは難しい。近年の調査・研究者の報告から、中程度の情動調律（attunement）が安定した愛着を予測すること（Beebe, Lachmann & Jaffe, 1997）、また情動調律が少しもない中では乳児の生存が危うくなる一方、あまりにも多くの情動調律はトラウマの痕跡になり得るといったことがわかってきている。この赤ん坊は、母親をわずかに避けたように見えたが、母親は、すばやく赤ん坊が自分に注意を払うよう求めた。フィールドは、接触からの休息を必要とする身体反応として、背を向けるおよそ5秒前に、乳児の心拍数が増加することを発見した（Field, 1981）。おそらくこの養育者は、赤ん坊とのコンタクトがなくなることにほとんど耐えることができず、あまりに心配しすぎていたのである。このようなかすかな感知の瞬間こそが、しばしば観察者や臨床家が無意識のうちに気づく傾向のあるものなのである。

直感、調査・研究と臨床の知

　多くの興味深い発見は、直感的な予感から生じ、後にさらに研究されたものである。例えば、8か月児のからかいの能力についてのレディの発見は、まずは、彼女自身の乳児の息子とのやりとりから生じ、後に研究プロジェクトになった。例えば、幼い赤ん坊が父親にスプーンを差し出し、それを父親がつかもうとすると、引っ込めて背中を向けて笑うといった「からかいや、ふざけ」ができることを、彼女は明確に示した（Reddy, 1991）。これは4〜6か月くらいの幼い赤ん坊が、いかに他者の心についての理解を発達させるのかについての、多くの魅力的な実験を生じさせた。例えば、赤ん坊は、内気な大人と同じ顔のジェスチャーを用いて、はっきりと「はにかみ」（Reddy, 2008）の反応を示すことができるのである。

最も興味深い洞察の多くは、臨床場面での観察に由来している。フライバーグ（Fraiberg, 1982）は、乳児の痛みへの反応、もしくは扱いがたい状況について、最初の検証を行った1人である。彼女は、ストレス状況下で、乳児が対処メカニズムを発達させ、それが確固とした習慣的パターンになり得ることを示した。フライバーグのサンプルは、継続時にネグレクト、あるいは虐待を経験した12〜18か月児だった。彼らは、ほとんど母親に向かってはって行こうともしなければ、アイコンタクトさえ求めなかった。彼女は、これらの赤ん坊の反応を敏感に観察し、勇気をもってその背後にある痛みの意味に直面することによって、いかに防衛反応が発達するのかを示した。

　確かに、ビック（Bick, 1968）が第二の皮膚の防衛と記したように、乳児の防衛に最初に気がついたのは精神分析的実践家だった。フライバーグ、スターン、トロニックやその他の研究は、しばしば痛みを伴う直感的な逆転移反応を信頼してくれる研究者を必要とした。おそらく、このような対処メカニズムについての最もよく知られた研究は、トロニック（Tronick, 2007）が開発し、世界中で検証された「スティル・フェイス（still-face）」法である。ここでは、母親は、3〜6か月の乳児と通常通りに交流するように教示され、次に、乳児の期待を裏切って無表情な顔を保持するように教示される。乳児は驚いて、困惑する。やりとりを再開しようと一生懸命に努力する子もいれば、しかめ面のようなより否定的な表情を示す子もいた。同時に両方を駆使する子もいた。多くの赤ん坊は、遠方を見たり、引きこもったり、自分をなぐさめるような防衛を用いてやり過ごそうとする。この「スティル・フェイス」は、乳児をすべての赤ん坊（そして、乳児観察）が出会う状況に置くものである。なぜなら、すべての関係性には、不適当な組み合わせや間違い、「断裂と回復（rupture and repair）」があるからである。

　ビックが「第二の皮膚の防衛」と記述したような防衛は、ビービ（Beebe et al., 1997）のような他の臨床調査・研究者によって撮影され、慎重に分析されている。例えば、以前に撮影したビデオを振り返ってみると、次のようなことがわかった。1歳で回避型愛着と分類された乳児は、4か月時点ですでにあまり母親のことを見ない。そして、おそらく自分のことをなでたり、自分の手を握りしめたりするなどして自分をなだめることで対処する。詳細な量的、および長期的調査・研究（例えば、Murray, Stanley, Hooper, King & Fiori-Cowley, 1996）から、母親の抑うつがこうし

た防衛を習慣的なものにすることがわかっている。例えば、以前、抑うつ状態にあった母親を持つ子どもは、就学時に、しばしばより受動的で、行為の主体の感覚が乏しく、自信も持てずにいた。

　このマレーの調査・研究の興味深い副産物は、すべての乳児観察の指導者が常に知っている認識である。つまり、赤ん坊は、それぞれ明確に異なる気質を持っており、その気質が母親に影響するということである。例えばマレーは、もともと抑うつ傾向にある母親のうち、より過敏な赤ん坊を産んだ母親は、他の母親よりも3倍以上うつになる可能性が高いということを、ブラゼルトン新生児行動評価法を用いて明らかにした。なだめることがより困難な赤ん坊は、そうでなければ避けられたかもしれないうつ状態に母親を押し込む「最後のわら」として作用し得るように思われる。こうした影響は、赤ん坊が母親によって難しいと「認知」されるかどうかには関係しないことがわかっている。また、客観的に測定できる要因（乳児の気質）と、母親の気分の間の相互作用の結果であることもわかっている。このような研究（Sutter-Dallay, Murray, Glatigny-Dallay & Verdoux, 2003も参照）は、相互作用の二方向的性質についての明快な例である。そして、赤ん坊が単なる「白い石板（blank slates）」ではなく、赤ん坊の気質が親の対処能力に影響を与えるということを示すものである。

要約

　良い乳児研究を行うために必要とされる心理学的能力は、まさに、私たちが新進の臨床家たちの中に促進しようとしているものである。最善の調査・研究（乳児、あるいは乳児観察でも）の多くは、乳児の精神状態に対する、微妙な情緒的感度から生じるものである。エインズワース（Ainsworth, 1978）は、新奇場面法という、痛ましいが事態を鮮明に描き出すテストを開発した。例えば、私たちが最も心配しなければならないのは、抗議しない赤ん坊であるということを知って、その結果に対して意味深い解釈を行うことができるわけだが、良い調査・研究には、そうした敏感な心が求められる。乳児観察の教員と学生は、長い間、このようなことを「知って」いた。しかし、おそらく最近の実証的調査・研究の成果は、乳児観察で得られる知見が真に信頼できることを、より懐疑的な人々に対して提示す

ることを可能にする。同様に、このような乳児観察の知見は、乳児観察の調査・研究の方法論の発展を拡張させるものであり、それが発達心理学との新しいつながりを切り開く可能性をも秘めている。

　本章の狙いは、乳児研究と乳児観察が対になって、あるいはもしかすると相互に調整することで、相互に恩恵を受け、価値のある仲間になり得ることを示唆することであった。仮説を支持するにせよ、仮説に対して挑戦するにせよ、また乳児の能力に関する予感を確認するにせよ、これが生じ得るあり方をいくらか示した。乳児観察の調査・研究。本書が示すように、これらの協力者は重要な新しい未来をすでに体現しているのかもしれない。

第4章
子どもや家族と第一線で関わる専門家訓練における乳児観察の応用の評価

ジュディス・トロウェル＆ジリアン・マイルズ
Judith Trowell & Gillian Miles

イントロダクション

　本章では、子どもや家族に関わる専門家にとっての観察技術の有用性を実証することを目指す。まず、観察がいかにしてソーシャルワークやその他の専門分野の訓練に導入されたのかについて示し、さらに、それを評価する調査・研究プロジェクトの結果について検討する。

　観察技術の有用性という考えは、どのように始まったのだろうか？　母親と赤ん坊のための精神科病棟で働いていたとき、私たちのうちの1人（ジュディス・トロウェル）は、精神科疾患を持つ母親の多くが、その当時はまだ珍しかった帝王切開で出産していたということに衝撃を受けた（英国では、現在は全出産の25％が帝王切開であるが、当時は約5％にすぎなかった）。そこで、緊急帝王切開で出産したグループと、通常分娩で出産したグループを比較対照し、最初の3年間の母子関係について調べ始めた。まず、質問紙に記入してもらった後、アプガースコアとその他のデータを病棟記録から集めた。そして、この調査・研究への参加に同意した人たちの家庭に、6週目と、その後は1年後と3年後に訪問した。この調査・研究における観察は、見る、微笑む、触れる、抱っこするという母子間に見られる相互作用を30秒ごとに記録したものである。また、新奇場面法も実施した。研究者は精神分析的乳児観察とともに、精神分析家としての訓練にも乗り出してい

た。これまでの形式的な調査・研究のための観察は、データを生み出しはしたものの、情緒的な反応に関する非常に多くの価値ある情報を無視してきた。この強力で情緒的な衝撃こそが、言うなれば、精神分析的乳児観察訓練における経験の核である。さらに私たちは、乳児観察の持つ高い潜在力をいかに訓練経験として活用し、さらに発展させることができるのかに努めた。

学術的研究としての乳児観察

精神分析的乳児観察は、長い年月の間、精神分析や心理療法の訓練として用いられてきたが、同様に、この価値ある訓練経験は、より広く、あらゆる臨床訓練の応用としても活用されてきた。例えば、アート、音楽、教育のセラピストなどの多職種における訓練、保育や知的障害、さらには子どもや家族を専門とするソーシャルワークの訓練などである。こうした領域では、観察の継続期間は、最初にこの訓練が導入されたときと同じく正式に2年間とするものもあれば、1学年度で数セッションから10セッション行うといったものまで幅広い。観察技術は応用可能であるという仮定に基づき、専門家たちが組織力動について考えたり、理解したりするのを助け、さらに組織内における自身の役割について考えるために、組織における観察が導入された。これらの新しい訓練プログラムの多くが学位課程であったために、論文が単位として評価されるようになった。

ソーシャルワークのための専門的訓練を構築すること（再導入）

多くの習熟した専門家が、乳児観察の経験がいかに自分の実践を変化させ、生まれ変わらせ、新たなものにしてきたのかについて論文を書いている。1990年代には、CCETSW（Central Council for the Education and Training of Social Workers: ソーシャルワーカー教育訓練中央協議会）▼原注1 によって財源が保証されていた。これは、英国内でソーシャルワークのトレーナーのための観察コースを開発するためのものであり、また、彼らに観察を指導するトレーナーとして直接的な経験を与えるための

▼原注1　CCETSWは現在、社会的ケア協議会（Social Care Council）となっている。

ものでもあった。相当な議論と機関連携を経て、私たちはソーシャルワークの指導者や実習教員のための最初の訓練プログラムをロンドンで立ち上げた。引き続き、国内で同様の訓練セミナーの立ち上げが相次いだ。それ以前には、観察はソーシャルワークの訓練に含まれていたが、学ばなくてはならない法律や社会学上の問題が混在する中で、次第に失われていった。すなわち、多くの訓練プログラムの中で臨床的な技術はそれほど重要ではなくなっていったのである。したがって、これは訓練生にとって、臨床的解決を導くための能力向上を目的とした、観察訓練の再導入ということになる。ここで期待されたのは、状況に関する現実的な局面と同様に、情緒的な衝撃を消化することであり、仕事の一過程として判断を下す前に、振り返り、熟考する時間を持てるようになることである。初期の観察訓練の応用が発展したのは、主に子どもの保護と公的保護下にある子どもの分野であった。

　私たちは、ソーシャルワークの指導者と、実習教員のための訓練セミナーをイングランドで立ち上げ、さらにはカーディフ▽訳注1やベルファスト▽訳注2でも立ち上げた。ソーシャルワークの指導者は、学年度の毎週、乳児もしくは幼児の観察を行い、毎週開催されるセミナーに参加した。北アイルランドのような、移動に相当な距離を要する場所にいた何人かは、毎月1回、集中的に行われるセミナーに参加した。そこでこれらすべてのコースを調整し、学期ごとの研修日をアレンジする主任教員（ジリアン・マイルズ）が必要となった。通常、研修は英国の中心であるロンドンで開催されたが、そこではそれぞれのグループを**越えた**観察経験を共有する機会を提供するとともに、理論の講義も行われた。講義は、自分の観察と、将来的に教える役割を持つという両方の背景を視野に設計された。

　セミナーリーダーは、他のコースで観察を指導した経験のある、子どももしくは成人の心理療法士が務めた。参加者は、幅広い民族や社会的階級の家庭環境において観察する機会を得た。彼らは、観察する赤ん坊を見つけはしたものの、観察の目的について説明することが非常に困難であることに気づいた。彼らは、ソーシャルワーカーとしてのアイデンティティを持って個人宅や保育所に出向い

▽訳注1　ウェールズの首都。
▽訳注2　北アイルランドの首都。

た。彼らにとっては、観察は個人的な学びのためであり、専門家としての役割をもって行うのではないのだと相手に伝えることに苦労した。

経験の評価

観察の参加者から学び返し、よりいっそう訓練経験を発展させるために、訓練の前と後の両方の時点で調査票を送付した。また、それぞれのグループが選んだテーマに関する講話や議論を行うフォローアップの期間も設けた。

◆最初の調査票

調査票を通じて、私たちは彼らが最初に持つ期待について知ることができた。訓練に先立ち、それらは限定されたものだった。彼らは、自らは関与せずに観察するのだと認識しており、その上で「観察」の技術を学びたいと考えていた。また、幼児が成長する際の、親と子ども／乳児、もしくは保育士と子どもの間の相互作用という文脈について学ぶのだと考えていた。そして、自分自身についても学び、実践するための観察理論や観察の指導方法も学べるものだと期待していた。セミナーでの議論はとても活発で、しばしば侵襲的であったが、同時にとても興味深いものであった。終了までに、ほとんどの参加者たちは、学びの手段としての観察にかなりのめり込んでいた。彼らは、そもそも観察技術を学ぶために参加したのであるが、何と驚くべきことに、自分自身の観察に浸ることになってしまったのだった。観察をした子どもと家族についても学びはしたが、自分自身の反応や考え方、また、観察というものがいかに強力な手段になり得るのかということに関しても多くを知ることになった。参加者の中には、さらなる学術研究を始めたり、ソーシャルワークの学生のために観察訓練に関する論文を書くことを望む者もいた。

◆フォローアップと調査票への反応

観察の終了時点、およびその1年後に、すべての参加者に連絡を取り、調査票への記入を依頼した。それと並行して、年1回の恒例会において、観察を指導する経験があったと記述した者と彼らの回答とを照合してみた。

調査票からは次のことがわかった。この訓練を終えた103人の参加者の半数

に、観察を指導する機会があり、指導経験を持たない者は、特に家庭裁判所のアセスメントの実践の中で観察の技術を用いていた。観察訓練は当時（1990年代）、特に資格取得後の子どものケア課程のソーシャルワーク訓練の一部として強く奨励されていた。私たちは、すでに負担の大きな授業カリキュラムに、観察学習を導入することが容易ではないことを知った。観察は時間のかかる学習方法であるため、特にコースの主催者が、観察を価値ある学びの機会だと見なさない場合、観察の参加者たちは、自らの訓練コースの中で観察のための時間を割くのに苦労することになった。ソーシャルワークの観点からは、観察訓練における個人的な成長、およびそこで得た知識、そして専門的な技術の向上といったメリットを報告した。彼らはまた、観察の技術は子どもに焦点を当てる能力を向上させ、さらにはアセスメントの訓練としても有用な手段になると考えていた。

　調査票に記された肯定的なコメントは次のようなものである。

　　観察によって、自分自身の感情、ものの見方、子どもに関する仮定、子どものニーズ、大人が子どもと対話する方法について探求することができた。

　　「子どもの世界」の概念についてより大きな理解を得た。

　　子どもの「自己」の感覚が、いかに他者との相互作用の中で発達するのかを観察することができた。

　直面した問題は興味深いものだったが、予期していないものではなかった。それは、学生たちが観察することを不本意だと感じたり、観察の中でしばしば喚起される苦痛、役割の難しさ、そして、個人的にも組織としても観察にとられる時間についてであった。

　　専門家ではなく、観察者なのだという恐怖に、しばしばさいなまれた。

　　赤ん坊を見ることで、そこに何があるのか。

しかしながら、期待されていたよりもはるかに重要で予想されなかったメリットがあった。それは、人種、性差や文化についての学びであった。CCETSWは、この分野の学びが、訓練全体を通して享受できることを求めていた。学生たちは幅広い環境と家族構成における観察を奨励されていた。調査票の回答においては、参加者たちは観察から得たこうした学びのメリットを強調していた。自身の観察経験において、彼らは固定観念の力に圧倒されていた。文化や階級など、幅広い家族形態の記録がセミナーグループに持ち寄られ、そのような家庭の観察から生じた議論が非常に評価された。

> 私たちが知覚できるものの中から、自分自身の価値観の基礎となるものや、その影響を探る機会となった。さらに、確信は時間をかけて追究されない限り、特別な見解に至ることはないと理解する機会でもあった。

> 自分の性や人種、文化や階級が、いかに子どもの発達に関する仮定や考え方に影響を与えるのかということを、観察によって探究することができた。

> 児童養護施設で暮らす、アフリカやアジアの子どもの観察に基づく文化の違いについての学びは、計り知れないほど有益なものであった。

すべての参加者が、経験的な学びを高く評価したが、中には、セミナーでより多くの理論を学びたかったという者もいた。彼らは、観察の主な学びが「自分自身の幼年期に対する衝撃と、観察対象となった親の経験のすべてに対する理解が深まった」ことに驚きを示した。さらに、「観察した子どもと自分が同一化していくことの力強さ、そして、それをセミナーで共有することのおもしろさ」についての記述も見られた。

要約すると、調査票に対するコースの参加者の反応は肯定的なものであった。彼らは、その学びを、個人的、専門的、そして学術的に活用していた。さらに、あらゆる専門家や他職種間、資格取得中の者、あるいは資格取得後の者などの訓練の一部としても重要だと考えていた。

次の段階

　このように、ソーシャルワークのトレーナーの訓練と並行して、私たちは児童保護の領域における発展の波にも大きな関心を持った。児童保護と家族支援▼原注2のために多職種から構成される修士課程を設立する際、私たちは、幼児観察、および2年目には組織観察を含めることに決めた。このコースは、多くの子どもの死亡や児童保護に関する調査の後にできたものであった。それぞれのケースの調書において、子どもについて専門家の目を通して把握されていなかったことが強調されていた。看護師、ソーシャルワーカー、そしてセラピストは、コースの中で児童養護施設やデイケアで、6か月以上の子どもを観察した。1学期の間、10回の観察について議論するために毎週セミナーに参加し、その後、論文を書く。2学期と3学期は、それぞれの個人プレイセラピーを行った。2年目には、組織での観察が義務づけられた。こういった観察は、様々な状況のもとで体験することができた。消防署、一般診療科医院（GP）、ソーシャルワーク事務所のチーム、入所施設、警察署などである。これら2つの観察経験は、そこで何が起こっているのかを実際に確かめることができたのと同時に、訓練生にとっては無関心の状態から、相互作用の衝撃と情緒的な衝撃の両方を意識化するという、とても強烈な変容の体験となった。

児童保護と公的保護についての学び

　ある参加者は、公的保護の中で非常に痛々しい子どものケースに、それとは気づかないままに遭遇していた。その年の最後の観察記録から引用しよう。

　　母親は櫛を置き、2歳のケリーを抱き上げた。彼女はケリーの足を自分の脇の下に当てると、両手を持って優しく揺り動かす。母親はケリーを部屋に連れて行くと、そこでケリーの頭が床に落下しそうなほど揺さぶり、「ケリーが落ちる、ケリーが落ちる」と歌う。小さな女の子は、興奮気味にくっくっと笑いな

▼原注2　ジュディス・トロウェルと、当時タビストック・クリニックのソーシャルワーク部門で上級臨床講師であったベヴァリー・ラフリン（Beverley Loughlin）である。

がら叫ぶ。6～7回大きな声で笑った。これは2人ともが力尽きてソファの上に座り込むまで繰り返された。
　ケリーの母親に対する完全な信頼感は驚くべきものだった。私はこのやりとりの直後に帰ったのだが、この家庭で再び観察をすることはないのだと、このときはまだ知る由もなかった。

　この記録者は、後に、ケリーが2つの里親家庭で育てられたことについて細かく記している。最初の里親家庭での養育は、その家の幼い子どもがケリーにかみついたり、叩いたりしたために、ほんの10日後に中断した。ケリーは今、毎日の面会がしやすいようにと、生みの母親の家の徒歩圏内に措置されている。

◆里親家庭でのケリー
　里母は、生みの母親が6日間ケリーに会いに来ていないと言う。ケリーは里親の子どもであるジェーンと床の上で遊んでいたが、機嫌が悪くなってきたので、乳母車に乗せられた。……ドアベルが鳴る。里母はアン（生みの母親）より先に部屋に入る。こんにちはと声をかけるが、アンは腰かけたままでケリーには近づかなかった。里母は、乳母車からケリーを抱き上げると、アンの膝の上に座らせた。アンは子どもに対し、どうでもいいような抱き方をし、自分の健康と経済的な困難について説明する。娘の健康状態を案じるような問いかけはない。ケリーはほ乳瓶を床に落とした。母親は反射的にそれを拾い上げると、突然「ダメ、ケリー、ダメでしょう」と言う。ケリーは笑い、その後、涙の前兆が現れる。彼女はまだ母親の顔を見ている。私はこの母親自身が誰かにかまってもらう必要があり、ケリーどころではないのだという、この状況に対するケリーの失望を感じながら、この日の観察を終えた。

　こういった経験に加え、里親家庭が1週間の休暇を取ったとき、ケリーはさらなる変化を経験することになった。次の観察では、ケリーは彼らの元に戻っていた。

　私はドアベルを鳴らしながら、再びその独特の音に注意を払った。ケリーは

隅に置かれたテーブルの下にいた。彼女にあいさつし、視線を合わせようとした私の努力は報われなかった。生みの母親は20日間、訪問していなかった。ケリーはむずかったりしがみついたり、もはや話さないで食べ物をかんでいることが多いとのことだった。ドアベルが鳴ると、ケリーはテーブルの下からはい出て立ち上がり、ドアのほうを見る。おばが、これでもう5回目で、毎回ケリーはそれがママであることを望んでいるのだと言う。彼女は身体的に反応しているようだった。ケリーのふっくらしていた頬はこけ、目はどんよりとくもり、動作は機敏さに欠け、歩き方はよろよろと不安定で危なっかしい。人々に取り囲まれた彼女は、今にもバラバラに壊れそうで、非常にか細いすすり泣きの声を上げる。それに対し、ジェーンの感情表現は大人に賞賛されている。ケリーがジェーンのほ乳瓶を取り上げると、里父が「ダメ」と言う。ケリーは「いや、いや」と言って、部屋の隅っこによろよろと歩いて行った。ケリーはハイチェアの下に潜り込み、10歳児のトレーニングシューズを拾い上げて、それで自分の頭を叩き始めた。

これは、子どもの公的保護における経験の中でも、大きな痛みを伴う、衝撃的で悲惨な観察であり、学びにおいては非常に大きな源泉でもある。観察者とセミナーグループのショックは強烈なものであったが、なぜソーシャルワーカーや里親にとって防衛が必要なのかという理解をも与えてくれる。

より深く見ていくこと——調査・研究プロジェクトの立ち上げ

CCETSW研究と子どもの保護の領域における訓練を振り返る中で、私たちは、訓練経験としての観察の力に圧倒された。引き続き調査・研究プロジェクトを立ち上げ、さらなる深化を切り開くことを試みた。私たちは、主にタビストック・クリニックの子ども・家族部門にある訓練コースについて、縦断的に観察の経験を見ていくことに決めた。様々なコースに参加する訓練生たちに連絡を取り、体験を共有してくれるかどうかを確かめた。私たちのプロジェクトへの参加に同意した人たちは、クリニック全体の127人の訓練生のうち56人だった。この中の35人は観察を終えていた。観察を終えていない21人をこの調査・研究のための

統制群とし、CCETSW研究で用いた調査票を拡充して用いた。参加者はまた、GHQ（General Health Questionnaire: 精神健康調査）にも記入した。同意したうちの41人には、内省機能（reflective function）を見るためにAAI（Adult Attachment Interview: 成人愛着面接）を受けてもらった。参加者は、調査票に記入することと、その年の最初と最後、さらには1年後にも面接を受けることを条件づけられた。セミナーリーダーにも調査票への回答を求めた。2年にわたる観察を行っていた訓練生もいれば、1年間の観察、また1学期の間、毎週の観察を行っていた者もいた▼原注3。

調査票

◆最初の調査票

最初の調査票から、訓練生には幅広い専門家がいたことがわかった。教師、看護師、カウンセラー、保健師、ソーシャルワーカー、心理学者、調査／研究者、法律家、心理療法士や精神科医などである。彼らは、観察の技術とともに乳児や子どもの発達について学びたいという期待を寄せていた。ほとんどは自宅での観察を望んでいたが、中には保育園での観察を選んだ者もいた。彼らは、英国のほか、広範囲の人種、文化や宗教を持ち、南米、ヨーロッパ、中東、アフリカ、インドなどの出身であった。半数は既婚者で、残りの半分は独身か離婚者であり、その大半は女性であった（88％）。これらの訓練生の3分の2は、これまでの人生の中で、非常に重大な精神的衝撃を受けた死別を経験していた。つまり、参加者たちは幅広い専門領域や個人の経験を持って、この訓練を受けに来ていたと言える。子どものケアや、子どもと思春期の精神保健分野においてより貢献できるように、その技術や能力向上に影響が与えられる経験になると考えていた。また、ほとんどの者がその時点で個人セラピーを受けていたか、過去に受けた体験があった。

▼原注3　この調査・研究プロジェクトの質的・量的全データは、*Journal of Infant Observation*, 2008, vol.11, pp.333-343に掲載されている。

◆後の調査票

1年後、訓練生たちの観察は、全体を通して、積極的な関心と肯定的な経験として報告された。

> 期待以上のものを手に入れられた。これは魅惑的な学びの方法であり、完全に新たな発見であった。観察は、見逃されがちな微細な行為や表現を見る機会をつくり、さらに、子どもの経験をより深く理解し、それによって子どもの行動を解釈する機会をつくってくれた。

> 子どもが生活する中で示す無意識の影響に、より気がつくようになった。それと同時に、私たちの誰もが持っている内的世界にも、より気づくようになった。

> すぐに答えに飛びつかず、持ちこたえられるようになった。時間をかけて、より理解を発展させていくことができるようになった。

参加者たちは、観察の設定自体が重要な学習体験だったこと、家族の寛大な態度に敬意を表すること、そして役割の境界を確立することの必要性について報告した。

最も重要だった学びは何であったかについて、訓練生たちは雄弁に答えた。例えば、子どもの成長や発達の早さ、痛々しいような乳児的な感情とともにあること、そして、観察者としての役割にとどまることがいかに困難であったかについて記述している。さらに、親になることの奮闘についても学んだ。しかし、事態が悪い方向に向かったとしても、それがこの世の終わりではないということも学んだのだった。彼らはまた、母親自身が自分の家族において経験したこと、さらには、パートナーの家族における経験の重要性についても学んだ。

大半の者が、セミナーには活気があり、興味深く、支持的であったと振り返り、その経験を踏まえて論文を書くことの「重要性」について報告した。多くの者が、自分自身の幼年期や育児から引き起こされる強い感情を経験しており、セミナーがそれらをコンテインし、消化するのを助けた。さらに、少数の者は重大で深刻

なライフイベントを体験しており、観察が自らの経験やその影響について深く考えるのを助けた。

　1年後、何人かの者（もともとのグループの半数未満）が、さらなる調査票に回答した。再度回答した者の多くは、次のように感じていた。その1つは、自分自身について非常に多くの学びを得たこと。もう1つは、職業の選択とその仕事をする能力において、過去の経験が及ぼす影響について多くを学んだということである。彼らが報告した重要な学習経験は、赤ん坊の力（観察中のこの小さな乳児が、いかに親に影響を与えるのか）、親と観察者の情緒的不安の範囲、母親と赤ん坊の関係性の強さ、およびそれらについて性急に判断を下さないことが必要だといったことである。さらに、介入することなく、どのようにそこに居続けるべきなのかも学べたと感じていた。観察セミナーは、エキサイティングな体験として彼らの心の中に残っていた。つらく、しばしば痛みを伴うこともあったが、観察によってかき立てられた感情は、彼らにとってはまだ生き続けていた。彼らは、時々、赤ん坊のために極度の不安を感じたこと、赤ん坊との強い同一化と、赤ん坊が母親に理解されなかった、あるいは子ども部屋にいてもらえなかったときに、自己の赤ん坊の側面やその苦痛に気づかされたことを覚えていた。すべての者が、観察の訓練を振り返り、この経験が自分自身や自分の実践にとって非常に重要であったと感じていた。観察コースを受講している間に、私生活においてトラウマ的な出来事に遭遇したことを報告する者もいた。つらい出来事に対処するのは困難であったが、彼らは、セミナーグループにもたらされていたコンテインメントによって、助けられたと感じていた。

◆セミナーリーダーへの調査票

　最後に、私たちはセミナーリーダーに、訓練生の経験について尋ねた。セミナーリーダーは、訓練生が観察に徹し、介入しないでいることが難しいのではないかということ、そしてより理論的な考えを持てるように求めてくるのではないかと予測していた。また、訓練生が乳児の不安や生命を脅かすリスクの傾向について、きちんと考えられるようになることも望んでいた。セミナーリーダーは、観察が人生を変えるような経験になることを期待し、さらに、観察によって、訓練生が自らの中にある子どもの部分と、自分自身の子どもとの関係の両方に触れ

ていくことも期待していた。訓練生が自分自身を観察できるようになることもまた期待していたのだった。

　訓練から1年後、セミナーリーダーは、複雑な経験を報告した。いくつかのセミナーで、訓練生たちはもがき苦しみ、不安とともにとどまることに問題を抱えていた。はっきりとわからない状態のままとどまることがかなり大きな問題だったために、彼らは何を言うべきか、あるいは、何を行うべきか知りたがっていた。何人かの訓練生は、人種的な問題を抱えていた。自らとは異なる育児習慣を観察していた者は、セミナーグループにおいて活発な議論を促した。また、別の者は自分の私生活におけるトラウマに苦しんでいた。訓練生にとって考えることが困難なときに、セミナーリーダーが何とかして建設的に対処するために、あるいはグループの力動を反映するためには、スタッフミーティングが重要であることを悟った。

統制群の反応

　統制群は、自分たちの訓練について肯定的な報告をした。しかし、コースの中のどのセミナーについても、特に大変であるとか、困難であるとは見なされていなかった。彼らに共通していたのは、大半の者が訓練経験のプロセスを助けるために、コースと並行して個人セラピーを求めていたことである。このことは、AAIを反映した機能分析から興味深い発見を導いた。訓練期間中、あるいはそれ以前にセラピーを受けていた者は、内省力（reflective capacity）に肯定的な変化を示した。この結果は、訓練生が乳児観察をしようがしまいが、ほとんど同じであった。つまり、セラピーの経験は、観察を行うより、内省する能力に対して強い影響を及ぼすものと思われるが、これは振り返ってみるとまったく驚くべきことではない。もちろん、これらのコースを受けていない患者が、セラピーにおいて内省の機能を強化するかどうかはわからない。考えられる可能性の1つは、これらの経験と学習の方法が互いを増強するということである。

　私たちは、観察を行っていなかった統制群と並行して、期間は長期、短期で異なるが、観察訓練を受けた訓練生の経験と学びについて探求することから着手した。内省機能得点について、時間経過における変化を分析した際に浮かび上がってきた鍵となる変数は、訓練生が現在セラピーを受けているか、あるいは過去に

個人セラピーを受けていたかどうかであった。

　しかしながら、調査票の質的回答には違いがあった。そこには、観察による情緒的な衝撃と学びが明確に示されており、これはCCETSW研究の参加者の記録とも同様のものであった。この学びは、2年後のフォローアップにおいても維持されていた。参加者が自らの実践における変化を実感していたり、仕事で関わる子どもや家族、あるいは自分自身について理解を深めることができたと実感していたことが示されていた。

考察

　これらの調査・研究プロジェクトは、次のような確信に基づき、着手した。それは、観察訓練とは、他者の情緒的な生き様に触れる能力に焦点を当てるためにとても重要であること、さらに、性急な判断や意思決定よりも、熟考する時間を持つという、持ちこたえる能力が重要であるという確信であった。

　調査・研究とその結果を考える際、乳児観察を行ったグループの合計から、参加に同意したのは限られた人々であるということを覚えておく必要がある。これは、サンプルに偏りがあり、より否定的な見解を持つ者が参加しなかった、あるいは、1年後に実施した2度目の調査票への反応がなかったということを意味する。とはいえ、私たちはこの調査・研究への参加を依頼したときから、訓練生たちが多忙な業務をやりくりして、観察と訓練のための時間を確保しなければならないという相当なプレッシャーを感じていることを承知していた。

　この研究の中で報告されたすべてのコースでは、基本となる精神分析的理論の枠組みもともに学習していた。家族が頻繁に観察の対象となり、しばしば家族の力動についても議論された。子どもの観察という文脈で保育園に滞在したり、あるいは組織それ自体を観察するのかによらず、組織のシステムと力動にも注目した。ほとんどすべての訓練生の学びの主要部分は、愛着理論と関係性の意義から発生したものであるが、これらはいずれも、赤ん坊と幼児のみならず、その親、そして彼らと関わる専門職とその訓練生自身のためのものである。

　多くの訓練観察者は、過去に困難な生活を経験したか、現在進行中の困難を抱えていた。精神保健、あるいは子どものケアの分野で働くことを選んだ者は、自

らの情緒的な苦痛とともに、強烈な痛みと悲惨な状況を抱えていかなければならない。子ども、家族、個人、そして自分自身を観察するという学びは、患者／クライエント、および、彼ら自身とその家族の利益のために専門的に援助するのを支えたと思われる。

謝辞
　この調査・研究への貢献に対し、観察者とセミナーリーダー、そして匿名の論文から観察記録の掲載を許可してくれた「On the Outside Looking In」に厚くお礼申し上げる。

第 5 章
乳児観察の体験が精神分析的心理療法の訓練の中心に据えられる意味

ジャニーン・スターンバーグ
Janine Sternberg

　私は、はじめは観察者、その後は臨床家として、さらに後にはスーパーヴァイザーとして乳児観察を体験したが、これは精神分析的心理療法に対する私のアプローチを形づくる上で決定的なものとなった。患者と部屋にいるときに私が行うことの多くは、意識的というよりも前意識的に、乳児観察に従事した自身の体験や、後年にそれを教える経験に影響を受けているように思われる。私は、乳児観察を教える機会に価値を見いだしており、セミナーを非常に待ち遠しく思うこともしばしばである。しかし、乳児観察の指導や、子どもと大人の心理療法士の両方の訓練に従事する者として、私たちの教育実践の多くが、その価値に疑問を持つことを不可能にするような方向に発展してきたのではないかと懸念している。なぜ、この方法で教えているのだろうか？　そこで私は、乳児観察の体験が精神分析的心理療法士の成長に貢献するかどうかについて（そして、もしそうならば、どのように）、評価することができるかどうかを見極めることに決めた。結局のところ、訓練に関わる者の多くがそうだと**確信して**はいるが、この見解にはエビデンスがないのである。

調査・研究デザインとその方法論

文献レビューとマッピング

　精神分析的心理療法士として実践するために、どういった資質や経験が必要なのかについては多くの見解がある。どういったスキルと能力が必要だと言われているのか、また乳児観察に取り組んだ経験から得られたと考えられる利点や利益がどのように位置づけられているのかを見いだすため、文献を徹底的に見直すことから始めた。観察と、それに伴うとされるスキルと能力についての検証から、以下の事柄を特定した。それは、先入観なしで見ること、ある特定のやり方で観察すること、情緒の強さに気づき、それについて考える能力、禁欲の苦痛、意味が現れてくるのを待つこと、記録するプロセス、そしてセミナーの活用である。乳児観察はまた、将来の臨床実践のために重要な能力を生み出してくれるとともに、他のさまざまな学びの体験をも観察者に与えてくれる。家庭の中での乳児を観察するという営みを通して、観察者は内的世界と外的世界の間の複雑な相互作用について詳細に学ぶ。また、関係性について学ぶとともに、乳児や子ども、そして乳児的で非言語的なコミュニケーションについての理解を深める。

　こうしたことに関する文献は、乳児観察が臨床実践の質の向上を可能にする多くの例を詳述している。その中でも、私はラスティン（Rustin, 1988）が「初心のセラピストにとって乳児観察が特に価値を持つ面」として、「強力な感情にさらされること……おそらくこれまでになじみのない混乱や乳児の情緒的生活の力との出会い」（p.16）と述べていることに着目したい。クリック（Crick, 1997）は、観察者の「距離感（detachment）」と「第三の位置（third position）」とを結びつけた。これは、治療的作業がうまくいっているときのセラピストの位置でもあり、セラピスト／観察者が感じた感情について考えるための心の空間である。

　　精神分析的訓練の一部として据えられている、母親－赤ん坊観察に特有の潜在的可能性は……内的な「観察者の位置」を見いだすために、分析家候補生が続けなければならない作業にある。これは最終的に、精神分析的アイデンティティを獲得する際に含まれる本質的な部分である。（Crick, 1997, p.245）

クラウバーとトロウェル（Klauber & Trowell, 1999）は、この数年の間に変化してきた乳児観察に対する態度について概説している。そのもともとの強調点は、患者の中の乳児的な部分により多く触れられるよう、早期の前言語の発達や経験を理解するための訓練生の能力の向上であった。ところが現在では、乳児観察は観察者がわからなさに持ちこたえる能力を発達させ、結論に達することや早まった解釈に至る前に振り返る時間を持つ機会であることに気づいたと示唆している。観察者は、親－乳児の相互作用の豊かな複雑さや情緒的インパクト、そして自身に喚起される複雑な情緒をコンテインする必要性をも知る。

　また、乳児観察を構成要素とするコースの編成や、指導に従事する同僚にもインタビューを行った。それは、彼らおよび先導的臨床訓練が、乳児観察の貢献を何だと考えているのか、よりよく見いだすためである。乳児観察の体験から得られる能力のいくらかは、心理療法士に必要とされる主要なスキルのようには思われないかもしれない。同じ理由で、有能な心理療法士になるために必要な能力のいくらかは、理論セミナー、スーパーヴィジョン、個人分析や臨床セッションの中での観察など、他の道からのみ得られる場合もしばしばある。

インタビュー

　乳児観察を行う体験が、参加者にとって関連する能力の向上につながることを示すことができるかどうか確認するため、私は乳児観察に取り組む訓練生の小集団に対して、観察体験のはじまりの段階と終結時の2回にわたりインタビューをすることにした。インタビューは録音し、文字に起こした。乳児観察に現在取り組んでいるか、もしくはちょうど終えるところである観察者をインタビューのために選んだのは、乳児観察の影響が、より経験豊かな実践家の中に、患者について考え、反応するという全般的なあり方に深く根ざしているのとは違い、それをまだ意識的に保っていることを期待したからである。

　集団でインタビューするという決定は、そこに費やす時間と文字に起こす記録数を限定するという、実際的な根拠に基づいている面もある。しかしながら、こうしたフォーカスグループの利用には、参加者が何らかの共通点を持ち、インタビューの目的が単一のテーマや一連の開かれた討議によって導かれる狭い範囲のテーマについての情報を収集する場合には、重要な利点もある（Bloor, Frankland,

Thomas & Robson, 2001)。フォーカスグループにおいては、メンバー間の相互作用が重要である。集団の相互作用によって、「集団の相互作用なしでは入手しがたいであろうデータと洞察」がもたらされる。そして参加者は、自分と他者の体験についてしばしば比較を行い、それが単に見解や視点について話す場合よりも、より奥行きのあるデータを与えてくれるのである（Morgan, 1997）。また、個人インタビューよりも広範になること、つまりたとえ比較的構造化されていなくても、集団インタビューの形式は、例えば質問紙法では現れないかもしれないような予期しない領域（Trowell, Paton, Davids & Miles, 1998；本書第4章のトロウェルとマイルズも参照）に、より多くの目を向ける機会が与えられるであろうことも期待した。どんなインタビューでも、言語や自己報告されるデータに限定される（Morgan, 1997）わけだが、これはどんな種類のインタビューも、意識的見解を討議するのみであるといった危機に陥ることを意味する。また、より深く、より意味のある乳児観察体験の貢献が認識されないかもしれないことをも意味する。会話中に即座に気づくことが可能な、こうしたことを超えた意味のレベルに分析の段階で接近できることを期待し、グラウンデッド・セオリーを用いることにした。

アンナ・フロイト・センターの修士課程、タビストックの精神分析的観察（これはタビストックの子どもの心理療法訓練への「玄関口」である）の修士課程、英国心理療法士協会（BAP）／バークベックの修士課程、精神分析研究所のコースに所属する学生にインタビューを実施した。1つの機関の訓練生を1グループとして4グループを構成し、2回にわたって集団によるインタビューを実施した。各集団間に人数差が出てしまったものの、統計的有意性を求めるわけではなかったので、この差が結果に影響するとは考えなかった。研究参加者を選択することはせず、ボランティアによって募った。上記の訓練コースの中には、臨床訓練に受け入れられる前に乳児観察体験を行うところがある。その場合、臨床訓練に進みたい人々の中からボランティアを募ったが、こうした学生たちは、訓練の候補生としてすでに受け入れられている、経験のある臨床家とは明らかに非常に異なる立場にある。これらのインタビューが設定された際の他の重要な点は、そのメンバー構成、各々の訓練機関と私との関係、そしてそれが参加者の反応に影響を与えた可能性である。この点についてはここでは論じられないが、調査・研究終了後の著書の中で詳述している（Sternberg, 2005）。

インタビューの実施

　フォーカスグループの実施に関する文献（例えば、Bloor et al., 2001; Fern, 2001; Merton, Fiske & Kendall, 1990; Morgan, 1997）においては、調査・研究者が、司会者、あるいはファシリテーターとして振る舞い、話題を出現させると同時に、扱いたい問題について意識しておくことが示唆されている。インタビューは、司会者が支配するべきではなく、1人のメンバーが持ち出した考えについて、他のメンバーが取り上げ、展開していくような空間を育むべきである。私は、参加者が現在のコースに引きつけられたのは、乳児観察という科目のためかどうかを探究したいと思っていた。また、より重要なこととして、将来の臨床訓練生として、乳児観察の取り組みから何を学ぶことを期待しているのかについても探究したかった。

　インタビューの2回目は年度末に実施し、参加者には各々が観察体験において重要だと思われる側面について話すよう求めた。各回とも半構造化インタビューであるため、話題はかなり広範囲に及んだ。参加者は自由に話すことができたものの、文献調査や訓練責任者のシニアスタッフとの協議から、取り上げる必要がある領域については意識していた。そこで、流動的に話し合われる場で、前もって同定していた領域について討議されない場合に活用できる、いくつかの「誘導語（prompts）」を用意しておいた。

　広範囲な討議において、観察初期の学生は、各々の希望や期待について述べた。例えば、観察する乳児を見つけることに関する奮闘、「正しく観察をすること（doing it right）」に関しての不安、距離を保った観察者でいるという概念への疑問といった、観察者のスタンスついての心配（「それは無理。そこにいつもいるわけで、常に出たり入ったりという葛藤がつきまとい、そして緊張状態がある」）といったものから、「その人に次に何が起こるのかといったパターン」を理解したいという期待や、家族力動についていかにより良い理解を深めるかといったことまで広範にわたっていた。

　対照的に、コース終了時の参加者の経験を振り返っての詳述からは、彼らの継続的な成長にとって影響があるのは明らかであった。観察終了後のインタビューでは、参加者がこうした体験と、心理療法士としての現在や将来の成長との間にある何らかのつながりについて考え、それをいかに理解しているのかを聞くこと

を期待していた。もちろん、このことは、訓練機関が明確に期待するものによって大きく影響される可能性はあるのだが、構造化されていない自由な討議においては、潜在的な問題に気づくことが可能であろうと考えていた。プロセスの特殊性と複雑性を考慮に入れるというグラウンデッド・セオリーの方法論を用いることで、「正しい答え (correct answers)」だと考えられていることを超えた、外挿的テーマが可能になるであろう (Coffey & Atkinson, 1996; Glaser & Strauss, 1967; Pidgeon & Henwood, 1996; Taylor & Bogdan, 1998)。それぞれ、1回目は乳児観察体験を始めたとき、2回目はその年度末の時点と、2度のインタビューを行ったため、テーマや問題が現れる様子を比較することができた。

インタビュー素材の分析

インタビューを書き起こした記録を詳細に分析した。参加者がそれぞれの観察体験から得たものを見いだすために、彼らが自分の体験について詳述した点に主要な焦点を置いた。フォーカスグループのデータをコード化する際には、分析の基本単位を、個人ではなく集団にすることが一般に認められている (Morgan, 1997)。集団での討議は、集団の中の個人と、全体としての集団力動の両方に依存する。にもかかわらず、データを扱う上では、発言はグループの反応として処理することができる。グラウンデッド・セオリーを用い、テキストに現れるものを通して、検討すべき構成概念を吟味した。

書き起こした記録の詳細な検証から、討議された問題の広範なリストを作成し、それらを一貫性のあるカテゴリーに分類することを試みた。そのカテゴリーに適合しない像があったときには、もう一度テキストを検討した。このように、グラウンデッド・セオリーの原則に従って、ローデータと生起してくるテーマの間には、常に行きつ戻りつがあった。新しいカテゴリーが出現すると、元のデータを検証し、洗練し、場合によっては先のカテゴリー化の試みを放棄しながら元のデータに戻らなければならなかった。各集団が提起する関心事に、順次注目した。観察後のインタビューに現れた多くのテーマを特定した後、次に観察前のインタビューに戻り、そこでのこれらのテーマの有無を記していった。グラウンデッド・セオリーを利用し、またこうしてカテゴリーを作成する際にデータを検

証する中で、表面上の観察と理論的説明のより深いレベルとを関連づけることができた（Rustin, 1997）。

これらのカテゴリーに含まれる問題が、観察前後のインタビューの中での話され方に、どのような違いがあるのかもまた確認することができた。それから、文献調査に基づいた先の概念的マッピングとどのように関係があるのか検証した。

インタビューから得られた知見

インタビューでの話題、そしてそれをいかにカテゴリー化したか

グラウンデッド・セオリーを用いてインタビューの記録を見ると、参加者が話した話題は以下の項目にクラスター化された。

- 経験の痛みの性質を重視することを含めた、自身の感情への気づき。
- そうした感情の振り返り。
- 観察者のスタンスについての考え。
- 観察家族、および観察者と彼らとの関係に関する諸問題。
- 家族についての考え。
- 赤ん坊の発達に対する関心。
- セミナーグループ、およびセミナーリーダーの影響。

しかしながら、これらはその中に相当に微妙な差異を含む包括的カテゴリーであることを理解しておくことが重要である。例えば、「感情への気づき」のカテゴリーには、次の3つの要素が含まれている。

1. 感情を認識すること。これは、話し手が感情の気づきや何かを感じたことを示す最初の段階であり、投影を受け取った（picked up）体験を含んでいることもあろう。
2. 居心地の悪い感情に耐えること。不安と不確実性に耐えること。強烈で痛ましい何らかの経験、そしてそうした不快な感情にとどまる必要性については、しばしば乳児観察の有用性に関連して言及されている。

3. 自分自身の中にある感情の処理。これは、その感じられた感情の中にあるものが、自分自身から来たものなのか他者から来たものなのかについて考え始めることができるようになるという、非常に重要な領域を含んでいる。この重要な区別化のプロセスは、臨床実践において個人的な逆転移と臨床的な逆転移とを識別するための能力として考えることができる。

また、「そうした感情の振り返り」のカテゴリーについても、さらに役立つよう、多くの方法で以下の通り細分化した。

1. 経験したことについて考え、振り返ることが必要であると気づくこと。
2. 早急に理解しようとしないこと。これについては、後に、パターンが自然に確立されていき、意味が出てくるのを待つ重要性を認識することとも関連づけた。
3. 体験の理解を生み出すのに役立つような理論的モデルを求めること。
4. 一情報源としての自らの感情の有用性に気づくこと。
5. どれほど観察者が気づけていなかったり、重きを置き損ねていたかということに関して、おそらく多くは、記録をつける行為やセミナーからその認識を得ること。

経時的な話題の分布

ある特定の見出しの下に含まれる考えが何度言及されたかと同時に、もちろん言葉の質にも注目しつつ、参加者の反応を分析することを通して、先に治療的実践のために重要であると特定した諸側面の著しい増加が示された。これら特定のカテゴリーという観点から、観察前と観察後のインタビューを詳細に見ると、参加者は、自身の感情により触れられるようになり、それらの感情についてはるかに消化することができ、またそうした感情に対する自らの反応がどこから来たのかと問うことができるようになっている。

自身の感情を役立つ情報源として用いるという考えが新しく開発される一方で、例えば観察者としての自身の影響について考える頻度の増加が見られた。例えば、ある観察者は、騒々しい幼児に対する抑うつ的な母親の非応答性が、自分

にとっていかに難しく感じられるかについて詳しく述べた。彼女は一度、この状況を変化させたいという願望と必要性を強く感じ、その子どもを引き寄せてくすぐったこと、そして彼がそれを喜んだことについて話した。「おそらくそんなことはするべきではなかったけれど、このことで何かを教えられたと思う」と彼女は述べた。このことが彼女に何を教えたのかは、集団インタビューの中ではこれ以上語られなかったが、彼女は自分の観察者としてのスタンスを取り払わねばならなかった動因について振り返ることができたのではないかという感覚がある。しかし、観察を始める前の参加者にとって、開始時にはおそらくより安全でなじみのあるような、より教訓的で理論的な要素といった他の側面は、後にはほとんど注意が払われなかった。

　2度のインタビューから得られたテキストを詳細に検証すると、参加者は、最後のインタビューでは異なった反応をしており、この時点までに、ある意味で最初のインタビューでは明らかにならなかった複雑な専門的訓練のプロセスが非常によく確立されているというエビデンスを提供してくれている（Sternberg, 2005）。文献や専門家コミュニティーが乳児観察について主張する多くの能力やスキルが、ここで合致するようである。終結時のインタビューまでに、参加者のほとんどが文献研究とその知見が示唆するような、十分に成長した臨床家が持ち得ているであろう、ある種のあり方を示す発言を行っている。つまり、多くの場合、オープンで、内省的で、情緒的に接近できるスタンスを備えた観察者の成長をここに見るのである。こうした観察者は、自身の体験に影響を受けていることをわかっており、その後、そのことについて振り返ることができる。しばしば意図せずに、個人的な逆転移の問題（自分の生活や経験の何がこのように感じさせるのか）、また「臨床的な（clinical）」逆転移の問題（自分の感情は母親や赤ん坊のどのような心の状態について知らせているのか）について考えるスペースを持ち、そのような感情が意味するものについて振り返る。観察者のスタンスについて振り返り、それを忠実に守ることができないことの意味について考え、そしてそうした体験の意味を理解するためにセミナーを活用する。

　つい最近、東南アジアからやって来た参加者の1人は、個人的逆転移と臨床的逆転移を区別しようとする観点から、赤ん坊との同一化について非常に心を動かされる話をしてくれた。

私は今も、あるときの観察で赤ん坊が泣いていたことを覚えています。というのも、そのとき、誰も居間にいなかったのです。彼女は泣いていました。私も泣きたくなったのですが、それはおそらく私もこの文化に適応していくプロセスにあるからだと思います。これはとても難しいことです。時折、観察している家族が、私にある種の家を与えてくれているように感じられるのです。……だから、赤ん坊が泣いているのを見たときにとても耐えられなくて、それはおそらく私自身の情緒的状態のためでもあると思うのです。

　しばしば否認された感情の投影を受け取る力とその影響について、また別の観察者が生き生きと伝えている。

　２か月目と３か月目の間に、決めておいた時間に何度か母親が不在だったという、とても驚いた体験がありました。３回ほどは、訪問を再設定することをいとわなかったですし、私の中に投影されてきていたある種の原初的な感情、絶対的無と忘却を文字通り感じていました。……そして、それから突如悟ったことは、おそらくこの直観が赤ん坊が離乳されたことからきているのだろうということでした。その次の回に訪問した際に、赤ん坊は離乳されていました。これは、おそらくすべてがつながっていたのだと考えるにはとても信じられない経験でした。つまりこの完全な遮断は、おそらく赤ん坊が体験していたことの一部だったのです。

　参加者が経験について考え、そして振り返る能力は大幅に増していた。もちろんこれは、観察後のインタビューにおいては、開始時により仮説的に話していたよりも、最近の体験やそこで考えたエビデンスを引き合いに出すことができるという事実から説明することができる。しかし、多くの学生は、観察プロセスのはじめの時点で、すでに洗練された思考者である（経験のある専門家や臨床実践をしている人たちである）。当然のことであるが、彼らは臨床実践のはじめの必須条件であると私たちが知っている、複雑に織り混ざった能力の少なくとも形跡を明示していたとはいえ、そのような能力のエビデンスははじめのインタビューにおいては未発達であった。対照的に、終結時のインタビューでは、これらの能力の存在を

第５章　乳児観察の体験が精神分析的心理療法の訓練の中心に据えられる意味

示す、より多くの実質的なエビデンスがあった。つまりは、精神分析的心理療法士としての訓練がその成長を目指すところである。これら2度のインタビューにおける参加者に起こった反応の違いを見ると、この6～9か月の間に、観察の体験に加え、それ以上に非常に多くの経験をしているのだと考えるべきであろう。観察体験のみを要因として、これらすべての変化を主張することは不可能であろう。参加者はすべて、精神分析的機関の課程に所属しており、その他のセミナーに出席し、そこで様々な理論的な考えにさらされていたはずである。しかし、彼らはまだ精神分析的心理療法士としての実践はしておらず、臨床実践のスーパーヴァイズは受けていない。個人分析を受けている者もいるし、当然、彼らに起こった他の重要なライフイベントについては知ることができない。それにもかかわらず、私はここに大幅な変化を見た。そこには、乳児観察の体験が少なくとも部分的には関与している可能性が高いようである。

エビデンスの理解

今回の4つの調査・研究グループにおいて、セミナーリーダーの関心や態度には明確な違いがあった。参加者が話したことを集約すると、母親－乳児のカップルを非常に集中的に見るリーダーもいれば、拡大家族の中の乳児の位置により関心を寄せるリーダー、また、観察のタスクを管理することと経験から学ぶことにより重点を置くリーダーもいる。確かに、セミナーリーダーに特有の性質や関心は、参加者が何を得るのかに影響を与えるかもしれない。

しかし、すべてのグループにおいて、乳児観察は参加者の成長プロセスの誘因となり、あるいは時には触媒になることは明らかであった。外的状況、つまり情緒的負荷の高い観察の雰囲気は、観察者自身の関係性や生育歴について振り返る扉を開くような、内的生活のなにがしかを喚起する。ある参加者が、観察の結果として、自分の個人的な生活の中で生じた「奇妙な反動（odd repercussions）」について、感動的に話してくれた。彼は以下のように説明した。

> 私が観察している乳児には2歳上の兄がいて、ともに男児です。これはまさに兄のいる私の状況に一致しており、このことはすぐにセミナーリーダーに取

り上げられました。それで、その後の数週間にわたって、やや無意識的にだとは思うのですが、私は突然のこの悩ましい侵入が、年上の兄にとってどのようなものなのか、そして、その逆についても真剣に観察を始めました。その後、他にも理由はあり得るでしょうが、兄のことをこれまでとは完全に違う視点で見るといったことだけで、私の兄との関係が大きく改善していることに気づいたのです。（Sternberg, 2005, p.152）

　ここでは、感情を認識し、消化することについてのカテゴリーからは明らかに異なった、内的作業に関わるプロセスが見られる。赤ん坊に対する同胞の嫉妬の影響、あるいは乳児の体験に専心する母親の経験について考えるのは痛ましい経験である。この種の経験を消化することは、そのときに分析を受けているという機会によって支えられる可能性が高い（Sternberg, 2005; Wittenberg, 1999）。この痛みに耐えることができるようになることは、臨床家になるために成長していくプロセスの一部である。乳児観察セミナーにおいては、観察者はある特殊な内省を深めていくことを奨励され、セミナーグループは参加者がこうした体験に特別な意味づけをするのを助けてくれる。こうしたセミナーを、考えにくい考えを考えるための装置だと表現することができるであろう。よく機能した臨床家へと成長していくプロセスがいかにして引き起こされるのか、そして諸々の成長の連結を経るそのプロセスの諸段階をここに見ることができる。

　それでは、乳児観察がもたらすとする貢献はいかにして起こるのだろうか？ここでは、いかにして学んだのかというその方法が主要な影響の1つだということは明白である。ここで起こる学びは情緒的な学びである。その学びの型は、ビオン（Bion, 1962）が、何かについて学ぶことよりも経験から学ぶこととして述べている。これは、体験的学習が意味することを包含するが、私の見解ではそれを超えている。乳児観察に取り組む多くの学生は知的能力が高いという背景がある。リグノス（Lignos, 1997）はこの点について指摘し、「彼らは異なる種類の知識、つまり情緒的に覆われた知識を非常に必要としている」（p.2）と述べた。一方でマイエロ（Maiello, 1997）は、乳児観察について「それについて学ぶ認知的なプロセスよりもはるかに、時には観察者自身も驚くほどの学びの体験である。そこには、深い情緒的意味合いがあり、すばらしい成熟の可能性が内包されている」（p.49）

と述べている。

　このことは、ただ特定の技術以上のものを含めた、精神分析的心理療法士が必要とするスキルや能力をマッピングした今回の作業から明らかである。この課題は実に複雑である。精神分析的心理療法の訓練は、スキル指導にほとんど重点を置かない。つまり、その期間の中で、訓練生が能力を発達させるよう機能するのである。実際に、精神分析の訓練は、理論的学習と徒弟モデル（apprenticeship model）を組み合わせて用いている。乳児観察の体験は、特に、感情に気づき、それに耐え、内省すること、そして、強力な情緒的経験に結びつけることを通して意味をなすことに関連する、特定の重要な能力と思考の様式といった文脈で機能する。他の重要な精神分析的インプットがない場合には、乳児観察のこの多大な貢献という立場は無効にされてしまうであろう。

第6章
現場で
精神分析的観察と認識論的実在論

ヘザー・プライス＆アンドリュー・クーパー
Heather Price & Andrew Cooper

イントロダクション

　　普通の家族生活とはありふれたものである。そして、それを観察することは、ほどよい家族の中で起こる、ある種の発達のリズムを理解する方法である。……訓練の対象は、平凡な、ほどよい関係性が明らかにされることを、ただ見ることである。……絶え間なく動き続けるせわしない社会では、それこそが人生の何たるかであると気づくのは、とても難しいことである。
（Kraemer, 1999）

　本章では、まず、潜在的に「社会科学的」方法論である乳児観察について見ていく。そして、他領域における乳児観察の方法の広がりを見る。こうした領域での狙いは、様々な調査・研究の設定の中に見られる、情緒的で無意識的な間主観的力動を証明することができる社会調査・研究を行うことである。私たちは、民族誌的調査・研究の伝統を考慮することによって、これらの異なる、しかし関連のある設定と方法論的立場とを仲立ちする。本章は、全体を通して、精神分析的観察においてとらえられる経験と出来事の性質を熟慮するのが目的である。この訓練方法を精神分析的社会調査・研究の方法として用いるとき、あるいは展開す

るとき、どのような認識論的、実践的な問題が起こるだろうか？

　家族生活と、それがいかに発達を形づくるのかを観察する際に、セバスチャン・クレーマー（Sebastian Kraemer）は、通常、重要性を見いだすような明らかに鍵となる出来事について考慮するよりも、「普通の中の瞬間（the ordinary in-between moments）」に注意を向けるように言う。実際に起こる、ありふれたことに注意を向けるには、かなりの訓練と努力を要する。学生が精神分析的観察の方法を用いて家族について研究し始めたときに、1時間の訪問で「何も起こらなかった」、そして、実際に記録することが何もないと感じることはまれではない。時々、彼らはこれを「退屈」と表現する。「起こったすべてのこと」に注意を向けることは、時間とともに可能になり、また臨床精神分析的パラダイムを理解することの一部でもある。

　広く知られていることとは反対に、フロイトは、無意識を日常生活の「裏（underneath）」に近づきがたく埋め込まれた、時折、生々しく劇的に吹き出すものだとは考えなかった。初期の最も有名な事例検討、ドラにおいて、フロイトは、当初は「人間が自分の中に隠し続ける何か」を発見するのは難しいであろうと考えており（Freud, 1905, p.114）、最後の手段として催眠術に向かわざるを得なかった。それにもかかわらず、実際、無意識は、あらゆるものの中に普通に存在しているのだと指摘している。「通常、私たちは、それを心に留めることなく、素通りする」（Freud, 1905, p.114）。個人の内や個々の間で、このことを明るみに出すためにしなければならないことは、実のところ、人々の話に耳を傾けることである。「話すこと、見せることを観察する」のである（Freud, 1905, p.114）。

　そのためには、細かな部分までつかむために、異なったレベルに焦点を合わせることが求められる。この点を例証するために、ここに典型的な乳児観察の報告から抜粋する。

　　私はTを見るため、腰を低くした。はじめは、片目と片手だけを見ることができた。その目は、まぶたの下で動き、手は閉じたり開いたりしていた。まゆ毛が上がり、目の上で伸ばされた皮膚は、繊細なものに見えた。彼は夢心地で、いかにも半分眠っているようであった。まるで何かをほぐすかのように、伸ばすようなしぐさで体を動かした。ほとんど眠りに落ちそうであったが、それと

戦うかのように、うめき声を出したり、目をしかめたりしていた。何かが欠けているようであった。(生後4週、訪問2回目)（Brown, 2006, pp.184-185）

　精神分析的乳児観察の創始者の1人であるエスター・ビック（Esther Bick）は、記述されるべき出来事について次のように述べている。

　　これらの事実（つまり、観察中の出来事）を言語で表現するや否や、すべての言葉があいまいさに満ちていることに気づくことになる。……実際、観察と考えはほとんど分離できないため、観察者は特定の語を選ぶ。これは重要な教訓である。なぜなら、確証のための連続した観察に関する警戒と信頼を教えてくれるからである。（Bick, 1964、Briggs, 2002, p.51に引用）

　ここでビックは、観察記録から意味を「取る（take）」方法に関する示唆を与えている。確実にある特定の出来事の意味を公式化するためには、それに先行し、さらにはその後に続く他の出来事の記述に対する、その出来事、およびその可能な意味を相互参照しなければならない。しかし、いかに「事実」に則りながらその意味をとらえて、描写された出来事のまことしやかな解釈を成し遂げるのか。そして、知識を生み出す方法としての「観察」「思考」「解釈」の、微妙に異なるカテゴリーについてどう考えるのかは、かなり認識論的、かつ実践的重要性をはらむ問いである。1人の観察者の回想に頼ることは、ある方法論にとっては特に重要なことである。乳児観察においては、ビデオ録画やインタビューを録音するといった、付随する「外側」の視点がない。また、「正しい（right）」意味をめぐって、観察された人たちとの間の継続的な折衝もない。

観察された赤ん坊の認識論的状態

　乳児観察から得られる精神分析的概念は、一般に発達心理学者からは適切な調査・研究に基づくものだとは認められていない。その理由の一部は、先に示唆したように、データ収集における一人称の要素にある。また別の理由は、その後のスーパーヴィジョンセミナーで行われる乳児観察記録の二次的分析において、内

的状態と信念が、それらを確認、または反証することができない赤ん坊に帰せられるためである。同じ問題は、年長の子ども、および大人に帰せられる無意識状態、および「心の状態（state of mind）」についても当てはまる。したがって、そうした試みはなされてはいるが、実験科学の標準によれば、観察されたもの、およびその後の解釈の確実性のための妥当性の確証、もしくは反証に困難の中核がある。フロッシュ（Frosh, 1997）は以下のように記している。

> 心理学は、観察者自身の機能の主観的側面によって仲裁されない、子どもの行動の報告にできるだけ接近し、観察的研究における多様性の源を明らかにするように努めるものである。（Frosh, 1997, p.32）

このことは、実験室のビデオに記録された乳児の内的状態（笑う、養育者のほうを向く、目を大きくする）の行動指標に集中するよう心理学者を導く。焦点は、1人以上の観察者によって、同じ方法で、一貫した信頼性のある評価をすることができる行動であり、それによって、客観的に観察されるものについての正確な、三者間「確証（corroboration）」の基準を得ることである。その後、乳児の中の内的状態は、時に一般的、かつ比較的論争の的にならない方法で推論**される**（例えば、「接触を求める」「気づく」「注意をそらさない」）。しかし、赤ん坊、もしくは幼い子どもの情緒的経験に基づく内的世界、あるいは「心の理論（theories of mind）」に関しては、相対的に沈黙されている。

反対に、乳児観察（そして、精神分析一般）が、研究者の人間的感性と言語によって媒介されない、「客観的な」調査・研究だけを認める人々に提起する問いは、そのような調査・研究が社会環境の情緒的な次元に対して、本当に何かを訴えることができるのかということである。この次元は、意識－無意識の連続線をわたる広範な感情状態を網羅する。この議論は、たとえ非常に穏やかな同定の仕方であるとしても、情緒が情緒として、観察者によって忠実に記録されるために、何らかの方法で**感じ**られなければならないということである。「すべての言葉はあいまいさに満ちている」（Bick, 1964、Briggs, 2002, p.51に引用）ように、「主観的で」刺激的な言語の使用とともに、一人称の報告に反映されるのは、まさにこの間主観的コミュニケーション（より論争的に言うならば、「無意識のコミュニケーションに対する

無意識」）の要素なのである。

　そこで、調査・研究の方法論としての精神分析的乳児観察について考えると、人文科学と社会科学の質的調査・研究者にはなじみのある場所にたどり着く。彼らは一般に、自らの発見の妥当性について知識として議論することを望むが、物理的、あるいは実験的な科学のレンズや基準を用いることは望まない。最も簡単に説明すると、私たちの意見では、精神分析的観察は、科学でもフィクションでもないが、社会学的、社会人類学的調査・研究の両方を表す用語で言えば、「フィールドワーク」の一例である。具体的には、民族誌学の一形態として特徴づけることができる（Burgess, 1984）。ハマースレイ（Hammersley, 1992）は、民族誌学者の鍵となる仮説のいくらかを示している。

　　社会的世界の性質は、**発見**されなければならない。……これは、「自然（natural）」な設定での直接の観察と参与によってのみ達成され得るし、探索的志向性によって導かれる。……調査・研究報告書は、観察された社会的プロセスと、それを生み出す社会的意味をとらえるものでなければならない。「厚い（thick）」記述を産出しながら。……これらの記述は、特定の出来事の具体的な現実に近いままでありつつ、同時に人間の社会生活の一般的な特徴を明らかにするものでなければならない。（Hammersley, 1992, p.12）

　1人の著者が書く文章は、常にその著者の創造物である。しかし、ハマースレイは、民族誌的記録が記録そのものと一致し、また独立して存在する社会的世界についての先の事実を発見することを示唆する。したがって、民族誌に関する彼の社会科学的な議論は、乳児観察（そして精神分析）の方法が直面する、主要な認識論的問いを扱うものである。これは、このような観察が、実験科学における知識生成の水準に適うものかどうかという問題ではない。むしろ「社会（social）」、または「共同構成主義（co-constructionism）」の知的土壌においてではなく、ある特定の解釈の妥当性をいかに主張するのかという問題である。そこでは社会的データについて、「現実主義（realist）」的主張をすることの不可能性が強調される（例えば、Riessman, 1993）。この点に関する私たちの見解は、精神分析的観察、および臨床的に方向づけられた精神分析的調査・研究は、概して「ナイーブな」現実主

義と構成主義的相対主義の間の、第三の位置を担うというものである。情緒的、無意識的な状態は「現実」であり、その主体を知ることでアクセス可能であるが、その「意味」はまた、本質的にあいまいなものであり、複数でもある。複数の解釈が「妥当」であってもよいが、それがすべての、またはあらゆる解釈に当てはまるのではない。観察的「事実」が、解釈の可能性の幅を定めるのである。

　ハマースレイは、民族誌的調査・研究が、いかに読者を納得させるのかを検討し、その1つのあり方は、文章を執筆する上での説得力であると指摘している。彼は、クリフォード・ギアーツ（Clifford Geertz）（Geertz, 1988）を引き合いに出している。

> 　人類学者が本当に言いたいことを伝える能力は、事実に基づく見解とも、概念の正確性ともあまり関係がない。むしろ、自分たちの言っていることは、別の生活様式の中に、あらゆる方法をとって入り込んでいった（あるいは、入り込まされたと言うほうがよいかもしれない）、まさに「そこに行った」成果であるということで、私たちを納得させる能力に関するものである。そして、この舞台裏で奇跡が起こったことを納得させ、書物が提示されるのである。
> （Hammersley, 1992, p.52）

　一見すると、これには同意できる。しかし、ハマースレイは、「現実主義的」スタイルは、いかに調査・研究者が「何が起こったか知っている」（彼らがそこにいたならば）ことを証明するのかというよりは、いかに示唆するのかということに注意を促している。誠実で心を動かすような記述は、重要ではあるが妥当性の説得の唯一の手段として頼るべきものではない。また、妥当性の探求をあきらめるべきでもない。精神分析的臨床では、セッションで起こったことや、患者（と分析家）の内的世界の意味をつなぎ合わせていくという日々の仕事には、主張、疑問、不確実性、そして論議し尽くすといったことが含まれる。これは、自分1人で行うこともあれば、あるいは患者と顔を突き合わせて、またスーパーヴィジョンの中で、あるいは同僚との間で行われることもある。通常、両者は異なることに同意せず、同意にたどり着こうと努めるのであるが、そこには真実がかかっている。また「客観性を達成するには障害があることを思い出すからである。これ

は、私たちが何ひとつ持っていないということではなく、達成することが困難であるという意味である」（O'Shaughnessy, 1994, p.943）。

　ハマースレイは、良い民族誌学の読者は、調査・研究の妥当性と関連性を見極められる手段を持っていなければならないと主張する。特に、真実の妥当性の主張が、それらを支持する上で提供されるエビデンスの適切性に基づく場合がそうである。彼は、民族誌学が以下の点によって判断されることを提案している。

1. 一般的／形式的理論が生み出される程度。
2. 理論の発展の程度。
3. 主張の目新しさ。
4. 経験的観察と主張の一貫性と、論文において後者の例を代表するものが含まれていること。
5. 読者と／あるいは研究対象に対する報告の信頼性。
6. 発見が他の設定にも転移可能な程度。
7. 記録の内省性。調査・研究者と調査・研究が採用した方策の成果の効果が評価される程度、また／あるいは読者に提供される調査・研究プロセスに関する情報の量。（Hammersley, 1992, p.64）

　ハマースレイは、5点目について、誰が報告を「信じる」かという点からは容易に信頼性は査定できないと指摘している。そうでなければ、調査・研究者は、単に人々が聞きたいことを提示するかもしれないからである。こうした点にもかかわらず、私たちはハマースレイの「標準（standards）」が乳児観察に、そしてそこから生じる精神分析の調査・研究の方法論に直接的な適用性と関連性があると示唆する。このような方法を用いる実践者／調査・研究者が、自らの研究実践との関連で、いかに上記の点に対応するのかを振り返ることができると思われる。

　しかし、認識論的にも実践的にも、質的社会科学は精神分析的観察の洞察と「技術的方法（craft methods）」から、特にハマースレイの最後の点に関して恩恵を受けるものだと示唆したい。彼は、内省性を**調査・研究者効果**に関するものとして見ている。彼はこの概念を、調査・研究者効果が潜在的な阻害物として「コントロールされる」、あるいは「宣言される」必要のある、実験科学的パラダイム

と関連づけている。社会的調査・研究においては他にも、内省性を概念化するより豊かな方法がある。それは、精神分析的観察の実践が特に取り組みやすいものである。次に、それについて見てみよう。

精神分析的社会調査・研究における内省的実践の例

　本章のこのセクションでは、社会的プロセスの理解に向けられた精神分析的観察の2つの調査・研究例を見ていく。そして、それぞれがどのように調査・研究者の内省性の問題へとつながっていくのかを簡潔に提示する。乳児観察の中核的方法論の原則が、ここでも生かされている。また、私たちは、このような観察が専門領域の訓練であることで、精神分析的調査・研究を行うための基本的な準備になると見なしている。

気がかりな素材を内省すること[原注1]

　以下に提示する記録は、児童保護担当官（police child protection officer）である「バーナード」との議論である。この調査・研究者「アリソン」は、精神障害犯罪者を収容する施設において、組織プロセスの微細な性質について研究する実践者／調査・研究者である。その目的は、安全性の侵犯、および危険な行動の発生の把握の失敗に寄与するような個人やスタッフグループの力動の理解を深めることであった。

> 　私は、電話でバーナードが病気だったことを知っていた。この日、バーナードが待合室から私を呼びにやって来て、私は警察署の警官のオフィスに入った。いつものように、バーナードはコーヒーをわかしてくれていた。私は、コーヒーを注ぐ彼にどんな具合か尋ねた。彼は、ここ何週間か本当に不思議な状態であったと話した。彼は、次々にたくさんのことがのしかかってきていると考えていた。そのとき、すでに2週間、彼は病気だったのだ。バーベキューに行き、そ

▼原注1　続くセクションでの資料使用を許可してくれたジュード・ディーコン（Jude Deacon）博士に感謝する。

こで食べ物にあたった。それから風邪をひいた。その後、事前に申請していた1週間の休暇を取った。彼は、私たちの仕事の性質に言及した。彼は、性犯罪者と話すことは比較的気楽に感じていたのだが、仕事の他の側面をよりいっそう困難だと感じていた。彼の同僚の1人が取り組んでいる仕事について語った。それは、幼い赤ん坊のネグレクトの事例であった。その子どもは、自分の排泄物を食べざるを得ないほどにひどいネグレクト状態にあった。同僚は、これを扱うのはひどく難しいと感じていた。再び彼は、わずかながら、また物事が積み重なり始めてきたようだと言った。バーナードは、しばらく黙り込み、そして自分の2人の美しい息子のことを次のように話した。親は彼らが生まれた瞬間から、絶えず彼らのことを考えて、気を配り、転んだかどうか、大丈夫かどうか心配している。……彼は、あるレベルで、性犯罪を犯した人々のことをいくらか理解する経験——彼らは自身にも虐待経験や虐待の生育史があった——があり、身体的な虐待についても、心の中でどうにか合理化することができていた。しかし、赤ん坊のニーズを満たすことができない人について理解することは、不可能であると考えていた。一体、「誰がそんなことができるんだ？」。
（Deacon, 2010）

　ソーシャルワーク実践者たちの調査・研究のグループスーパーヴィジョンでは、この素材の「生々しさ（rawness）」に強く引きつけられた。アリソンは、自分のそれまでの経験にもかかわらず、このネグレクトされた赤ん坊の例が衝撃的であると感じたとコメントした。これが、バーナードと彼女との議論においてどこからともなく出てきたように思われたことも理由の1つであろう。しばらくの内省の後、1人のメンバーが、バーナードが語った話の様々な部分には互いに関連性があるのではないかと示唆した。
　バーナードの報告の一部は、単に、夏のバーベキューに行った後に病気になったというものだが、もう1つは、個人的な感情にあふれた反応がより詳しく述べられたものである。それは、自分の排泄物を食べるしかなくなったネグレクトされた赤ん坊について、同僚から話を聞いたことに関してである。「本当にひどくて、消化できない何かがここにある」という趣旨で、スーパーヴィジョングループのメンバーたちはコメントした。グループは、他の観察やケース全体に関して、

この調査・研究者が公式化すべき公式、あるいは解釈についてまとめ始めた。仮説的な公式が出てきた。バーナードの同僚と、それからバーナード自身も、赤ん坊が自分の排泄物を食べるという経験を、文字通り「考えられないこと」と感じていた。おそらく、バーナードはバーベキューに行った際、この消化できない経験を再体験したのだろう。彼は食べて、病気になり、吐いた。

　グループのある者は、この物語の「考えられない」側面に集中したいと感じていた。飢えた赤ん坊が自身の排泄物を食べるとはどんな**感じ**のすることなのか、そしてそれは、どのような結果を導くことになるのか？　この報告の要素を再体験して、もう一度まとまりのある、あるいは考えられるものにするためにである。それからグループは、実際に病気になって、仕事を継続する能力を脅かされるほどに、バーナードにとって自分の仕事が胸の悪くなるもののようだという考えについて話し合うよう導かれた。この領域の専門家は、どのように仕事に対処するのだろうか？　高い欠勤率から、このような仕事をしているスタッフに対して、精神分析的なコンサルタント、あるいはテイラーメイドの継続的研修機会を提供することは助けになるのだろうか？

　ビオン（Bion）の業績を参考に、シュタイナー（Steiner, 1980）は、誰の中にもパーソナリティの一部として、より精神病的な側面と、より精神病的ではない側面、そして神経症的な側面があるという考えについて検討している。こうしたそれぞれのパーソナリティの側面は、相互作用し合ったり、互いに関係を有していたりする。どのような無意識の経験と関連する欲求不満と不安があるのか。あるいは、欲求不満、または不安が起こるところでは、これらが2つの異なる方法で伝えられるとシュタイナーは述べている。1つのモードでは、象徴化されて、言葉や語りで伝えられる。もう1つのモードでは、行為や感情の形をとって投影される。分析的状況では、分析家は、行為せざるを得ない感覚、情緒的な突き、または圧力や侵入といった逆転移を経験する。これらコミュニケーションの2つのモードは、単一の経験、または心的プロセスに関連がある。そして、解釈の仕事は、それらをリンクすることである。つまり、象徴を象徴化されていない要素にリンクすることである。シュタイナーは、これを分析における夢と、理解するプロセスに関連づけている。スーパーヴィジョングループにおいて、これは、調査・研究者の語り（言語であれ「神経症的」レベルであれ）と、毒性の物を取り込んだために後

に病気になった(「精神病的」あるいは非言語レベル)という**感情**体験のつながりの可能性の発見であった。そして、それがこのデータの解釈を生成したのである。

逆転移のエナクトメント

次の短い抜粋もまた、精神分析的フィールド調査・研究からのものである。今回は、実践者／調査・研究者が教師の役割にある場でのセッションの抜粋である。この調査・研究の目的は、個々の子どもの読み書き学習の課題と、社会的、情緒的関係性を検証することである。観察は、あまり英語を話せず、理解もしていない6歳の少女との読み書き支援の最後の場面である。「ラトゥファ」と本章の執筆者の1人(ヘザー・プライス)である調査・研究者は、共有の物語について話している最中である。

私は次に何を言うかためらったが、「結局、フェミはハクチョウを見たんじゃないの!」と言った。ラトゥファがにやりと笑ったので、私は「ハクチョウを知ってる?」と尋ねた。彼女はうなずいたが、私は、本当に知っているのかどうか確信がなかった。「知ってる？ 大きな白い鳥で、長い首とオレンジ色のくちばしをしているの」と私が言うと、彼女は「知ってる」と答え、より自信を持って「アヒルは……」と続ける。私が「アヒルみたいね……でも、もっと大きい」と言うと、彼女は「子…ガモ…」と言う。「子ガモは、もっと小さいわね。子ガモは、アヒルの赤ちゃんなのよ。ハクチョウは大きくて、白くて……」。彼女は「知ってる」と、いら立ったように言う。私は「フェミがハクチョウを見た」と繰り返す。私が書くと、彼女も書き始めた。「フェミは、ハク……」彼女は困惑し、書くのを止めると、「『見た』ってどんなつづり？」と聞く。私が「知ってるでしょ」と言うと、彼女は正確にそれを書く。

次に何を話そうか尋ねると、ラトゥファは「フェミはカモを追いかける!」と言う。彼女がにやりと笑ったので、私は「まあ、フェミはウサギだったの？」と言う。私たちは、「chased」(追いかける)と「duck」(カモ)のつづりに奮闘したが、何とか成功した。それで私は「彼女は幸せだわ！」と言った。ラトゥファは、はじめは自信を持って書いていたが、彼女の「pp」は実際には「99」に見えた。「わあ!」、彼女は

とても怒ったように「全部失敗!」と言った。私は、彼女がここであきらめるか、もしくはゴミ箱に捨てると言うのではないかと考えた。そして、彼女に共謀するように「見て。このように変えたら……速く……逆さまにして……見えないでしょう……」と言うと、彼女は書き直した。それから私は、次の展開を尋ねた。彼女は、「知ってる! みんなお家に帰りました」と言い、私たちはそれを書き留めた。私が盛大に「おしまい」と書くと、彼女もそう書き、続けて、「……それは、良い（goot）お話で、好きなお話。ラトゥファ・ビーガム」と書いた。私の提案で、私たちは互いに書いたものを交換した。(Price, 2006, pp.156-157)

この例における調査・研究者のヘザー・プライスは、対象となる生徒と緊密な関係にある。ここで精査にかけられているのは、学習者－教師の関係性であり、調査・研究者はその一部を担っている。ラトゥファの素材のスーパーヴィジョンでも、「ワークディスカッション」セミナーにおける発表でも、スーパーヴァイザーとグループメンバーはそれぞれにラトゥファとの現在進行中の仕事は、どちらかと言えば理想化されており、おそらくラトゥファが、男女の性差という区別で、スタッフとの関係を「分裂（splitting）」している可能性が高いと指摘した。調査・研究者は、ラトゥファの従順な傾向に気づいており、そこに自分が満足を得ていることにも、より気づくようになった。

1年間の仕事が終わった後、調査・研究者はラトゥファの事例研究を書き上げるために、最終セッションについて再検討した。最終セッションをすべて再読し、自分がラトゥファに対して、あまりにも強引、または支配的であり、彼女自身の声を十分に聞けていなかったのではないかと心配になった。調査・研究者（ヘザー・プライス）は、観察記録を改変することを想像し始めた。特にラトゥファの発言を「大げさに話し（talk up）」、また、もっと「口答えさせ（answer back）」、自分が罪の意識を感じていた支配性と侵襲性を減らすのである。

さらなる熟考により、ラトゥファの恒常的な理解不能の感覚がここに影響を与えていること、そして、ラトゥファと教師の間のミスコミュニケーションが見えてきた。コミュニケーションのギャップを「修正して（mend）」、それらを包み隠すのではなく、それをよりいっそうはっきりと記録として見ることには苦痛を伴った。このことは、この生徒の経験についてのより多くの考えを導いた。調査・

研究者は記している。

> ラトゥファは、私自身の中の子どもの生徒の部分を呼び起こした。自分が学校で、理想的で非常に勤勉で従順なために成功する生徒のイメージを体現しなければならないのをきついと感じていた部分と、遊びたかったり、先生と先生の厳しすぎる期待を台無しにして、困惑させたりしたい部分の両方を、彼女は私の中に呼び覚ましていたのだ。(Price, 2006, p.158)

「逆転移」を内省することで、調査・研究者は、ラトゥファが不安がって従順であることと、反抗的で破壊的で自分の成果を台無しにしてしまうこととの間でしばしば揺れていたために、調査・研究者の中にこれらの感情を持ち込んだのだとわかってきた。調査・研究者は、自分自身の中に呼び起こされた感情は、ラトゥファの中の葛藤であると同定した。そして、それを「見せ（show）」ないように、調査・研究者自身の行動を「すっかり覆う（covering up）」というファンタジーを導いていたのである。

結論──精神分析的観察の調査・研究における内省の概念化

精神分析的観察における調査・研究は、「全体状況（total situation）」（Klein, 1952, p.55）として概念化され得る。これは、分析的プレイルームで生じる心的場面を説明するメラニー・クライン（Melanie Klein）の用語である。そこでは、分析をしている子どもが自分を取り巻くすべての環境に対して、主観的に関わる様式のすべての詳細について、思いをめぐらせ、考える。これは、ある意味で内的（無意識）生活を「遊びの状態（state of play）」に外在化したものである。社会的設定における調査・研究で役立つもう1つの概念は、調査・研究者が参与する間主観性と無意識の「心的領域（psychic field）」である（Baranger & Baranger, 2008）。

精神分析的調査・研究者が「その領域（the field）」に入っていくとき、そこには多くの対象が内在している。すべての人が自分自身の内的生活を持ち、それぞれの関係様式を通してそれを再演しているのだと概念化できる。メンバーは、間主観的に、また無意識的に互いに影響し合う。そして、観察者もその領域の中では、

まったく害されない認識論的立場の特権があるわけではない。調査・研究者が、その領域で生きる人々を転移対象とするように、調査・研究者もまた、彼らの転移対象となる。そして、転移－逆転移のダイナミクスとエナクトメントに巻き込まれながら、その領域の機能に（たとえわずかであっても）貢献し、それを変えていくのである。

　心的領域の精査に関わる精神分析的親和性を持つ調査・研究者は、前述のシュタイナーの仕事が示しているのと同じ種類の二重のコミュニケーションにさらされる。調査・研究者は、原始的で未処理の心的「素材」にさらされ、また、その領域の対象と彼らの通常の防衛機能に必然的に同一化することになる。ここでは、そうした素材にそこまで情緒的に同一化していない他者の助けが必要であろう。素材の未消化で無意識的な側面について、内省的に考える能力を取り戻し、意識的、無意識的データの記録とつなげるためである。これは、他者、そして特に精神分析的調査・研究のグループスーパーヴィジョンの持つ機能である。これは、スーパーヴィジョンの「専門性（expertise）」というよりは、私たちが関心を抱くまさにその現象——対象となる経験領域から発せられる無意識のプロセスとコミュニケーション——に比較的影響を受けていない「考える心（thinking minds）」の提供である。

　転移、逆転移、無意識の同一化、および未消化の素材の調査・研究スーパーヴィジョンへの投影は、この領域の無意識の側面にアクセスするための最も豊かで最も価値のある手段であり、これを問題だと考えるべきではない。このようなデータの状況を取り巻く認識論的な討論は真実（real）であり、私たちはそれらに関わる覚悟をしなければならない。しかし、私たちの見解では、精神分析的観察の方法は、まさに主観的、無意識的生活を研究するための系統的な専門性であり、それは他の質的「調査・研究法（research methods）」と同じ方法で得ることができるものである。

第II部

イントロダクション

　本書のこのパートでは、非常に詳細に描き出された観察記録を見ていく。冒頭のウェンディ・シャークロスによるものをはじめ、いかに観察というアプローチが、接近困難な領域を精査する可能性を広げてくれるものなのかが例証されている。例えば、第8章でウェイクリンが描く赤ん坊と里親との関係性や、母親になることがアイデンティティに及ぼす影響についての第9章のアーウィンの探求である。一方、後半の各章では、観察を通じて得られた発見をいかに実践にフィードバックしていくのかという臨床領域における検討に入る。
　ここに含まれる観察素材は、ある家庭に自らが引き込まれていくプロセス、そして週を追うごとに繰り返されるパターンから考えられるその家族のありようについての仮説を立て始めることなど、乳児観察を行うとはどのような感情体験なのかを読者が想像する機会を提供する。見えてくることや感じられることに対する敏感な気づきが、調査・研究データとなって情報の積み重ねに戻っていくのである。
　ある特定の事象から一般化されるアイディアを創造することがここでの主要なテーマである。ウェイクリンの事例は、彼女の観察した里子に特有の事象について、綿密な文献研究から理解したことと併せて、その子ども、里親家庭、そしてより広い関係機関の中に彼女が見たプロセスをとらえ、それを新たな概念をつくり上げるのに用いている。これらの概念が、他の事例にも関連性があることが証明される限りにおいて、ドレーハー（Dreher, 2000）が記述するように、こうした特有の事象は概念的一般化の可能性を導き出すものなのだと言えよう。
　シャークロスもウェイクリンも、観察素材から導き出されたデータを、グラウンデッド・セオリーを用いて分析している。なぜなら、グラウンデッド・セオリーは、膨大なデータの中から明らかになる意味を見いだそうとするものだからである。第1章で記述されているように、これは、語りを、まずは個別にコード化す

ることで項目ごとに小分けにしていくことができるかどうかによる。シャークロスが描いているように、実際には、素材の諸要素がもたらすインパクトに気づくことと、理論的アイディアも含めた理解の方法との間には微妙な相互作用がある。類似した要素を継続的に体験することで、より大きな分類体系を導き、それがテーマや概念が「発生（emergence）」する枠組みの中で、新たな理論的アイディアの創造と統合されていくのである。第10章では、ロードがまた別の調査・研究手法を用いている。彼女は、一貫した観察者の訪問が母子関係を支持し、発達の困難さを抱える赤ん坊の潜在力を高める可能性があるという、これまでの観察が示唆してきた事柄を積み重ねた予備調査・研究について記述している。スーパーヴィジョンを受けながらの週に1回の治療的観察と、隔週での親支援を、自閉症スペクトラム障害のリスクのある子どもの家庭に1年間にわたって提供した。この介入は、観察前後の乳児の発達測定により、枠づけられている。

アーウィン（第9章）は、母親というアイデンティティの探求におけるさらなる方法論的アプローチを描いている。このプロジェクトは、6人の赤ん坊の観察と、より大きな母集団への面接とを組み合わせたものである。本書における他の多くの論文と同様に、ここでも単一事例に焦点を当てているが、これは一般的な疑問に対する基礎となる事柄を提供する。乳児とその家族は、むろん、それぞれにユニークなものである。しかし、このプロジェクトは、同時に観察され、あるいは面接も受けた家族について考えるために、トライアンギュレーション（triangulation）と、そこで起こっていることについての仮説に注意を引く機会を広げてくれる。

第9章はまた、驚きの大切さについても光を当てている。調査・研究は、予測していたこととともに予測していなかったことをも前面に出す。なじみのないことを認識し、それについて考える力については、第11章でジョーンズが検討している。彼女は、あるストレス状況下にあった若い女性患者との心理療法という文脈において、自らの臨床実践をより患者のニーズに応じて柔軟に応用しなければならないという観察から、他の事例においても技法の選択肢を持っておくことの有用性を検討することにつながったと述べている。

乳児観察が、いかに臨床実践と関連性のあるものなのかについては、ロードとリードの各章においても鮮明に描かれている（第10章と第12章）。ジョーンズと同じく、ここでも私たちは、母親の観察者／セラピスト役割との同一化について考

えることになる。リードは、自らの観察のスキルが、以前に乳児を亡くした母親との心理療法の仕事に役立てられたと述べている。母親が、亡くなった赤ん坊についてどのように語るのかに耳を傾け、新しく生まれてきた乳児をセラピーのセッションに連れて来るときの様子を観察することで、リードは、この生きた赤ん坊を、亡くなってしまったきょうだいの「陰に生まれてきた（born in the shadow）」のだと考えるようになった。彼女は、調査・研究を通じて、この現象と母親－赤ん坊関係における継続的な影響について記述するために、「半影の赤ん坊（penumbra baby）」という概念を生み出した。この調査・研究は、臨床実践とその背後に存在する概念化に深い影響を与えた。ロードの新たな用語である「落胆の悪循環（vicious circle of discouragement）」にも同様の創造性が見られる。これは、一度こうして名づけられると、臨床家にとってはなじみのある概念のように感じられるが、実際には、観察的調査・研究の結果として起こってきた新たな概念である。

　非常に異なる臨床実践と調査・研究の側面を取り上げてはいるが、これらの各章は、観察者／調査・研究者の体験のインパクトをデータの重要な源として、また、情緒的プロセスに接近するための有益な方法として用いつつ、固有の事象から引き出される一般化の価値を強調するという点において共通しているのである。

第7章
精神分析的乳児観察の
単一事例から何が学べるのだろうか？

ウェンディ・シャークロス
Wendy Shallcross

イントロダクション

　生後最初の1か月の間に赤ん坊は莫大な発達を遂げる。例えば、赤ん坊は外界にいることに慣れ、母親と赤ん坊は互いに相手に何を期待するべきであるかを知り始める。乳児観察は、これらの微妙でとらえがたいことの探究に特に適している。本章では、私が12年前に終了した2年間の毎週の観察を振り返る。この観察は、子ども・青年心理療法の前臨床段階の訓練の一環として取り組んだものである。精神分析的乳児観察▼[原注1]の単一事例から何を学ぶことができるのかを検討するために、この事例を振り返ることにした。

　ここで私は、生後の最初の4週間に注目しようと思う。時間経過の中での乳児の発達を考察する論文が多数を占める中で、「自然な (naturalistic)」状況で行われる精神分析的乳児観察は、むしろ異なった見方を提示するものであると思われる。むろん、特に生後の1か月においては、以下のような特徴的な複雑さをはらむ。身体と心が統合していく過程では、乳児が外界の経験から多くの影響を受ける。また、赤ん坊の特質を認識する母親の繊細さや感度は、母親－乳児関係の発

▼原注1　この論文で言及する観察は、1948年にエスター・ビック (Esther Bick) が最初に始めた観察方法に従っている。彼女は、観察と精神分析の実践を明瞭に区別していたため、彼女自身は精神分析的観察という用語を用いることはなかった。

展を方向づけ、決定づけるものである。

　観察のコード化から、3か月時に観察された乳児の深長な防衛は、母親－乳児の二者の甚大なトラウマの結果として発達したものだと考えられた。それは、すでに生後1か月の間に原－防衛（proto-defences）として形をとり始めていたことがわかった。さらなる分析から、次の2つのテーマが明らかになった。それは、赤ん坊の親との関係における共時的パターンの発達について、そして、赤ん坊の直立姿勢と三項思考（triadic thinking）の促進との関連性についてである。

　乳児の調査・研究は、自己、対象、あるいは人との暗黙の経験の形式のいくつかは生まれつき備わっているという見解を支持する、基本的な早期の能力が「社会的知覚（social perception）」の領域に存在することを示唆している（Soussignan & Schaal, 2005）。この考えは、赤ん坊は「他者（the other）」に会うために「対象関係を持って（object related）」生まれると主張したクライン（Klein, 1959）によって、最初に精神分析的観点から仮定された。これは、情緒発達の領域にあるが、発達心理学と精神分析的乳児観察の間の驚くべき見解の相違でもある。乳児が、他者の示す感情のサインがもたらす快楽のトーンの意味に対して、本当に敏感かどうかについて立証することに発達理論家らは苦労している（Soussignan & Schaal, 2005, p.149）。その一方で、コンテイナー－コンテインド（Bion, 1970）の相互作用を認識する精神分析的乳児観察は、乳児と母親▼原注2が最初からダイナミックな情緒的交流に感度を高められることを認めている。

観察と調査・研究

　乳児の発達と外界との間の統合を探索することができるのが、この観察という方法のユニークな点である。これは、母親や父親、そしておそらくはきょうだいが待ち、期待してくれている心の中に、乳児がどのように開かれ、成長していくのかを示すものである。在胎時から精神の継続性はあるが（Freud, 1926）、誕生による区切れは、脳発達と関係構築に対する刺激として働く（Schore, 1994）。情緒的・

▼原注2　参照の容易さのために、ここではすべて「母親」という語を用いる。さらに、特に「観察された母親」と言及しない場合、この語は乳児の主な養育者を指す。

心理的な相互作用の内容をとらえる方法として、いかにこれらの詳細を観察し、記録するのかは、まさにその観察者の心の中の受容的状態による。

　乳児観察の訓練によって、観察者はある特有の心の状態を身につける。これをマーサ・ハリス（Martha Harris）は、キーツ（Keats）の言葉を引用して、後の臨床の仕事における「疑問に耐えて生き抜くこと」だと解説した（Harris, 1987）。私には、「経験から学ぶ」という、この精神的で理論的な態度は、精神分析に限られたものではないように思われる。例えば、『グラウンデッド・セオリーの発見（*The Discovery of Grounded Theory*）』において、グレイザーとストラウス（Glaser & Strauss, 1967）は、系統的質的分析は、それ自体が理論的なものであって、理論を生成する強力な手段でもあると提唱している。特に彼らは、グラウンデッド・セオリーの実践を定義づける構成要素の一部は、前もって考えられた演繹的な仮説としてのデータに負うのではなく、データそのものからコード化し、カテゴリー化する帰納法であることを明確にした。調査・研究者は、既存の考えを脇に置き、その代わりに、現れ出る様々な分析的テーマを追い続けるよう求められる。したがって、精神分析、乳児観察、そしてグラウンデッド・セオリーは、その目的を共有していると言えよう。理論的な枠組みの停止は、「負の能力」（Bion, 1992）を必要とするものであるが、これは新しい発見を表面に浮かび上がらせるものである。

　もちろん、訓練によって、調査・研究の進め方やエビデンスの許容性には様々な基準がある。精神分析的乳児観察の枠組みは、調査・研究のために必要な基準を満たすものである（Rustin, 2006）。データは、観察者の好意的な中立性と、漂う注意、そして逆転移の利用（Prat, Amar, Delion, Le Guellec & Mellier, 2006）により集積されるが、これはその後に、グラウンデッド・セオリーを用いた質的分析が可能であることを意味する。各々の観察が、「進行中の調査・研究（research in action）」の道具になるのである。さらに、乳児観察セミナーは、観察から現れるテーマを記録し、そうしたデータを分析し、時間をかけてよく考えられた仮説を生成するという調査・研究組織の働きを担う。しかしながらこの方法は、「構築された方法論（constructed methodology）」としてはまだ形式化されていない。これはおそらく、ある意味で乳児観察の調査・研究が、相対的にいまだに希薄であることを説明するものかもしれない。

乳児観察を振り返る

　観察報告書を振り返り、研究し始めてすぐに、私は自分がどのくらいこの観察について覚えていたのかに驚いた。すべての一連の場面を思い出すことができたのだ。そして今回も、観察プロセスと同じように、母親－乳児の相互作用を「観察した」。資料を再読して再現する、この「見えない（invisible）」無意識の作業から、コード化の過程が起きた。まず、背景仮定を呼び起こし、その後、1行ごとの分析過程を経て再検討した。このことは、グラウンデッド・セオリーの帰納的な方法が、決して理論から解き放たれることではなく、「記憶なく、欲望なく」（Bion, 1967）というビオンの概念と同類の精神的な規律が必要とされることを示すものであった。

　資料を綿密に読み込み、分析することは、当時の観察の状況に自分を戻すことと違わなかった。この再経験から、私は、データを特定のカテゴリーに翻訳することができたが、この展開は、直観と内省力に依存するものであった。1行ずつコード化するという、より系統的な調査・研究のプロトコルは、当初の分析的定式化に第2の構造機能を与えてくれた。この調査・研究方法は、新しい精神分析仮説を体系化し、そこに「足場（scaffolding）」を与えてくれるものであった。

1行ずつコード化すること

　観察全体を読み、その発展途上の語りに注意を向けることで、私は記録全体に対して敏感になった。コード化が一連の考えを生成し、その後、それを最初に得た物語の印象と比較する。しかし、印象とコード化された過程の間に著しい差が出現し始めた。例えば、母親のケアがないときの赤ん坊の不随意運動、協調や情動調律の欠如からは、いかに赤ん坊が他者の構造化された心に完全に依存しているのかという印象を受ける。しかし、1行ずつコード化した分析は、この当初の考えに比べ、より統合された乳児像を明らかにするものであった。環境に順応し、外界に遭遇するための内的資源を持つ赤ん坊に出会う。グレイザーとストラウス（Glaser & Strauss, 1967）は、単一の出来事を分解することは勧めていない。しかし、1行ずつコード化することで、個別の過程にデータを分類するのを助けられ、観察資料の中に埋没してしまわなくて済んだ。また、調査・研究課題を前面に押し

出すことによって、データを注意深く分析的に考慮することが可能になった。さらに、1行ずつのコード化は、データに先入観が焼きつけられる可能性を減少させ、それによって新たなことを考慮できる矯正手段を提供してくれた。この調査・研究過程について描写し、観察素材に進む前に、まず観察した乳児と家族について、若干の背景情報を示しておく。妊娠37週時の最初の出会いから始める。

最初の出会い

（観察を確立するために）最初に出会った際、私は、両親に温かく歓迎された。ここでは、この両親をスーザンとマークと呼ぶことにする。両親はともに白人で、40代前半。専門職に就いており、経済的に安定しているようであった。住居は古く、こじんまりとしていた。田園風景に溶け込んだ住居の中には、先祖代々の骨董品が備わっていた。そこには、この出産と次世代への拡大を期待していると思われるような、世代間の継続性といった感覚があった。

最初の観察

3週間後、キランが生後4日目のときに、私はスーザンに招かれ、観察を始めた。家族の家に着くと、すぐに玄関口で年老いたマークの母親ドリーンが歓迎してくれた。すぐにマークもあいさつに来て、2階へと案内してくれた。そこでは、スーザンが横になって赤ん坊のキランに授乳をしていた。以下の抜粋は、この観察の最初の数分間の詳述である。この調査・研究過程について例示するため、右側にコード化法を含めた。

スーザンは、キランを片側に寄せ、太ももの横に彼を置いた。キランは、片手を握りしめ、目をつむったままで、短い間にすべての豊かな表情を伝えてきた。彼の口が微笑むように動き、もう片方の手を伸ばして指を開き、身体全体をまっすぐにしているようだった。口をわずかに開いた	急速な状態の変化 経験の二重性を表す両手の対照性

状態で、顔には笑みがあふれ、目をぱちぱちとし始めた。スーザンは、彼の腕をなで始めると、優しく、「さあ、キラン、起きて。一日中、寝ていてほしくないわ。ほら、キラン」と言う。彼女が話しかけていると、キランは足を広げ、それにつられて腕も開き、結局、目も開けた。しばらくの間、彼は自分の目の前に焦点を合わせ、母親が触れているところを見極めようとしているようだった。（観察1：キラン、生後4日目）	関係に目覚める（精神の誕生） 開くこと 他者への気づき／自分の身体感覚や凝集性と相まって

「キラン、起きて」という母親の声に励まされ、支えられて、外界にゆっくりと出現する赤ん坊からは、スーザンが、おそらく無意識に関係の発達に必要なことを理解していたことが示唆される。これは、乳児にとって「精神の誕生（psychic birth）」（Waddell, 1998）が、出生のプロセスそれ自体とは異なって起こることをも示唆するものである。母親の心にあふれる期待の中へとキランが開かれていく様は、精神の空間的概念の気づきを引き起こす。**それは、乳児の中で、身体的な感覚や凝集性とともに、他者への気づきと結合するための役割を果たす**▼原注3。

最初の観察の際立った特徴は、母親がまなざしによって赤ん坊をどのように包み込んだかであった。そのまなざしは、キランの身体がゆっくりと動き出す前に、彼の顔にじっと注意を向けることから始まった。このわずかに些細な出来事は、身体的境界の構築としてとらえられる。スーザンの視覚的追跡は、2つの機能を意味するように思われる。第1に、形態そのものと外側との関係、すなわち、世界の中に存在していることである。第2に、キランがいかにして自己の中核的な感覚を支え、発達させるために、身体の部分部分をつなぎ合わせ、組み立てるという母親の能力を取り入れるかである。

▼原注3　太字による強調は、特定されたコードに関するものである。

第Ⅱ部

　観察は、非常に静かでリラックスした中で進んでいった。スーザンは、キランの手を取り、彼がもう一度目を開くまで、穏やかに息子の頭をなで、彼の身体中にまなざしを注いでいた。「キランの目は濃い黒で、大きくて丸かった。開いた瞳孔は魅惑的であった。スーザンは、彼が抱きかかえられ、触れられることが好きだと説明した」。この敏感で美しく洗練された情動調律とは際立って対照的に、キランはすぐに満足を得るために、おっぱいと格闘していた。以下の抜粋では、彼が、おっぱいへの接近を**遮断**（blockade）するために、どのように拳を使うのかが見られる。

　背中をなでられながら、キランは足を引き上げて、痛みを伴う泣き声を短く発した。スーザンが肩に抱き上げると静まった。キランは、腕を彼女の肩に伸ばし、もう片方の手の指を開き、再びベッドサイドのランプを見つめた。キランは膝を身体に強く引きよせ、スーザンの肩に差し迫るように寄りかかって、舌と唇でそれを感じていた。スーザンは、彼が空腹であるかもしれないと思い、彼を目の前のベッドに置いて注意深く調べ始めた。キランは、位置を変えられたことに反応した。彼の顔は、あらゆる感情を伝えていた。しかめ面をして、拳をしっかり閉じた。スーザンが、授乳するためにブラジャーを外そうとスウェットシャツを持ち上げると、キランは期待してベッドの中で動き、もがきはじめ、乳首を探して頭を左右に動かし出した。スーザンは、キランを胸に抱き上げると、「拳がそこにあると、おっぱいをあげられないわ」と言った。彼女は緊張しているように見え、「母乳で子育てをするのは、楽しくないの。やってはいるけど、特に好きなわけではないの」と言った。私は、彼女がこの親密な時間に、同席している観察者がいることに戸惑いを感じているのかもしれないと思った。キランがおっぱいをつかむと、スーザンはほっとした様子でクッションにもたれかかった。キランがおっぱいにすり寄っている間、彼女は手のひらで優しく彼の頭を抱え、彼を見つめていた。30秒ほど後に、私は深く吸い込む音を聞いた。スーザンは、キランがおっぱいを飲むのを静かに見ていた。そして時折、「いい子ねキラン、いい子ねキラン」と、励ますように言った。（観察1：キラン、生後4日目）

キランは、母親の目と顔の代わりになるものを探し求めて、ベッドサイドのランプのほうを向く。そして、安定性と構造を求めて、固くした下肢を母親の肩に押しつけた。キランが再び落ち着く間の堅固さと、視覚的な付着性という二元的な結合は、後に防衛的構造の重要な側面となった。コード化もまた、母親の顔と目を受容的能力の保持として残しつつ、悪い経験が表面と表面の接触を通して対象の中に精神的に排出されるというパターンが現れ始めていることを明らかにした。

　スーザンの肩を吸うことで、不安は口を通して感じられているように見え、おっぱいが与えられてもすぐにくわえて吸うことが難しかった。「悪いおっぱいの存在（bad breast present）」（Bion, 1967）に向けられた頑なな敵意は、スーザンの不安と嫌悪によって、いっそう耐えられなくなっていた。このとき、母親と息子は、**おっぱいに対する共有のアンビバレンス**の中で、一時的に結びついたように見えた。観察者として、私も不快を感じて、私の存在が圧迫として経験されたのではないかと思っていた。しかし、最終的に口と乳首が一緒になると、母と息子の両者にほっと安堵が訪れた。柔らかさがもう一度復元され、おっぱいは、安全、安心、そして満足の源であることが改めて感じられた。スーザンの「いい子ねキラン、いい子ねキラン」という声のリズムは、おっぱいを吸うリズムと共時していた。

　すべてが例証されるわけではないが、この最初の観察の分析から、資料の中に8つの主要なカテゴリー、あるいは考えが現れ出てきた▼原注4。コード化の頻度は、もちろん、この赤ん坊の母親との関係におけるつながりの中で、原－防衛の綿密さがどのように身につけられていくのかを明らかにするものである。それは、空想的側面とともに、意識的に感知された性質にも影響されるもののようである。2回目の観察は、赤ん坊が寝ている間に行われたため、特にこれらの考えを例証するものとなった。

原－防衛の精巧さ：観察2

　母親の赤ん坊に対する**美的鑑識力**（aesthetic appreciation）は、乳児の情動的な身体

▼原注4　最初の観察の主要なカテゴリーは、次のものである。原－防衛、外界のスペースに入っていくこと、新しい赤ん坊に適応する家族、関係の構築、授乳、きょうだいの関係、観察者の役割、世代による育児の違い。

の状態に影響を与えるものとして、繊細で洗練された情動調律を付け加える。つまり、この能力は、おっぱいのように常にそこにあるものとは限らない。次の抜粋は、キランが眠りながらも、いかに母親の行き来を認識するのかを例証するものである。彼の心の状態は、身体の動きを通じて表現されているように見える。ここでは、手、特に親指を置く位置が際立って重要である。

　乳母車は窓の反対側に位置しており、陽の光でキランの顔は輝いていた。……彼は、あお向けで、頭を右に向けて横たわっていた。母親が部屋を出ると、キランは震えた。顔に微笑を浮かべ、その後に、吸う動きと不規則な呼吸が続いた。キランはまばたきを続け、あたかも苦しいかのように、あるいは苦痛を思い出しているかのように、時々とてもきつく顔をしかめるようになった。

　スーザンは、戻ってくると乳母車の中をのぞき、少しの間、キランを見つめた。キランの息づかいは、よりゆっくりとしたリズムになり、身体は安定し、リラックスした。スーザンは私を見上げて、これから電話をかけると言った。彼女が部屋を出た後、キランは腕を回し、動かし始めた。彼は、左腕と拳を上げて顔をこすった。そして、唇と口の周りに拳を持っていこうとした。左手の親指は、折り曲げられた指の中に残っていた。まれに、左手の指をめいっぱい開いたが、親指だけは手のひらの中で曲がったままであった。しかしながら、右手はよりリラックスしており、時には親指を包み込み、開いたり曲げたりしていた。

　遠くて、スーザンとマークが話していた。キランの息づかいは、小さいあえぎから、すすり泣きに変わった。腕を後ろに放り出し、その力で乳母車の上の身体を動かし、腕がたたまれていた乳母車のフードを打った。乳母車のフードが勝手に動いているように見えたのは、実は彼の足がそうしていたことに気づいた。すすり泣きがひどくなっていった。まぶたと全身が震え始め、拳はこわばった。吸い込む動きをし、呼吸はかすかな「おお」という音に変わった。1つひとつの呼吸が早くなり、そのうち、胸の上のほうが激しく動き出した。呼吸がこのように不規則に続いた。右手が動き始め、親指と人差し指で円をつく

り、他の指は、わずかに曲がったまま緩んだ。(観察2：キラン、生後10日目)

　この観察の抜粋は、クラインが記述する、無意識的空想を用いる原初的自己を持つ新生児と一致する過程を例示している。クラインは、これらの空想は、主に生来的なもので、経験に先立つものであると述べた。また、その厳しく懲罰的な性質を強調した。観察開始後の一連の場面は、おっぱいがおそらくは夢に見られるようなより良い空想から、より迫害的な体験へと変化したことを示唆する。ここで関連するように思われることは、母親の存在とその後の不在が、どのようにこのような精神過程の**引き金**（triggers）になるかということである。

　観察的エビデンスは、睡眠中でさえ、キランが母親の不在に気づいていたことを示している。その反応として、彼は利用可能なスペースを広げたように思われる。まるで腕を伸ばすことと身体の動きが、個人的な身体の境界を超えて、**対象と乳児の間のスペース**の探求を示唆するようである。親指を左手の中に包んで握ることと、右手の親指の自由さと探求は、まるで2つの相反する勢力の間で内的均衡が成し遂げられているかのように、同時に制限と探求という印象を与える。すすり泣きを伴う、身体の不調和で不随意な動きが、これを中断する。このときのキランは、目を覚ましかけているように見える。これは、彼の内的資源に挑む変化である。ここで彼が、再びしっかりと目を閉じて身体を緊張させ、唇を吸うことに退いていくのを見る。(象徴的な)指と親指のジェスチャーが、落ち着きの源を提供するように、彼の呼吸は激しくなる。

　3回目の観察における身体のパターンとその連想には、母親との共時性が見られ、これがこの調査・研究に信頼性を与えてくれた。キッチンにいるキランは、すっかり目覚めていて、そこで起こっている家事に敏感になっているようだった。

関係のパターン——母親との心／体のつながり：観察3

　部屋の片隅に位置する丈夫な布の揺りかご椅子で、キランは眠っていた。コード化は、キランの位置が、いかに母親の膝がないところで、母親の心と声の**抱える機能**に依存せざるを得ないかについて明らかにしている。これは、彼の**抱える**(holding)環境の探索を盛んにし、推し進めた。彼は、椅子の織物をしゃぶり、吸っ

ていた。彼自身の内的資源は、親指の形をとって用いられていた。これら2つの要素は、一時的な**代理対象**（object substitute）をつくることにおいて合成されたものであり、母親に属するものは、椅子と親指に変容された。次の抜粋では、繰り返される身体動作のパターンが活動に意味を吹き込んでいる。

　やや無造作にキランは足で蹴り、腕を動かして指をめいっぱい開き、広げていた。大きく開いた目で、まっすぐ前を見てから、揺りかごの布地の中に顔をうずめるように、方向転換するために繰り返し動いた。キランは、頭をすりつけ、口をわずかに開いた状態で、「んん」という音を続けて出した。時折、唇を合わせ、吸う音を出した。続いて、親指を突き出した右手の握り拳が、彼の顔をさっと横切った。時に、親指が唇に触れて口に入った。足でキックをしながら腕を引き離す一連の動作が繰り返された。（観察3：キラン、生後17日目）

　ここに端を発する明白な強調点は、この乳児の全身活動に焦点づけられる。観察が進むにつれて、キッチンでの母親の動きに調子が合わせられるようになっていった。例えば、母親が静かに活動しているときには、彼の生き生きとした身振りも遅くなる。そして、母親が活発に動き出すと、再び速くなるのだった。陰った部屋で、窓から差し込む日光が母親の顔をとらえたとき、キランの動作はより大きな凝集性を得た。足の動きに腕が同調するという反応は、彼の身体が母親との絶え間なく続く会話であるという印象を引き起こした。

　4回目の観察までに、母親は時間の経過を認めた。彼女は、前に観察された出来事に自分なりのつながりを見いだし、そうした観察を、おそらく観察の「抱える（hold）」能力で満たし、後に、これらつなぎ合わされたものと、発展していく主題とを、そこに出現してくる物語へと統合させるのである。観察の時間は、おそらく母親が乳児の経験について熟考し、彼の活動について物思いにふけり、彼女自身に喚起される自由な連想の場となっていた。また、赤ん坊の心が成長していくにつれて、赤ん坊の身体的、情緒的発達をめぐる母親の心も、同調して発達していったことが明白であった。

直立の体勢と三項思考の促進：観察4

乳児と乳房との関係は、複雑なものであった。

> キランは、左右に頭を動かして、吸う音を出し始めた。スーザンは、右胸の上にスウェットシャツを持ち上げて、そちらのほうへキランを向けた。キランの堅い拳が、乳首を隠した。期待して口を開けたまま、キランはおっぱいの到着を待って興奮し出した。（観察4：キラン、生後24日目）

乳房の豊満さへの妨害を受けて、握り拳が、母親に対する矛盾の感情状態を表現する焦点となった。コード化は、これが水平の体勢との連想を保持し、また、おそらく水平と垂直の身体軸の間にある原始的な分裂との関連があることを明らかにした。

授乳の際、母親の身体に沿うように姿勢を整えていくのとは対照的に、キランは直立の体勢が好きなのだという主張を露わにしている。足で母親の腹を押し、頭は交互に母親の首にすり寄ったり、こわばって周りを見渡したりしていた。この時点で、乳児の母親との情緒的な結びつきにおける、明確で特有の変化があった。物理的な足場が、外界を探索するための信頼できる「構造（structure）」を提供していた。さらに、直立（垂直）の体勢が、二者関係を越えて考える母親の心をも刺激していた。赤ん坊がこの体勢でいるときは、必ずといっていいほど夫婦やきょうだいの話が出てきた。加えて、赤ん坊が直立体勢の間、母親はより多く私と会話をした。おそらく、水平から垂直への位置づけの動きが、二者から三者の思考の動きとの関連を示唆するものなのであろう。以下の抜粋は、その一例である。

> スーザンは、右の肩にキランを抱き上げて、背中をなで始めた。彼はげっぷをして、とても静かになった。キランの目は大きく開いていて、指は母親の肩の上で広げられていた。足は、スーザンの腰の上で立っているように見えた。彼女は、左手で彼のお尻を抱きかかえて支えていた。キランはスーザンのうなじに頭をすりつけて、じっとしたままであった。スーザンはキランに話しかけ、「キラン、ママとパパの写真を見ているの？」と言った。キランは、熱心に写真

を見ていた。(観察4：キラン、生後24日目)

　母親は、最初の乳児観察で、乳児が肩にもたれる状態を好むことに気づいていた。受容的な湾曲(母親の首と赤ん坊の頭を収めるためのわずかな調整)の発見は、おそらく三項関係思考の発達の促進を助けるものとして、移行的、身体的「抱っこ(holding)」を示唆するものである。写真への母親－息子の合同の注意は、「共同注意」(Burhouse, 1999)と関連する、後の発達に必要な力に向かうもののように思われる。それは、乳児が自分の周りの世界に注意を向ける能力を示すことができるようになることであり、また、そのうちに他者の心と自分の心を考慮に入れ、それらのつながりを確立するという第三の位置をとることである。

結論

　精神分析的乳児観察の一事例から何が学べるのだろうか？　1行ごとの分析方法は、対象との関係における乳児の心と身体の発達の間の複雑な相互依存を明らかにした。赤ん坊の母親との共時的なリズムは、乳児の身体部分の統合の調節を支えるようである。2回目と3回目の観察で示された動きの流動性に、そのエビデンスがある。同様に、母親の不在時には、赤ん坊がまとまりをもって結合する力が欠如するようで、手足もまとまりがなくなった。驚くことではないが、乳児が対象とのつながりを維持しようと苦闘するときの原－防衛の出現は、注目すべき重要性を持つ。母親に関連した空想は、乳房への行く手を阻む握り締められた拳の使用に現れる。この特徴は、乳児が生後3か月で、母親の一時的なトラウマティックな喪失を経験した際に、調査・研究上の重要性を得ることになった。最初の観察でエビデンスを見た防衛が、明示されていることが認められた。つまり、原－防衛と私が呼んだものである。特に、親指が矛盾を感じている状態を伝えるという、表現的で象徴的な様式を持つと推察することができる。

　観察が進むとともに、乳児が直立の体勢を好むことが明らかになっていった。生後24日目にして、三項関係の思考の発達とこの姿勢との間の関連性が出現した。これは、横になった姿勢で美的な相互性を伴う母親のまなざしの中に抱かれる乳児とは、際立って対照的なものである。おそらく、乳児の対象への「美的鑑

識力」の領域において私たちが見る、調和するための努力や葛藤である。赤ん坊は、時々圧倒されたように見え、代わりとなる付着的資源を求めるか、あるいは対象を想像上の迫害的存在に変えるかした。母親－乳児関係における外傷的な中断に続いて、この防衛的姿勢は重要性を増していった。

　1行ごとのコード化の方法は、調査・研究者には大きな負担を強いるものであった。観察の連続性の分解からは、分裂する感覚が引き起こされた。観察者としてはじめに習得した技術が、調査・研究者の中の心的力を明らかにすることになった。つまり、現れる要素を統合するまで、異なる種類の情報を保持する能力とともに、不確実性と疑問を自分の中で管理することが求められるわけである。最後に、データの1行ごとの分析によって、従来の発達理論家らが示してきたよりはるかに初期の段階で、乳児の発達を予想することができることが明らかになった。このことは、自然主義的な乳児観察が、子どもの発達調査・研究の発展において、ユニークな役割を担うことを示唆するものである。

謝辞

　この調査・研究のための許可を与えてくれた家族に感謝する。さらに、援助と支援をしてくれた編集者、私を励まし、この研究を可能にしてくれたマイケル・ラスティン（Michael Rustin）、マリア・ロード（Maria Rhode）、そしてマーゴ・ワデル（Margot Waddell）に感謝する。

第8章
里親養育を受ける乳児の治療的観察

ジェニファー・ウェイクリン
Jenifer Wakelyn

イントロダクション

　本章で記述する調査・研究プロジェクトは、私が子どもの心理療法士として働く、公的保護下にある子どもと青年のための精神保健サービスに設定されていたものである（Wakelyn, 2010）。英国では毎年、公的保護システムに入ってくるおよそ25,000人の子どもの半分以上が5歳以下であるが（Department for Children, Schools and Families, 2008）、そうした幼い子どもたちの経験について、調査・研究からわかっていることはほとんどない。5歳以下の公的保護下にある子どもの精神保健、あるいは発達の困難さに関する有病率は、おおよそ70％と推定されている（Hillen, Gafson, Drage & Conlan, 2012）。しかし、1940年代以来の乳児の精神保健研究から得られた知見にもかかわらず、公的保護下にある最年少の子どもたちの情緒的ニーズは見落とされる傾向にある。この研究が、公的保護下にある最年少の子どもたちの一時的ケアの経験に洞察を与え、それが臨床サービスや訓練に役立てられることを期待している。

　この研究はまた、公的保護下にある子どものための、大きく不安定な専門家ネットワークの理解に貢献することも狙いである。機能不全家族の（深刻な）影響は、剥奪の繰り返しと専門家ネットワークにおけるダイナミクスの再現も含み、最も困難な状況にある子どもが注意と養育を受けることを妨げる（Britton,

1983; Emanuel, 2006)。虐待による子どもの死亡に関する調査は、リスクを負った子どもたちを保護、観察するために働く多機関が「連携する（joined up）」上での困難を強調している。例えば、2003年から2005年の間に、英国でネグレクトや虐待によって重傷を負ったり、亡くなったりした161人の子どもについての研究では、現在の文脈でわかっていることや子どもの生育歴とをつなげることができないという「一からやり直し症候群（a start-again syndrome）」▽訳注1 を確認している（Brandon et al., 2008, p.115）。権威ある調査・研究の普及が、子どものサービスの発展のためには不可欠である。しかし、知識と経験の共有を妨げるバリアを克服する方法についての研究は、ほとんどない。

治療的観察

　治療的観察は、1940年代に子どもの心理療法の訓練に導入された乳児観察のモデルから、臨床的介入として発展した。学生は普通の「ほどよい（good-enough）」子育てを受けている赤ん坊を観察することが奨励されるが、治療的観察は、すでに訓練を受けた観察者が、受容的かつ積極的な役割を担い、臨床的ニーズがあるとされる家庭を対象に行う。ここでの基本原理は、こうした観察がもたらすもう1つのコンテインメントの層が、時間の流れの中で乳児－養育者の対の、より深い情緒的な接触を促進し、それが相互作用に「失敗した（fail）」ときの悪循環を止めるのに役立つというものである（Rhode, 2007）。これらの不連続性と矛盾を含む、ゆっくりとした着実な経験を積み重ねる乳児観察では、関係性や同一性が焦点となる。

　治療的観察を用いた初期の研究の多くは、未熟児についてのものであった。ラザールとアーマン（Lazar & Ermann, 1998）は、未熟児の観察で、未分化で断片化した「原－精神的な（proto-mental）」認識が徐々にまとめられていく際の段階を確認した。ベルタとトルチア（Berta & Torchia, 1998）は、食べ物を拒否し、成長することができないでいる赤ん坊に対する成功した介入の一部としての治療的観察につ

▽訳注1　複数の機関に関わり、すでに多くの情報があるはずなのに、どの機関に行っても一から状況を聴取されること。

いて記述している。あらゆる状況における赤ん坊のコミュニケーションを理解しようとする観察者の試みが、親がそれと同じことをするのを奨励する。フランスでは、治療的観察は、自閉症もしくは心理社会的困難を持つ乳児の多職種治療における費用対効果の高い構成要素として確立されている。この方法は、臨床的ニーズに対する迅速な対応を可能にし、クリニックに通うことが難しい家族に受け入れられている（Houzel, 2010）。

これまでの文献研究から、英国で里親養育を受けている乳児の発達と関係性を詳細に追う観察研究がまだないことがわかった。そして、これこそが60年以上の乳児観察研究において発展してきた方法を使用して、この研究が着手しようとすることである。

研究デザイン

この研究は以下の3つの構成要素からなる。10か月間の観察、文献研究、そして背景を読むことである。これを観察の終わった後に行い、その後、データ分析を行った。倫理的な承認は、地元の研究倫理審議会で得た。守秘のために、名前や人物を特定できる詳細は変更している。

研究対象者の募集は、予想外に早く進んだ。地方自治体の里親部門のマネージャーは、ソーシャルワーカーとの当初の話し合いの際に、見込みのある対象として「ラハン」を提案した。里親家族とソーシャルワーカーと会議を持ち、インフォームド・コンセントを得た後、私は週1回、ラハンを観察し始めた。彼はそのとき生後3か月だったが、それから13か月で養子になるまで観察は続いた。あらゆる関心事について探るために、観察期間中は、同僚が6週間に1回、里親と会った。スーパーヴィジョンは、私にとって時に悲惨であったり、断片的であったりする知覚を1つにまとめるのを可能にするために不可欠な、振り返りの場を与えてくれた。観察が終了したとき、ある種の振り返りとして、里親とソーシャルワーカーに半構造化面接を実施した。これは、このプロジェクトについての問いや、今になって考えられることについて話せる場を提供するためであった。

データは、グラウンデッド・セオリーを用いて解析した。この質的研究の方法論は伝統的な科学的方法を覆すもので、「検証の文脈（context of validation）」よりも

むしろ、「発見の文脈（context of discovery）」を指向する（Glaser & Strauss, 1967; M.J.Rustin, 2001）。乳児観察のように、グラウンデッド・セオリーは新しい連結に対する受容的で開放的な態度に依存する。「定数比例（constant comparison）」は、データを通して再発するテーマや表面下にあるカテゴリーを発見するために読み、新しい仮説や問いを引き起こすために用いられる（Anderson, 2006; Holton, 2007）。この方法はまた、相互作用の何らかの深みや詳細を伝えるための民族誌的な方法に関連する「豊かな記述（rich description）」を生み出すことが狙いである。

この研究は、私の職場で提供されていたため、このプロジェクトは、「いかに純粋にここで得られた知見を生かせるか」を問うアクションリサーチの要素を含んでおり、サービスに役立てるという目的ともつながった（Reason & Bradbury, 2001）。

物語

ラハンは、最初の訪問時には、生後ほぼ3か月になっていた。次の抜粋はこの最初の訪問の記録からである。

最初の訪問──月齢2か月3週間

ナディラは、ラハンを抱っこしながら私に温かい笑みを向ける。ラハンはほ乳瓶を吸いながら、後ろの壁をじっと見つめている。彼の顔は、少し年をとった老人のような感じで、自分の世界の中に沈み込んでいるようだった。彼の大づくりな長い眉毛や突出した鼻は、どういうわけかまとまりを欠いているように見えた。私は、彼を醜い赤ん坊だと思うことを悲しく感じ、むしろ彼を観察すると考えるのが怖くなってきた。

その後、ナディラは知らない人が電話をしてきて、その翌日に「赤ん坊を取りに来るように」と告げられて、まだ生々しいショックの感覚が残っているのだと話した。病院で彼女の身元確認をする間、ドアのところで待つように言われ、それからこの赤ん坊が渡された。彼女は誰かが外で彼女と戦って、赤ん坊を奪うために待っているのではないかと心配していた……。

ナディラがこうしてラハンと出会った最初の瞬間について詳しく話し出すと、ラハンは泣き始めた。彼女は彼を高く上げ、近くに抱きかかえ、毛布の上に寝かせてなだめるように話しかける。彼の顔は明るくなり、全身を震わせ、腕、足、顔をナディラのほうに伸ばす。私は、彼が1つにまとまったように見えたことに感動する。彼の顔や目はより色彩を帯びて、もっとつながれるように見えた。私は彼に引きつけられ、より希望を感じた。ナディラは近づいて彼を見て、ささやいた。「ジェニファーに歌ってあげましょうか？　彼女はまだあなたが歌うのを聞いていないわ」

　ラハンの10代の母親は、ラハンが生まれたときに彼のことを放棄した。戦争、文化的な価値観の衝突や母国の喪失が、彼の若い両親の難民コミュニティーに浸透していた。ナディラと彼女の夫のダーミンには3人の子どもがおり、今回、初めて地方自治体の里親養育者になった。里親の期間は当初予想していたほぼ2倍の期間続いたが、里親家族は「彼はいつでも出て行く可能性がある」と聞かされていたので、ラハンが去るのをほとんど毎日予期するという、逆説的な経験をしていた。

　最初の数週間、私は観察の後、身体的にも精神的にも疲れきったと感じており、記録は支離滅裂で首尾一貫していなかった。ラハンとナディラと同じ部屋で、私はあまりにも距離が近いことと、あまりにもよそよそしいことの間を行き来するように感じていた。ナディラは、ラハンがいつも左を向いていると心配していた。彼女は、彼が自分の身体の部分部分やその感覚を統合できるよう、彼のことを助けようとしていた。

観察2——月齢3か月半
　ナディラはラハンに話しかけ、私が彼のことを見られるように、彼の向きを変えた。そして彼にキスをし、頬をなで、右にいる私のほうに向くように仕向ける。彼は少しだけ首を向けるが、すぐに左側に戻し、壁のほうを向いた。それから彼は、彼女の顔をのぞく。彼女は彼のあごにキスをして「庭をぐるりと回って」▽訳注2 をしながら、歌に合わせてお腹や腕や顔に触っている。その間彼は、真剣に彼女の顔を見つめている。

3回目の観察のために訪問した際、ナディラが外出しているとわかって、不安を感じた。私は、いつ何時消え去るかもしれない赤ん坊の破滅的感覚を感じた。続く観察では、ナディラはラハンを抱っこしながら、彼女の母親と電話で話をしていた。彼女は後に、ラハンの移行対象となるぬいぐるみを彼に渡した。

観察4──月齢4か月
　ナディラが母親と電話で話している間、彼女の胸のほうに身体を折り曲げようとしているラハンをしっかりと腕で支えていた。彼は暖かくリラックスしたように見え、目は暗く輝いている。彼は、私のほうを見て、腕を振り、足を蹴り出す。……彼女は彼に、柔らかいオレンジのくちばしと目がついた、大きな黄色のアヒルの形をしたクッションを渡す。彼は両手でそれをつかみ、あごで固定し、鼻をこすりつける。

　観察の中盤で、かなり抑圧した空気が垂れ込めてきた。ラハンはあまり深刻ではないが、多くの感染症にかかっていて、よく眠れないでいた。ナディラはラハンが10か月になるまでおくるみを着せていた。昼も夜もナディラとラハンは融合しているようだった。同時に、彼の発達的進歩からは、この母子にはいずれ分離のときがやってくるのだということを思わずにはいられなかった。

観察11──月齢5か月3週間
　ナディラは、ラハンの前におもちゃのかごを置き、彼が自分でおもちゃを選んだり取り出したりすることができるようになったと話す。彼はバスケットの中に手が届かない。その代わりにバスケットの下に引かれたベッドカバーを引き上げて、おもちゃをすべてこぼす。彼が彼女の元を去らなければいけないという苦痛な思考が私の中に侵入し続け、私は恐怖の感覚を感じる。

　ラハンは繰り返しかんでボロボロになってつぶれた風船で遊んでいた。私はそ

▽訳注2　大人が子どもの手のひらから、腕、脇腹にかけて歌いながら指で優しくタッチしていく遊び。

れが彼の顔の前で爆発するのを恐れた。ナディラは彼のために新しいおもちゃを用意するのを考えるのが難しいようだった。私は、彼が養家に行った後も、数週間は訪問を続けることをナディラに話した。ナディラはこのアイディアを喜んでいるようだった。また、私の訪問が、ラハンを自分にとってより身近に感じさせてくれたと話した。しかし、ナディラのソーシャルワーカーはその考えを奨励せず、ラハンを失ったことから彼女の気をそらすために、すぐに別の赤ん坊を措置するつもりだと言っていた。

　ラハンは、はうのが遅かったが、いったん動き始めると、すぐに歩き出した。彼は足に自信を持ち、ナディラとダーミンと3人の子どもたちとも生き生きと関わる、丈夫な幼児に育っていった。里親家族はこの観察には協力的だったが、プロジェクトが進むにつれて、専門家ネットワークとのつながりを維持するのが難しいことがわかってきた。養家が見つかるのを待つ間、ラハンを旅行に連れ出すことが許可されていない里親家族の日常生活は、ある程度制限されることになっていた。

　養家が同定されると、「お互いを知っていく」期間がラハンと養親のために計画された。ラハンの最初の愛着対象を具体化する里親家族の重要性は、基本的には認識されていたが、その継続性の価値を保持することは困難であることがわかった。紹介期間は短縮され、そこには里親家族の養家への訪問は含まれなかった。5人もしくはそれ以上のソーシャルワーカー[訳注3]の役割の断片化は、継続性の潜在的喪失が気づかれないままに進んでいく可能性を意味していた。ラハンの出生の日に、調整なく移動させたことを再び繰り返す危険を認識することで、私は専門家ネットワークの中で、より積極的な役割を担った。この観察から得られた知識と経験から、私は、ラハンのニーズは、里親と養家の間のより統合された移行や、より多くの継続性にあることをネットワークに納得させることができた。

　養家への移動が近づいてきたのは、彼の最初の誕生日の頃だった。ラハンは、時に自分の中に引きこもるようであった。おそらくこれは「彼を手放すのを心の中で練習している」（M.E.Rustin, 私信, 2009）ナディラに対する無意識の反応だった

▽訳注3　英国のシステムでは、実親、子ども、里親、養親のそれぞれにソーシャルワーカーがつくため、必然的に、1つのケースに対して複数のソーシャルワーカーが存在することになる。

のではないだろうか。

観察35――月齢12か月半

　ラハンは夢見るような表情で私のほうを見る。ナディラは、彼は今「まさに白日夢」を見ているのだと言う。彼女は彼に、風に吹かれている葉っぱを見ているのかと尋ねる。男の子たちが、裏路地で上に下にと、ボールを蹴っている。彼は、それが転がるのを目で追いかけている。風で髪がくしゃくしゃになり、ラハンは目を半分閉じる。手で耳を覆い、お腹をこする。彼は、「ホアー」と、風のような声を出した。

　彼は、ナディラが掃除機をかけているのを見るために、家を出たり入ったりする。彼女が掃除を終えると、掃除機に歩み寄ってそれに触り、私たちを見回して、誇らしげに微笑んだ。ナディラは彼が勇敢であると話して、称賛する。彼はため息のような長い呼吸をして、「フーバー（Hoover）」▽訳注4 と言う。私たちはみんな、彼の言葉にコメントをする。

　後でナディラは私に「ずっとこの時がくるのはわかっていたんだけど。そして今、まさにその時がきたんだということね」と言った。この転居がラハンにとってどんな体験なのかを考えながら、ナディラは後に、ラハンが彼の生みの母親や父親についても考えるのだろうが、それは彼がもっと大きくなってからのことだろうと話す。たった今、彼女は彼の実の母親のようである。つまりこの話は、この瞬間の、彼女と養母のことだったのである。

　里親家の最後の観察で、私は無秩序とパニックの混乱を感じていた。しかしそれと同時に、今おおよそ13か月になったラハンが、里親が注意を向けて気にかけてくれることや、行き届いた気配りの何らかを内在化することができていると認識していた。

▽訳注4　掃除機の意味。

観察36——月齢12か月3週間

ラハンは、私とゆっくりとした、いないいないばーをして遊ぶが、そこにはどこか真剣さと問いかけのようなものが感じられた。彼は私にアヒルのおもちゃを持ってきて、注意深く私を見ている。そして、それを渡したり、取り戻したりを何度も繰り返した。それから彼は、床の上にそれを投げ、拾って、近くに持つ。両腕にそれを抱きしめて、その中に顔をうずめる。

養家は、ラハンの転居後の観察の継続について話し合いをするために会いたいという私の申し出を受け入れなかった。後から考えると、ラハンにとって観察の継続に潜在的な価値があると養父母に話せるほど、ソーシャルワーカーはこのプロジェクトとつながれていなかったのだと振り返ることができる。そのため、今回の学びの1つのポイントとして、将来の観察的介入のためにはこうした観察と専門家ネットワークとをつなげる方法を組み入れる必要性が注目されることになった。

データ分析

グラウンデッド・セオリーでは、乳児観察それ自体のように、どのようなつながりに対しても開放性と感受性をより重視し、なじみのある概念上の理論を手放すことが求められる。しかしながら、グラウンデッド・セオリー法に対する最近の論評では、データから概念が「出現する」というメタファーで示唆される概念的純粋性という考えは、すべての科学的観察におけるデータの収集と分析はそれまでの経験と知識によって裏づけられるという、より明白な認識に置き換えられている（Kelle, 2007）。異なった項目のもとで素材を再編成し、再読するという刺激的な期間、私はあらゆるデータの詳細に没頭しなければならなかった。スーパーヴァイザーや同僚との議論もまた、データをふるいにかけては、さらにまたふるいにかけるというプロセスに固有のものであった。データ分析とともに、半構造化面接は、このプロジェクトの見通しの範囲のみならず、「振り返り（debriefing）」の1つの形を提供してくれた。また、順番を逆に記録を読むようなことや、1行ずつコード化された記録のページをランダムに選ぶような方法をとる

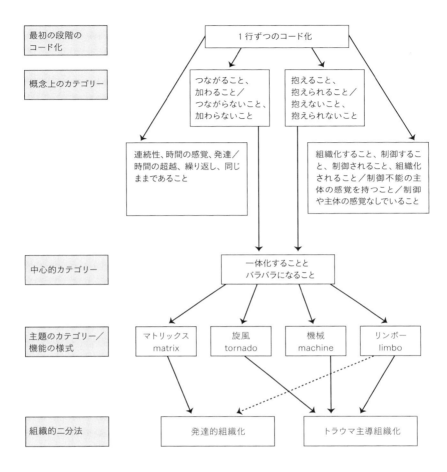

図8.1　データ分析の段階

ことで、素材を客観的に振り返ることができた。

　データ分析の段階を図8.1に示す。最初の段階のコード化の際に、後ろから読んだ最初の4つの観察を、1行ずつ読んでコードを抜き出した。

　それから、これらのコードを適用して、さらにランダムに選んだ別の5セットの観察記録と、ソーシャルワーカーや里親養育者との会議やスーパーヴィジョンの記録から、さらなるコードを引き出した。1行ずつのコード化は、以下のよう

に、200以上のコードや軸を生み出した。

- 温かさ／冷淡さ
- 待つこと／待たないこと
- 知ること／知らないこと
- 抱っこすること／手放すこと、つかまっていられないこと
- 暴力、危険／安全
- 保護すること、守ること／さらすこと
- 加わること、または出会うこと／加わらないこと、出会わないこと
- 孤立／パートナーになること、協働すること
- 行為の主体の感覚、制御の感覚を持つこと／行為の主体の感覚、制御の感覚がないこと

分析の第2段階では、カテゴリーの下のコードをグループ化した。**つながること**、**抱えること**、**行為の主体の感覚**や**連続性**である。これらのカテゴリーから、「一体化するか、バラバラになるか」という中核的なテーマを引き出した。それから、4つの有力だが異なる様式の、内的状態と個人間の関係性を含む「一体化することとバラバラになること」を同定した。これを次の4つのメタファー、**マトリックス**（matrix）、**旋風**（tornado）、**機械**（machine）、**リンボー**（limbo）を用いて示す。

マトリックス

「マトリックス」には、連結性と一貫性の豊かな経験が見られる。あらゆる感情の幅――痛みや楽しみ、根深さやはかなさ――が感じられる。最初の訪問で記述した、ラハンとナディラが最初に出会ったまさにそのときに、ラハンがナディラのほうに引き寄せられたことが思い出されたのは、「マトリックス」の力動の一例である。ラハンとナディラの間の、より抱えられた活発な接近に伴って、私は彼ら2人をつなげ、過去と現在と未来の間を、私の心に連結することが可能であると感じた。

ナディラがラハンとする「庭をぐるりと回って」や「いないいないばー」のようなゲームは、ラハンが自分を1つにまとめ、行為の主体の感覚を発達させるの

を助けた。分離がそれほど破滅的ではないことを意味する、より包括的な関係の三次元性は、内的記憶の連続性によって、より調節される。そして移行は、「どちらか1つ（either-or）」よりもむしろ、「両方とも（both-and）」として経験され得る（Lanyado, 2003）。観察の終了時には、「あり続ける（going-on being）」（Winnicott, 1965）という安定した感覚をラハンに提供する良い対象の経験と、その内在化という感覚があった。

　マトリックスの力学は、そのシステムの中に他者依存の認識を含む。誰もが「すべてをする（do it all）」ことができないという考えはまた、休息と調整を提供する。この機能の様式は、発達的である。養育は、子ども中心で感情応答的である。そして専門家自身もまた、この仕事から学び、成長することができるのである。このマトリックスの「発達的組織化（developmental organisation）」は、痛みを伴う情緒的現実との接触に、里親養育者が耐えられるよう支えるものである。このプロジェクトは、里親養育の情緒面の仕事をさらに強調するものとなった。それは、子どもとの現在の関係に力を注ぐこと、分離と喪失についての潜在的な破滅不安を徹底操作すること、そして過去の原家族と将来の養家との間の橋渡しになることである。

　理論的には、このマトリックスの概念は、クライン（Klein, 1957）の抑うつポジションの公式化、ビオン（Bion, 1962）のコンテインメントや「アルファ機能」の概念、そしてメンタライゼーション（mentalisation）、もしくは「心への関心（mind-mindedness）」（Fonagy, Gergely, Jurist & Target, 2002）の概念につながるものである。

旋風

　「旋風」では、一体化したり分離したりするような感情の心理的経験は、感情や思考、そして心の状態に影響を与える。最初の訪問時の、初めてラハンと出会ったときのナディラの話が、すばやく「彼はいつでも出て行く可能性がある」という話に変わったことは、「旋風」の機能の一例である。そこには、「知っていく」ための時間はなく、つながりや媒介はない。

　「旋風」の力動は、「吹き飛ばされる」「切れ切れになる」もしくは「バラバラに吹き飛ばされる」感情を含む。そこには、混乱、圧力、そして断片化の感覚がある。物事は突然起き、感情は狂暴で、衝撃的で、理解するのが難しい。人々の

間のコミュニケーションやつながりは信頼できると感じられない。この機能の様式においては、関係性は排他的で二次元的であるため、移行は「二者択一」の性質を持つ。心のこの状態が支配力を持つところでは、遊びは発展しない。ナディラは、観察が始まる前の数週間、ラハンのことをしっかりと抱かれてくれない赤ん坊だと話していた。

　旋風の力動は、無秩序／混乱型の愛着（Main & Solomon, 1980）、およびウィリアムズが「鉄くずをまき散らす風」（Williams, 1998, p.94）▽訳注5 と比較する内的連結性への攻撃と比較されるものであろう。

機械

「機械」の力動は、解離のそれである。あまりにも多くのトラウマの脅威は、切り離しを導く。感情と思考は分離され、人は物のように扱われていると感じられ、公的保護システムは心のない官僚制として経験される。

　遊びは無差別で反復的である（「どのおもちゃも彼にとっては同じなのよ」）。人は代替可能であるという考えや、「赤ん坊は忘れる」という考えは、移行を媒介するための継続的なつながりを創造し、連続性を促進しようとする努力を台無しにする。

リンボー

「リンボー」は、極端に長い間待つ期間のことを言う。不確実性と暫定性は、境界をあいまいにし、強制された受動性と仮死状態の感情を導く。発達は「制止の状態（on hold）」になり、感情は麻痺し、同一性は混乱する。過去、現在、未来は、おおむね受動的な引きこもりの感覚に吸い込まれていくようである。

　観察の中盤、養家についての知らせを待っている頃、ラハンの発達は制止状態にあるようであった。彼は、「小さい男の子が着る服」よりも、むしろ赤ん坊のおくるみを着せられており、遊びは行きつくところがないようだった。彼は棒やバットのようにまったく固いものか、ボロボロの風船のようにまったく柔らかい

▽訳注5　邦訳が『思春期を生き抜く：思春期危機の臨床実践』（R・アンダーソン他編、鈴木龍監訳、岩崎学術出版社、2000年）の第6章「摂食障害のある特異な力動に関する考察」として刊行されている。

もののどちらかの対象に引きつけられていた。リンボーは同時に、あまりに多くの現実との接触からの執行猶予を提供するものでもある。

発達的、かつ「トラウマ主導（trauma-driven）」組織化

データ分析の最終段階で、旋風、機械、リンボーが組み合わさって、マトリックスの「発達的組織化」とは対照をなす、「トラウマ主導組織化」が形成されることを示唆したい。「トラウマ主導」の組織化では、相互作用の悪循環が激増し、子どもやその子どもと関わる人の苦悩や困難がよりいっそう増す。未処理のトラウマのように、再演が時間の超越の感覚をつくり出す。里親家族から養家へというラハンの2回目の移動は、生母から里母への仲立ちのない移動の繰り返しになる恐れがあった。つまり、それ自体が原家族との関係性やつながりの破壊の反復なのである。

文献研究からは、短期から長期の里親への措置、あるいは養子縁組への移行の計画についての調査・研究の不足が明らかになっている。里親養育に関しては、公的保護下にある子どもの調査・研究、および政策に関する文献のほとんどに欠落している。また、しばしば子どもの最初の愛着対象である、以前の里親養育者との接触のパターンについては、ほとんど議論されていない（Craven & Lee, 2006; Ward, Munro & Dearden, 2006）。発達的組織化が優位を占めているときには、措置変更は対処できる移行になりやすく、内的、外的連続性の要素によって仲立ちされる。しかしながら、トラウマ主導組織化が優位を占めるとき、措置変更は子どもの発達には有害作用となり、「あり続ける（going-on being）」という基本的な連続性に対して、より侵害的になるようである。この仮説を検証するさらなる調査・研究は、例えば乳児や幼い子どもの措置変更の管理において、その実践が含意する事柄の探求に役立つだろう。

結論

この単一事例研究で、治療的観察が実行可能であることがわかった。これは里親養育者にとっても容認できるものであり、専門家ネットワークの中でも効果的な発言権を提供するものであった。公的保護を通しての「ラハンの」旅は、すべ

ての養子になった赤ん坊の里親や養子縁組にまつわる要素を要約するものである。そしてこのプロセスは、里親養育者やケアシステムの中にいる赤ん坊の普遍的な経験の要素を顕微鏡下に置くことになる。

　ラスティン（Rustin, 1991）は、「心の状態の調査・研究」が、臨床家と研究者の間のギャップを埋め、社会福祉事業と精神保健の最前線で仕事をする者が燃え尽きるのを和らげることができると示唆している。臨床的調査・研究を実践した経験は、公的保護下にある子どものための専門的サービスで働く、子どもの心理療法士としての私の役割に深い展望を与えてくれた。人生の最初の年の一時的な関係性の影響についての経験的知識は、公的保護下にある幼い子どもたちの観察的介入の発展の基礎、および短期間の措置における子どもと里親養育者のためのプレイ中心のワークの基礎を提供してくれた。今後の調査・研究は、治療的観察が公的保護の範疇にある乳児や幼い子どもに対するサポートとして貢献できることを精査するものになるであろう。

第9章
文化体験を観察する際の驚きを利用する

キャシー・アーウィン
Cathy Urwin

家族か国かを選ぶことなんて、できますか？
（マルティナ、10か月21日目の観察）

イントロダクション

　新しい発見を生み出す際に、調査・研究が驚きをもたらしてくれることを期待するだろう。しかし、驚きは、調査・研究そのものにとってもまた、役立つものになり得る。本章では、初めて母親になることが、自分が何者なのかという女性の感覚にどのように影響を及ぼすのかを理解することを目指した調査・研究から資料を提示し、その可能性を紹介する。この研究は、特に、剥奪、民族的・文化的多様性、そして急速な社会変化といった特徴を持つロンドンの中心区での育児経験について見るものである。この地域における主な人種グループを代表する白人、バングラデシュ人、アフリカ人、あるいはアフリカ系カリブ人のうち、初めて母親になる20人に、赤ん坊が生まれる前、生後5〜6か月のとき、そして1年目の終わりに、インタビューを行った。インタビューされる側が、主観的な経験や伝記風の素材を提供しやすいことから、自由連想的語りの面接調査法（Free Association Narrative Interview Method: FANI）を用いた（Hollway & Jefferson, 2000）。インタビューは、ウェンディ・ホールウェイ（Wendy Hollway）、アン・フェニックス（Ann Phoenix）、そしてヘザー・エリオット（Heather Elliott）の研究チーム[原注1]が行った。さらに、6組の赤ん坊とその母親については、1年間、毎週、ビック（Bick）の方法を用いた観察を行った。観察者は皆、子どもの心理療法士か、その訓練中の者

であり、以前にすでに乳児観察を行ったことがある。また、少数民族の者と、母国語が英語ではない者が含まれていた。被観察者グループには、アフリカ系カリブ人の母親が1人、アフリカ人の母親が1人、バングラデシュ人の母親が2人、そして白人の母親が2人参加した。

　なぜ乳児観察がこの研究に含まれたのか？　インタビューでは、母親たちが意識しているであろう期待や課題が言葉で提供される。対照的に、乳児観察は、赤ん坊のコミュニケーションや情緒的、身体的要求のインパクトが母親を心理的、情緒的に新しい領域に連れて行く、まさにその場面の観察を可能にする。ほぼ間違いなく、この心理的作業には、役割とは異なる養育者としてのアイデンティティの中心となる**情緒面**の責務を十分に理解し、またそこに同一化することを伴う。さらに、乳児観察は、特にこうした親密なプロセスが、いかに社会文化的な背景に影響を受けるものかについて探求するのに適している。重要なことは、これが、文化の相違の研究ではないということである。それどころかむしろ、私たちは、例えばアフリカの田舎、あるいはバングラデシュに根ざす育児に関する期待が、現代のロンドンの現実に遭遇するという環境の中で、絶えず発展する過程として、文化とアイデンティティの関係を探求することを目指した。

方法

　6人の観察者は、毎週集まって、毎回1つの訪問観察の報告について検討した。このセミナーには、インタビューを担当する者のうちの1人以上が出席し、私がそのスーパーヴィジョンを行った。インタビューを行った母親の赤ん坊について検討するときには、そのインタビュー者は参加しなかった。観察者らは、観察を終えるまでは、インタビューの素材については知らされなかった。

　観察者が報告を読み上げた後、私たちは、観察から引き起こされる情緒的なインパクトについて考えるのに数分間を費やし、その後、そのインパクトから引き

▼原注1　このプロジェクト「形成過程にあるアイデンティティ――バングラデシュ人、アフリカ人、アフリカ系カリブ人になること」は、オープン大学のウェンディ・ホールウェイ教授を研究ディレクターとして、ESRCの支援を受けた。特に、ジュディス・ソープの観察素材に感謝する。

起こされるものについて熟考する。これは、痛ましく、ある意味で驚きやショックを伴う素材を扱うグループの能力を集約する上で、特に価値があった。ここには例えば、外傷的な出産（Pluckrose, 2007）のような痛々しく悩ましい素材や、あるいは観察者が母親や姉妹や「専門家（expert）」として、無意識的、意識的に知覚されているという転移の経験の反映も含まれる。ショックはまた、なじみのない理解しがたい文化的習慣からも引き起こされる。そのような相違は、非常に大きな不安の原因となり、それに伴い、防衛的に独善的になったり、もしくは短絡的になったりするのを感じる傾向をも引き起こす。

　これらの逆転移体験の分離性の探究は、大変ではあるが必須のことであり、母親のコミュニケーションの意味を理解するためには欠くことができないものである。しかし、こうした探求が、この調査・研究にとって特に重要であることが明らかになった。第1に、グループの情緒的反応を検討することで、母親が伝える情緒的混乱に影響しているものを探究するきっかけとなった。第2に、観察者への転移は、母親の過去の特徴的な側面と、現在必要としている領域の両方についての示唆を与えてくれた。第3に、文化の面においては、驚きは自らのものとは異なる事柄の経験であり、自らをそこに位置づけるのも引き離すのも困難であることが示された。このことは、例えば、普通の、または適切な効果的子育てというものが前もって存在するという前提についての探求を引き起こすか、もしくは要求する。最後に、こうした衝撃についての検討が、斬新な概念や方向性を与え得るということである。これは情報を系統立てたり、優先順位をつけたりするのに役立つ。

　この研究は、いくつもの資料を元に生み出された。例えば、乳児観察の逐語報告、セミナーディスカッションにおける体系的な覚書、インタビューの録音と逐語記録、そして、インタビュー者が、各回のインタビューの後に作ったまとめのノートである。ホールウェイ（Hollway, 近刊）が現在、このプロジェクト全体から明らかになったことをまとめる準備を行っている。乳児観察を調査・研究法としていかに用いたかについてのより詳細な説明は、『国際乳児観察研究（*International Journal of Infant Observation*）』の特集号において発表している（Urwin, 2007）。ここにはすべての観察者の報告が含まれており、母親になるという経験の独特さを明らかにしている。しかし、これら6つの観察は、グループとしても取り上げ、利用可

能な情報から一般的な問題として探究できるであろう事柄を分析した。すべての記録された観察を振り返り、再現するテーマを抽出していくことで、6人の母親および赤ん坊すべてに当てはまり、かつセミナーで議論された問題と共鳴し、さらにインタビューデータの分析に適用可能であると見なされる主要なカテゴリーを同定することができた。これらの主題に関するカテゴリーは、包括的なものでも、または相互に排他的なものでもない。また、それぞれの観察や、その情緒的なインパクトを検討した後のものだけを適用した。これらは、観察した赤ん坊と母親のグループや、最終的には母集団全体にわたる素材の選択と統合のためのレンズ、あるいは視点となるものである。

　本章では、広いテーマのもとに集められた資料に注目する。**観察状況と、物理的、社会文化的環境との関係、特に、現在と過去における母親と、母親としての役割について見ていく**。ジュディス・ソープ（Judith Thorp）が観察したアフリカ人の母親マルティナの例（Thorp, 2007）を用い、物理的環境、文化、情緒プロセスが母親としてのアイデンティティと不可分に絡み合っている様子を、観察者とセミナーの情緒的な経験からいかに探究したかについて描写する。そして、最後にこの事例を研究全体からの発見とつなげていく。

文脈の中で子育てを観察する──物理的、文化的環境

マルティナ、サリフと赤ん坊のプリンセス

　すべての観察の初期に際立って見られることは、それぞれの観察者が、身を置く場所、生活の場や文化的日用品の詳細に注意を払うということである。観察する家族の位置関係を知るにしたがって、覚えていること、記録すること、あるいは時間の経過によって忘れることは、家族や家族と関係する自分を位置づけるための精神的なスペースづくりの指標となる。

　マルティナとサリフの最初の観察は、文化的なイメージを十分に備えている。マルティナとサリフは30代で、出稼ぎのためにセネガルから英国に来ていた。彼らの文化では、彼らは、初めて親になるには年を取っていると見なされる。マルティナは、2回目の訪問で、赤ん坊の名前がそれを表しているように、彼女もサリフも王室の血統であると説明した。ロンドンでは、彼らは有名な百貨店

第9章　文化体験を観察する際の驚きを利用する

チェーンで、低賃金で働いている。マルティナとサリフとプリンセスは、観察者が「フレンドリーである」と表現する地区の、60年代スタイルの建物の1LDKのアパートに住んでいる。観察者は2回目の訪問の後、インターホンはあるのだが、到着時にサリフの携帯電話を鳴らすように言われた。彼が玄関まで降りてきて、彼女を迎え入れるという。この父親は夜に働いていて、訪問時にはいつも帰宅したばかりであった。家族がこの時間を選んだのは、サリフが赤ん坊によく関わる時間であり、また、サリフが観察者の訪問に興味を持っていたからである。

　プリンセスは早産で生まれた。観察者は、彼女の出生後まで両親との面識はなかった。初回の訪問で、サリフは、前の晩に、教会で赤ん坊の命名式を祝っていたのだと説明し、観察者を招き入れる準備ができていない状態であると謝った。観察者は、翌日に再度訪問する約束をした。最初の観察の報告は、生後3週目のものである。アパートの中のクリスマスの道具類一式、「大量（plethora）」のテレビやハイファイ装置は、この家族が、英国で手に入れられる物品を謳歌していることを示唆していた。マルティナが服を着るためにしばらく引っ込んでいる間、サリフは、プリンセスに夢中で、彼女が手足を広げるのを見るのが好きなのだと話し、ジェスチャーをしてみせた。彼は、祖国の大家族について、また、彼の母親が電話で貴重なアドバイスを与えてくれることについて話した。マルティナは、働いている店のロゴを冠したTシャツで登場したのだが、このことは彼女にとって仕事が非常に重要であることを表明するものであったのだろう。彼女は、夜勤から、6か月の出産・育児休暇を取ることを計画していた。しかし、上司は4か月だけにしてほしいと希望していた。彼女は、観察者に、小さな赤ん坊を預けられる保育園があるかどうか尋ねた。そうでなければ、夫がプリンセスの世話をすることになるが、彼も今、夜に仕事をしている。

　次の観察では、サリフは、観察者に彼が実家に送ることにしている赤ん坊の写真を見せた。これは、彼が自身の家族と接触している必要があることを垣間見せるエピソードである。サリフの生き生きとした雰囲気とは対照的に、マルティナからは消耗と緊張が伝わってきたという観察者の記述は、すべてが調子が良いというわけではないことを示唆していた。マルティナは、セネガルでは、家族だけではなく隣人も新しい赤ん坊の世話をするのだと話した。そして、観察者が母親の自分ではなくプリンセスを訪ねて来ていることはわかっていると、非難を込め

て付け加えた。以下の抜粋が示すように、素っ気なさは、彼女の子育てにも現れていた。

◆プリンセスの観察——5週目
　マルティナのはじめの発言は、プリンセスがいまだに3時間おきに起きること、そして夜中になると特に泣くということだった。……プリンセスは目を開けて、一瞬母親を見て、それからもう一度目を閉じた。マルティナは、粉ミルクをあげたいのだが、夫はそれを望んでいないと言った。彼女は、夫はどんな泣き声のときにも、赤ん坊を抱き上げるのだと不満を言った。今やプリンセスは、常に一緒にいてもらうことを望む。マルティナは、父親に対して非常に怒っているようだった（彼が今日どこにいるのかは明らかではない）。マルティナは、子どもの教育は親の仕事であり、また、乳母に面倒を見てもらうようになると、常に抱き上げてくれないでしょうと説明した……。

続けてマルティナは、彼女がどれほど自分の母親を恋しく思うかと伝えた。

　マルティナは母親からしばらく連絡がないと言った。彼女は、母親が、クリスマスにセネガルからやって来ると思っていた。彼女の母親は、こちらにやって来ると言い続けているのだが、とても忙しい。母親はいつも忙しく、マルティナは彼女がいつ来られるのかわからなかった。私は、マルティナは、母親が約束を守ってくれないことにがっかりし、放っておかれていると感じているのだと思った。マルティナは、プリンセスの産着の上のホックを強く引き始めた。プリンセスは、まるで抗議するかのように目を閉じたまま、怒ったように泣き始めた。……マルティナの動きは、早く効率が良かった。マルティナが、プリンセスには何も言わずに、完璧で事務的な動きをするのを見て、私は衝撃を受けた。プリンセスは、不機嫌になり顔をしかめた。……マルティナは授乳の準備をしたが、プリンセスは、今日はそれを受け入れるのは難しそうだった。

その直後に、ムードは柔らかくなった。

ここで初めてマルティナは、プリンセスに母国語で、優しくささやきかけた。彼女は、プリンセスを慎重に胸に抱きかかえ、吸わせるために右側の乳首にうまく移動させた。プリンセスは、大きな音を立ててはじめの数口を飲んだ。マルティナは、小さく彼女を揺らした。吸い方は静かになったが、力強いままだった。

　このテンポの変化について、セミナーグループでは、マルティナが母国語に戻ったことで、養育をされるという内的経験に触れることができたのではないかという結論に至った。母国語が赤ん坊のために自分を用いることを可能にしたのである。
　しかし、これらの早期の観察における孤独感は明白であった。しかしこれとは著しく対照的に、マルティナの母親がようやくやって来たときには、祝賀のムードが音楽や空間的配置の変化に象徴された。それは、静かな注意深さを伝える劇場場面のようだという、姿勢についての観察者の記述にも見られる。

◆ **プリンセスの観察──9週目**
　父親が私の携帯電話に出て、温かく迎え入れてくれた。彼は喜んでいるように思われた。そして、母方祖母を紹介してくれた。母方祖母は、プリンセスを抱いて、椅子に腰かけていた。ゴスペル音楽が流れていたが、いつもの鼻歌と比べると、とても軽快だった。母方祖母は、プリンセスに注意を払い続けていた……。

　私たちはあいさつを交わした。母方祖母は、プリンセスと一緒にいるのがどんなにすばらしいことかと言った。私が、彼女はとてもかわいらしいというと、彼女はうなずいた。母方祖母は、話すときだけほんの一瞬の間、プリンセスから目を離すのだが、すぐにプリンセスの顔に目を戻し、笑顔を浮かべ、この新しい孫のことを知るのに夢中になっている。母方祖母には、自国に他にも孫がいるが、プリンセスは特別だと言った。父親を指さして、プリンセスは彼らの最初の子どもだと強調し、微笑んだ。

ここで、マルティナが初めて玄関口に現れた。彼女の顔は、元気を回復したように見えた。私は、母親が元気そうだと言った。……母方祖母は、生き生きと微笑んだ。

　この観察では、いつもよりもプリンセスを見ることが「少なかった(less)」と観察者は感じたと記録している。これは、母方祖母に注意やスペースが支配されてしまったかのようであることと、彼ら全員の間での力動的な変化の両方からきているようだった。興味深いことに、マルティナと彼女の母親が赤ん坊に応じる方法には違いがあった。母方祖母は、プリンセスの両側に枕を置き、彼女を寝かせた。マルティナは、自分とはやり方が違うと好奇心を持って言った。
　マルティナの母親は、かなり子育ての経験がある、専門職に就く女性だった。マルティナには数人の兄弟と姉妹がいた。彼女の兄（弟）が死んだ後、母方祖母は、彼の3人の子どもを養子にしていた。この後、数週間にわたって、母方祖母は、観察者に、英国における育児の方法についての自分の意見を話した。彼女は、特に児童福祉と保護機関に興味があった。自分が英国でよく支えられていると信じられるかどうかについて、マルティナ自身ははっきりしていなかった。プリンセスが12週のこのときまで、プリンセスの出生がどれくらい難しかったかについて私たちが知ることはなかった。きれいにされる前の新生児を抱くことになったことについて、彼女は嫌悪を込めて話した。彼女の文化においては、赤ん坊を洗うことで、悪い魔法を追い払うと信じられていた。さもなければ、母親を傷つけるかもしれないと信じられているのだと彼女は言った。
　驚くことではないが、仕事と家族のために母方祖母が間もなく帰国せざるを得ないことが影を投げかけた。特に以下の抜粋が示すように、悩ましい話が持ち上がっていた。

◆プリンセスの観察——10週目
　前の晩、プリンセスがぐずって大変だったと不満をもらした後、仕事への復帰について考えながらの場面である。

　マルティナは、母親が、自分と一緒にプリンセスをセネガルに連れて帰りた

がっているのだと話し出した。母親が一緒に暮らしている養子の1人に、3歳の娘がいた。どうもこの娘の生みの母親が、彼女を返してほしがっているようなのだった……。

　少しの間があり、マルティナは、プリンセスをあきらめることができないと言った。プリンセスは、彼女のすべてだ。……マルティナは、多くの女性は、数年間は働いたり勉強したりしながら子育てをすると言った。彼女の母親も、ずっと働いている。住み込みでその3歳の子どもの世話をしている少女が、プリンセスの世話もするのだろう。マルティナは、プリンセスがよく扱われるとは確信できなかった。……マルティナは、プリンセスはともかくも母乳で育ててきたので、今さらほ乳瓶は無理だろうと付け加えた。

　観察者は、マルティナの、プリンセスをあきらめられないという主張と、母親にどう返事をしたらいいのかというジレンマに心が動かされた。「自分の立場は確信しているが、母親の感情を傷つけたくないために引き裂かれていた」。観察者グループは、恐怖に似た衝撃を体験した。急な分離に直面する赤ん坊と母親に同一化し、この出来事の衝撃を処理するために、私たちは、母性に関するなじみのない仮定に踏み込まなければならなかった。そして、母親と一緒に暮らすことを必要とする赤ん坊のニーズを満足させるという、私たちが当然のことだと思っている前提──母性のアイデンティティの中心──と、マルティナの母方祖母の前提とが食い違っているということに気がついた。

　他方では、マルティナは、母親としてのアイデンティティの感覚の問題の前に想定される、あるいは実際にもたらされる感情に直面していた。彼女は、プリンセスへの愛着を発見していた。彼女はまた、母乳には分離を妨げる利点があるということも発見していた。自分の赤ん坊を誰か他の人に世話をしてもらうことに、当初は疑問を抱いていなかったが、今となっては、乳母を必要としていることに確信がなくなっていた。自分の文化の中での自身の立場と育児の方法の矛盾に気づくことで、彼女は母親としてのアイデンティティと責任に向き合っていたのである。

　母方祖母は、機嫌よくマルティナの拒否を受け入れ、他のやり方で娘のニーズ

第Ⅱ部

に対処し始めたように見えた。彼女は、マルティナを連れてロンドンの他の地域を訪れたり、医者に行くのに同行したり、プリンセスには年齢よりも大きめの服を着せて、英国では高価であるにもかかわらず、セネガルで一般に使用されている赤ん坊用の粥を見つけ出したりもした。母方祖母は、赤ん坊と娘の間のより大きな分離を促進しているように見え、この点では観察者の共謀を求めているようだった。13週目の観察では、母方祖母は観察者を迎え入れる際に、プリンセスに「おばあちゃんが、あなたに会うために来ましたよ！」と話しかけ、観察者はあっけにとられた。これまでは、観察者は常に「おばちゃん（Auntie）」と呼ばれていた。

　マルティナ自身、より活動的になることを望んでいたが、4週間後に母親が帰った後は、意気消沈してしまった。プリンセスは眠りが浅かった。マルティナは、疲れ果てて、時々赤ん坊に対して厳しくあたっているようだった。サリフは、特にプリンセスと一緒に遊ぶなどの関わりを続けていたが、夫婦間の分離の感覚は、父親が部屋に入ってくると母親が出ていくという、アパート内の空間配置の記述から伝わってきた。心配した一般診療科医（GP）は、「シュア・スタート（Sure Start）」（貧しい地域に住む「4歳以下」の子どもを持つ家族を支援するために、政府の資金提供で行われている事業）を家族に紹介した。

　母方祖母のアドバイスとともに、このサポートは役に立った。しかし、6か月のときに、マルティナがパートで職場復帰したことが、重要な変化をもたらした。これは、働くことが経済的に必要であるという、より根本的な信念に沿ったものであった。マルティナは、社会における自分自身というものをより意識するようになったようだった。彼女は夫に対してより挑戦的になり、体重が減ったことを職場の同僚の男性にほめてもらったのだと観察者に話した。

　観察報告では、家の外の場所の言及の増加が、この家族が比較的孤立状態にあるのを何とかしようと、マルティナがリードしていることを反映していた。観察が始まった頃、彼らは教会からのサポートは受けていたが、英国で暮らしている身内はほとんどおらず、近所に身内はまったくいないという印象であった。しかし徐々に、遠くに住む家族を訪問したと聞くようになった。マルティナは、子どもの頃に耳にしたことのある、いとこやその他の人たちとともに、母親として自分を位置づけることができる拡大家族を発見することにより、先の連続性の不足に取り組んでいるように見えた。

9か月以降の観察者の訪問では、ラジオは常にセネガルのチャンネルに合わせられていた。マルティナは、プリンセスがセネガルの言語やセネガルの人々と接触していることを望むと、観察者に話した。彼女は、自分とサリフが2年以上もの間、英国にいるとは思っていなかった。彼女は、南ロンドンに住むおばについて、帰るにはあまりに「手遅れ（too late）」になるほど長く暮らし続けているのだと言った。子どもたちはここで育っており、彼女は、孫の元を去りたくもなかった。マルティナは、自分がそうした状況になるのを望んでいなかった。「家族か国かを選ぶことなんて、できますか？」

　マルティナは、より大きなセネガルのコミュニティーがある、ロンドン郊外の家に移る可能性を模索し始めた。両親ともが仕事を見つける必要がある中で、これがいかに現実的であるのかは不明であった。育児と分離をこなすことは、マルティナにとっては今も大きな問題で、彼女は具体的支援を必要としていた。このことは、観察終了の頃の2つの出来事で感動的に示された。これは観察者を驚かせた。また、観察者に割り当てられた役割を示すものでもあった。

◆ **プリンセスの観察──11か月1週**
　プリンセスは、再び私の時計を引っ張って離した。私は、帰る時間だと言った。通路の奥に引っ込んだマルティナは、私と2人で置いておかれるとしたら、それはプリンセスにとってどのようなものだろうかと言った。私は、プリンセスが満足するとは思わないと言って笑った。マルティナはおどけた調子で、「明日、返しに来て」と言った。私は、プリンセスにも自分の考えがあると思うと言った！　プリンセスは私の足のところに立っていた。「見て、あなたのそばにいるわ」と、マルティナは言った。私はプリンセスに手を振って、さようならを言った。

　2週間後、マルティナの母方祖母が以前に同行したように、観察者はマルティナとプリンセスが医者に行くのに誘われた。このようにして、観察する場所が家の外へと移された。マルティナは、赤ん坊を膝に抱いて授乳をしながら、彼女自身の言語の重要性と、国の異なる地域出身のサリフがそれを学んでくれたことの喜びについて、感動的に話した。

1年の観察が終わりに近づいてくると、マルティナは、大きな祝賀を計画していた。それには、プリンセスが動き回れるようになっていることが重要だった。ソープ（Thorp, 2007）が記述しているように、これはマイエロ（Maiello, 2000）が南アフリカの赤ん坊の観察で記述しているセレモニーの名残であった。赤ん坊が自身の足で立つことができ、歩くことができるようになったときに「母と子の結びつきと一体感（mother-and-child in their union and togetherness）」の終わりを記すものである。予想通り、このイベントは延期されたが、観察者は2か月後に家族とともにこれを祝うために再び訪問した。マルティナは、彼女が働いている間、一晩中プリンセスの世話をしてくれる親類を見つけたのだと喜んで発表し、再び観察者を驚かせた。このように、結局マルティナは、母親が勧めたことを反映するような育児計画を達成したのである。マルティナと母方祖母の育児スタイルの違いを考えると、この選択はおそらくマルティナ自身が受けていた「代替養育（alternative care）」を反映するものであった。

動き回れるようになった今、プリンセスは、父親と非常に親密になり、また顔や身体のジェスチャーの表現力豊かな元気な赤ん坊になっていた。彼女のお気に入りのおもちゃは、電話だった。彼女の最初の言葉は、「こんにちは」と「さようなら」であった。マルティナは、これは親が電話で話しているのをしょっちゅう聞いているからだと説明した。プリンセスを歩かせようとするときに、マルティナが使う「来て（come）」という言葉も母国語で学んでいた。多くの子どものように、プリンセスの最初の言葉も、社会的日常性の際立った側面を反映していた（Bruner, 1983）。加えて、乳児観察は、分離と関わりを扱う上での彼らの情緒的特徴と定着性を強調するものであった。

結論

本章では、母親になる際のアイデンティティの変化にまつわる心理的プロセスを描く際に、観察のセミナーグループが、特にショックと驚きといった主観的な経験をいかに用いるのかについて述べた。文化的な違いの影響に焦点を当てることで、赤ん坊の出産にまつわる病院のやり方についてのマルティナの述懐、働くことが自分が何者であるのかというマルティナの感覚に根本的に貢献するという

認識、赤ん坊を母親に渡すという可能性と、そして最終的な育児の取り決めについてのマルティナの報告といった強力な経験がもたらされた。

　強力な情緒的経験は、家族の脆弱さについての観察者の記述や、「祖母」の代わりという転移の中の立場によっても伝えられた。それと同時に、これらの経験は、母性アイデンティティへの移行に関与する一般的な問題と、特にマルティナが直面した挑戦についての理解に役立った。

　マルティナの状況は特殊であったにもかかわらず、彼女の例は、親になる際には、自身の母親との関係がいかに重要なものかを示すものである。もし、母親自身の母親が不在である場合、新しく親となった者が、娘であることから母親であることへの移行に対処すると同時に、赤ん坊のニーズを満たすように世話をする必要性の高まりを経験する際に、代替となる支持的人物が必要な場合がある。この膨大な適応は、私たちが「実存的な孤独（existential loneliness）」と記述する、最初の6か月のエピソードに強調される。これは、母性のアイデンティティが統合される以前の、感覚の喪失に対する気づきを含意し、抑うつとは区別できるものである。特に、母親としてのアイデンティティが現れ出る感覚は、しばしば分離の情緒的な痛みと関係する（Urwin, 2009）。マルティナのように、親が赤ん坊に対する愛着を発見することは、これに耐える際の大きな支えになる。そして、これが彼女の価値と独自性を確認するものなのである。

　それでもマルティナの状況は、様々な点で特徴的であった。「おばあちゃん（grandma）」と呼ばれることで、観察者は、母親と赤ん坊の間の分離を支持してほしいという意識的、あるいは無意識的訴えを認めた。白人の西洋文化では、伝統的に母と子の間にある程度の距離をつくるための象徴的な役割を持つものとして父親を見る。対照的に、マルティナの場合は、第1に、いかに多くの文化および社会階級において、家族を支える母親の仕事が、女性の母親としてのアイデンティティと、そうした責任の感覚に不可欠であるのかを示していた。第2に、これを可能にする分離の支援は、しばしば祖母、あるいは他の重要な養育者によって提供される、主に代替養育の可能性に左右されるということである。

　マルティナは、第2、第3世代の移民家族である他の観察グループの少数民族の母親らとは異なっていた。バングラデシュやカリブとのつながりを維持してはいても、彼らにはそこに帰る予定はない（Layton, 2007; Watt, 2007; Woograsingh, 2007）。

マルティナは、セネガルと英国の両方に属することに関するアイデンティティを保持していた。これを達成することは、彼女が遠く離れていても「家」の感覚に触れていることを可能にするルーツ、親類やその代わりとなるネットワークを発見することにかかっていた。この点で、マルティナは特殊であったが、興味深いことに、観察グループの中の白人の南アフリカ人は最初の意図に反して、赤ん坊が1歳になったときに南アフリカに帰国した（Pluckrose, 2007）。同様に、白人英国人の中流階級の母親は、妊娠がわかると自分の育ったところとよく似た環境の小さな町に住もうと考え、すぐにロンドンを出て行った（Flakowicz, 2007）。母親としてのアイデンティティを確立することが創造的なプロセスである限り、これらの事例はまずは、伝統に従ってみて初めて独創的になれるというウィニコット（Winnicott, 1971）の概念を例証するものである。

全サンプルに関しては、2つの方法が興味深い違いや相補性を生んだ（Hollway, 2011）。インタビュー方法は、例えば赤ん坊の出生時の状況、または母親の以前のライフスタイルに関する側面に関して、観察よりも多くの情報をもたらしてくれた。しかし、本章のテーマに関しては、インタビューされる側が文化的なプロセスについての仮定を必ずしも露わにするわけではないため、インタビューはより一貫して生産的なものとはならなかった。対照的に、観察者は、個人的な出会いを引き受け、その意味づけをするのに必要な、どんな文化的情報にも注意し、記録した。これは、人類学者が、口頭での報告のみよりもむしろ民族誌的観察により重きを置く理由である。ここでは概して、インタビューの報告は、より楽天的であったり合理化されたりする傾向があった。対照的に、比較的少ない回数のインタビューを通してよりも、1年にわたって毎週の観察を通して自宅で母親を知っていく感覚は、喜びの極みとより深い不安や欲求不満、基本的な現実性を明らかにしてくれた。この方法は、親になること、つまり最終的には人生を変えることに必要な原始的情緒の総体を強調することになった。

調査・研究過程において驚きを用いることは、情緒的で文化的な問題の重要性が非常に顕著な現代には、特に適している。しかし、驚きを用いることは、それがどのような過程であっても、社会的規則を前提としているという理解と関連する。期待を裏切られたことによる驚きは、その存在についての情報を与えてくれる。加えて、観察素材を検討する中で、観察者にもセミナーグループにも見られ

た変化の度合いは、本書の他の章で記述されている臨床訓練での学びの経験を想起させるものである。乳児観察の調査・研究は、単なる事実の収集によってではなく、新たな扉と可能性を開き、そのプロセスに読者を引きつけ、読者がそこにともに参加することで知識を生成するものである。

第10章
早期介入としての乳児観察
予備調査・研究プロジェクトから学んだこと[原注1]

マリア・ロード
Maria Rhode

　本章の狙いは、特に自閉症スペクトラム障害のリスクを持つ幼児に関して、乳児観察、臨床の仕事、そして調査・研究に共通する側面について概説することである。まず、こうした子どもたちに対する治療的アウトリーチ[訳注1]介入として乳児観察を行った予備調査・研究の理論的根拠を概説することから始める。そして、早期に起こるいくつかの試験的な定式化について考えたい。最後に、自閉症のリスクを持つ子どもの家族についてのさらなる調査・研究の課題を検討する。

「治療的」乳児観察

　1964年のエスター・ビック（Esther Bick）の影響力の大きな論文以来、乳児観察者やセミナーリーダーは、観察されることに同意した母親が、その経験から支えられると感じる傾向があることを理解している。これは、日常のレベルで小さな子どもに関わる大人が1人よりも2人のほうが良いという単純な理由からかもしれない。そこに不安があるときには、事態はより複雑である。観察者は、母方祖

▼原注1　この予備調査・研究プロジェクトに資金を提供してくれたウィニコット・トラストの支援に多大なる感謝を申し上げる。
▽訳注1　家庭や学校など、クライエントの生活の場に臨床家が出向いて援助を提供すること。

母が外的、内的事情により満たすことができない、善良な目撃者の役割を引き受けることになるかもしれない。親の不安がより大きいところでは、観察者は、我慢できない、もしくは望まれない感情の貯蔵庫として用いられるかもしれない。これは、深刻な潜在的発達の阻害から母親－乳児関係を保護するものになるかもしれない。ただし、観察者の逆転移の痛みに対しては、セミナーグループの支援が極めて重要になる。

　こうした考えから、関与的、もしくは治療的乳児観察として知られる介入が始まった。どのような理由であれ、子どもに応答する親の能力が十分に発揮されていないあらゆる環境において、こうした介入が役に立つことが証明されている。文献に記述されているこれらの状況は、赤ん坊の深刻な先天的病気から、生まれてきた子どもが皆、公的保護に入るという大変な世代間の問題にまで及んでいる。また、赤ん坊の生き残りに深刻な懸念を引き起こすような発育不全のケースもある（概要は、Rhode, 2007を参照）。レシュヴァリエら（Lechevalier, Fellouse & Bonnesoeur, 2000）は、通常はコルチゾンにより治療する退行性の神経学的状態にあり、しばしば自閉症のような症状を呈するウエスト症候群（West's Syndrome）▽訳注2と診断された7か月の赤ん坊の事例を報告している。以前は脳波に異常が見られたこの赤ん坊は、6か月の観察の後、脳波が正常になっていたことがわかった。レシュヴァリエらは、これはたった1つの事例ではあるが、たった1つであったとしても、このような事例は明らかに重要な意味を持つと強調している。

　治療的乳児観察は、これを導入したディディエ・ウゼル（Didier Houzel）教授とピエール・デリオン（Pierre Delion）教授によって、フランスの地域児童精神医学サービス（ブルターニュ、ノルマンディー、アンジェ、リール）の一部門に組み込まれた。この介入の原則と実践を概説した論文で、ウゼル（Houzel, 1999）は、その費用対効果（メンタルヘルス従事者のより良い支援によってかなえられる）とともに、クリニックに出向くことが難しい家族にもサービスを提供できるという利点を主張している。彼は、他の養育と同様に、発育不全や発達の歪み、そして自閉症スペクトラム障害の危険をはらむ赤ん坊や幼児の多種多様で深刻な問題に対して、励みとなる結果を報告している。そして、この根底には、観察者の主要な3つの感受性の

▽訳注2　小児てんかんの一種で、点頭てんかんとほぼ同義。

タイプがあると示唆している。

その1つ目は、「知覚」的感受性である。それは、後のセミナーで考え、意味づけしていくことになるのだが、行動の連続性とそこに細やかに注意を向ける観察者の能力である。2つ目は、情緒的感受性である。思いやりある注意を向けられることを通して、子どもが活性化するということを否定する者はいないだろう。観察者の親に対する感受性も、赤ん坊に対する感受性のいずれも、親にとってはモデルとして働き得る。もし親がまだその域に達していなかったとしても、症状や欠損がすべてではないと感じ始めることができる。子どものあらゆる経験と親自身のあらゆる経験に対して、注意を向ける価値があるということである。親は、観察者の感受性のあり方にすぐに同一化し始める。そして、自身の注意を向ける力がいかに大切なものなのかをはっきりと理解し始めるのである。3つ目は、おそらくウゼルの意見の中で最も重要な要因であると思われる、「無意識」の感受性と彼が呼んでいるものである。これは、意志の努力を通して成し遂げられるものを越えて、観察者が深いレベルでコミュニケーションに開かれているということである。観察者には、意識的には気づいていない印象や反応を処理し、定式化する機会が求められる。そのため、個人スーパーヴィジョンやセミナーの場は、こうした介入の本質的な部分になる。加えて、観察者の意識的な感情の応答は、しばしば痛みを伴う。特に、子どもが病気であったり、もしくは観察者が親と子どものコミュニケーションの失敗を目撃し、それぞれが苦しんでいる様子から自分を切り離せないでいたりする場合がそうである。観察者が一員となる相互作用を概念化し、そこでいかに最善の応答をするのかについて考慮するためには、討論の時間が必要不可欠である。

予備調査・研究

上述のような良い結果の報告に励まされて、私たちは、以下のような予備プロジェクトを始めた。1年間、週1回のスーパーヴァイズ下での治療的観察と、2週間に1回の親のサポートを、自閉症スペクトラム障害のリスクを負った子どもの家族へのアウトリーチ介入として提供する。なお、この介入では前後に多くの測定を行った。例えば、CHAT（Checklist for Autism in Toddlers: 幼児自閉症チェックリスト、

Baron-Cohen et al., 1996)、親の不安の程度に関する測定、および内省機能の程度に関する測定である。エインズワース（Ainsworth）の新奇場面法を基礎にした分離－再会の課題も実施した。ただし、ビデオは用いずに、子どもの家庭で実施し、子どもの愛着状態について把握した。観察者の訪問の前と1年後に、これらの測定結果を研究補助員が記録、管理した。また、これらの測定は、家族に影響を与える程度をできるだけ少なくすることを考えて選んだ。

　特に、ADOS（Autism Diagnostic Observational Schedule: 自閉症診断観察スケジュール）ではなくCHATを採用したのは、ADOSのほうが、より完全な子どもの像を与えてはくれるが、ビデオを必要とし、記録、管理に長い時間を要し、変化の微妙な測定ができないためである。一方、専門家の早期ケアのための手早いスクリーニング方法として開発されたCHATは、子どもの直接の観察と同時に、親に対する簡単なアンケートを含む。また、言葉の発達の前兆となるものとして知られている社会性の局面を重点的に扱う。例えば、追視、言葉以前の指さしとつもり遊びである。厳密に言うと、これは、16か月から20か月児に有効性があるため、乳児よりもむしろ幼児の観察にのみ使用可能である。CHATの感度は低い。例えば、3歳半で自閉症スペクトラム障害の診断を受けた子どものうち、わずか27％を予見、予知するのみである。しかしながら、その特異度はかなり高い。研究者のサンプルの16,000人の子どもの中で、CHATのハイリスク・カテゴリーに入った12人の幼児のうち、後に11人が自閉症の診断を受けている（1人は言語表現の遅れがわずかに残っていた）。つまり、こうしたハイリスク・カテゴリーにいる幼児の観察をするということは、肯定的な結果（3歳半で自閉症の診断がつかない）は、わずか15％程度▽訳注3だと考えられる。他方で、かなり少ない数の子どもたちについての肯定的結果は、さらなる精査で一応のエビデンスになる。これはそのような子どもたちが数少ないことや、そうした子どもを集めることの難しさを考慮すると重要なことである。巡回保健師によって行われていた18か月健診が法令によって廃止されたことから、不運にもこうした困難が大いに増えているのである。

▽訳注3　この調査・研究においては、16,000人の子どもの中で、CHATによりハイリスクであると同定された12人の子どものうちの2人が3歳半の時点で自閉症の診断を受けなかったことから、ここでは15％程度と表記している（原著者の私信より）。

ここでは、紙幅の都合により、より詳細な手段について議論したり、完全な説明を提供したりすることはできない。関心のある読者は、以前のより詳細な報告を参照してほしい（Rhode, 2007）。CHATで中間リスクのカテゴリーにあるとされた17か月の女児と家族との経験がこの研究に与えた影響について議論する前に、そこから起因する何らかの仮説と、かなり早い段階での結果を要約しておく。

予備的発見

　現在まで、いかに良い状態で介入を提供するのかを発見することや、試験的な測定を狙いとするという理由から、3人の子どもにのみ、このプログラムを提供した。そのうちの1人であるアンドリューは、たった12か月の年齢で紹介されてきた。彼は、生まれてからずっと母親の視線を避けていた。そして、顕著な自閉症の特徴を幾分か呈していたが、これは、このような幼い年齢ではめったにない心配なことである。12か月というのは、CHATからすると幼すぎるが、母親はすぐにでも介入を始めることを求めて不安であった。倫理的な観点から、断ることはできないと感じた。1年後、アンドリューの愛着カテゴリーは、回避型から安定型に変わり、母親の不安は半減した。紹介してきた小児科医は、アンドリューがよく発達していることに気づいていた。特に、母親とは普通に視線を合わせるようになり、言語は年齢相応になっていた。

　CHATのハイリスク・カテゴリーに入った2人の子どものうちアダム1人が、介入の間、ずっとロンドンに残った（もう1人の子どもの家族は3か月後に引っ越したが、母親から子どもが話し始めたと聞いた）。アダムが3歳半の年齢に到達したとき、この調査・研究とは無関係の精神科医は、「とても心配な初期の生育歴」にもかかわらず、自閉症スペクトラム障害の何の兆候も見つけられなかった。アダムは、幾分か言語表現の遅れを残していたが、社会的参照を含む感情的な非言語的コミュニケーションは豊かなものであった。CHATでこのような成果を出す見込みは、12例のうちたった1例である。アンドリューと同じように、分離と再会の課題から評価したアダムの愛着カテゴリーは、1年以上をかけて、回避型から安定型へと変化した。また、母親の不安の程度は半減した。

　このように、かなり数は少ないにもかかわらず、私たちは、予備的研究を進める勇気を得た。CHATによってハイリスクだと考えられる子どもをさらに6人集

め、すべてに介入を行いたいと考えている。自閉症の診断を受ける可能性がかなり高い少数の子どもたちの事例において良い結果が出るならば、さらに無作為抽出グループと、治療をしていない比較グループを対象にした研究を行う価値が見いだせるであろう。

介入の過程

観察者が介入を始める前に、まず研究助手がアダムと母親を訪ねた。助手は、まるでこの母子は、関係がうまくいかない運命であることを望んでいるかのようだと見て取った。母親がアダムをあやすために手を差し伸べると、彼は背を向ける。彼が母親の隣にあるソファによじ登ると、母親はとてもがっかりしたまま腕を横に置いている。彼女は、「こうやって彼は頭を打ちつける常同行為をし始めるのよ」と言う。彼らが短い抱擁をしたことで研究助手は安心した。しかし、それはわずか数秒続いただけであった。対照的に、1年後のフォローアップの訪問では、母親が新奇場面法の実施のために部屋を出たとき、アダムは飛行機に向かって「バイバイ」と手を振った。そして、研究助手が書いていた記録の紙を示して、母親が出て行ったことを伝えようとした。母親が戻ってきたとき、彼は熱狂的に歓迎し、彼女に向かって大声で叫ぶふりをした。母親もそれに応えた。彼は、母親の不在中に何をしていたかを示した。彼らは、長い愛情のこもった抱擁をし、アダムは以前にしていたように、母親から背を向けて生命のない対象に向かっていく代わりに、自分の興味あるおもちゃを母親と共有した。

このような変化はいかにして起こったのだろうか？ 1年の観察を通してつけられたプロセスノートの振り返りが、観察者の重要な機能を示唆している（観察そのものの記録の詳細については、Gretton, 2006を参照）。それは、例えば以下のようなものである。

- **親と子どもの両方からのコミュニケーションを受け止め、コンテインし、認め／言語化すること**：この極めて重要な「目撃をすること」の機能は、一見、単なる通りすがりのことのように思われるかもしれない。しかし、ここには深い含みがある。共感的な目撃者は、人の情緒的な経験と、究極的には彼らの存在そのものの承認となる。観察者は、侵入的にならないように、無言の

目撃者のままでいることもあれば、言葉で伝えたり、子どもの行動を模倣したりすることによって、そこで起きていたことを確認することもある。
- **親と子どもの間のつながりをつくること**：観察者は、しばしば親と子どものそれぞれに向かって「解釈」をするだろう。例えば、「ママに、お人形さんを抱いているのを見てほしいのね」「彼はあなたのそばにいたいみたいですね」といったように。これはもしかすると見逃されるかもしれないような、肯定的な状況に広く活用でき、次の項目にもつながることである。
- **第三者の具現化／調整機能**：たとえ観察者が直接関わらないとしても、親と子どもの相互作用について記述的に話し、支持することで、観察者がそれを歓迎しているというメッセージを送ることになる。これはブリトン（Britton, 1989）が「第三の位置（third position）」と称した重要な局面であり、関係を観察する誰かのことである（確かに、「目撃する」という機能である）。ブリトンはこの位置について、「自分自身でありながら自分自身の観察」をする能力であり、自己内省の基盤であると示唆している。同時に、観察者は、境界を設定する役割を担うことで、母親と子どもの距離を調整する父性の機能を具現化する。そしてこのことによって、母親をサポートする。
- **分離の調節と、不在の母親について言葉で言及すること**：観察者はしばしば、母親が部屋から去ったときの子どもの気持ちに焦点を当てる。（「ママは、洗濯物を片づけているのよ」というような）説明をすることもあるかもしれない。これは経験の秩序ある見方を意味し、不在の人を覚えておける誰かや、そのことについてコミュニケーションできる誰かをモデル化するのと同時に、子どもの感情のコンテインメントを提供する。
- **1人でいることや拒否の経験をすること**：観察者はしばしば、無視されたり、不必要だと感じたりすることに耐えなければならない。観察の後期、アダムと母親がより多くの時間を一緒に過ごすようになると、観察者はしばしば排除された。

これらの機能のうちの最初と最後は、言語、または子どもを模倣するような行動のいずれによっても介入しない、通常の乳児観察の観察者のものと重なる。しかし、このような積極的な介入はすべて、ウゼルが概説した3種類の感受性に

よって支えられるものである。

実際の観察から

以下の抜粋は、観察者が介入するであろう方法の例である。観察者が締め出されるという痛い経験を情緒的にコンテインしたことが、即座に、アダムの原－叙述の指さし（proto-declarative pointing）に続いたことが示されている。

観察に入って6か月のことである。アダムはテレビを見ていた。彼は音を立てて、テーブルの上に自分の飲み物を置いた。観察者はその音を真似て、手でテーブルを軽く叩いた。アダムは驚いて観察者を見て大喜びした。彼らは少しの間、「リズムゲーム」を楽しんだ。観察者はゲームに言葉をつけ、観察者とアダムが一緒に遊んでいると言った。「アダムはカップで大きな音を立てている」。「Gさんは手でテーブルを軽く叩いている」。「今、私たちは一緒にしている」。アダムは活発に喃語で話し、音を出して、観察者をじっと見つめた。そして彼はテレビに戻った。観察者はとてもさびしく感じた。彼女は彼の視線に入り、頭を動かすことで彼の注意を引こうとしたが、機械的に感じられたのでやめた。突然、あたかもアダムは彼女と何かを分かち合いたいかのように、スクリーンを指さした。「アダムはGさんと何かを分かち合いたい。スクリーン上の何かを」。アダムは観察者を見て、またスクリーンを見た。指はスクリーンを指したままである。彼女は言った。「何てすばらしい。アダムとGさんは一緒に何かを見ている」。アダムは大喜びして笑った。

この例では、観察者がアダムを真似たときに、ゲームが始まっている。しかし彼はそのとき、最初の分離と再会の課題で母親にそうしたように、観察者との接触を断ち切った。ここで観察者は孤独の感情に耐えなければならず、それに対して何もできなかった。これは、ちょうどアダムと母親のいずれもが感じていたかもしれないものである。これは情緒的コンテインメントのプロセスの良い例だと思われる。ビオン（Bion, 1962）が記述したように、乳児や患者によって伝達された感情に対する、母親、もしくはセラピストの耐性の能力が、情緒の圧倒性を軽減する。これは、感情を保持し、それについて考えてくれる誰かがいるのだとい

うことを示し、それゆえに感情が意味のあるものとなるという例を示すものである。この引用例では、観察者のコンテインする機能がアダムのスクリーンの指さしにつながった。これは、アダムの喜びを確認する観察者の共同注意の能力の実例である。

予備的振り返り

ここで、アダムとの1年の仕事から明らかになった多くのことのうち、4つの主な問題について検討したい。

1. **がっかりさせられることの悪循環**：これは、研究助手の最初の報告書に見られる、おそらく最も明らかなことである。アダムと母親のどちらかが抱擁をしようとすると、他方がすでに応答する気をなくしてしまっている。うまく調律できない瞬間が彼らにとっては耐えられないと感じられているようである。悲劇の結果、両方ともが希望をなくす。ある一定の行動をしない子どもは、容易に——かなりもっともなことだが——能力がないと考えられてしまう。
2. **潜在的能力か不在の能力か？**：実際、アダムは観察のかなり早い時期に社会的参照の実例を多く示していた。彼は、あたかも観察者の反応を確かめるかのように、彼女のいるほうをぐるっと見渡していた。CHATによれば、彼は他者の視線を追うことができないとされていたため、これは特に印象的である。これは、少なくともCHATでハイリスク・カテゴリーにいる子どもたちが、表さないでいる能力があるということを示唆する。こうした特徴がどれぐらい広範囲に及ぶものなのか、立証することが重要になるであろう。
3. **何が気づかれるのか？**：母親と観察者のいずれもが、アダムの能力について信じたり思い出したり、気づいたりすることが難しかったということが重要なポイントである。母親は、観察者が目撃したことでも、アダムには無理であると説明することがあった。観察者は母親と同じ困難を抱えていたため、母親に共感することはできたが、それを理解するためには、スーパーヴィジョンを受ける必要があった。例えば観察のかなり初期に、アダ

ムはコミュニケートできる文脈で言葉を発した。彼が観察者におもちゃを手渡したときに「ター（Ta）」▽訳注4と言ったのを真似たのだ。しかし、その意味を十分に理解することは難しかった。数か月後、観察者は、彼はなぜ話さないのかと、まさに母親と同じように自身に問いかけていた。様々な著者（例えば、Brazelton, Koslowski & Main, 1974; Papousek, 1992）が、初期の言語発達のための、親の期待の重要性について記述している。初期の発声が言葉の意味を持つとする親の仮定が、言葉が音から発達する通常の過程で不可欠の役割を演じる。親の自信に満ちた期待を密かに傷つける要因——身体的、情緒的——は、広範囲の影響を及ぼすものである（悪循環の例）。

4. **トライアンギュレーション——母性と父性の機能の統合**：ウゼル（Houzel, 1999）は、重要な父性的機能を提供することと「第三の位置」（Britton, 1989）を具体化することと同様に、観察者の存在が、彼が「家族の鞘（family envelope）」と呼ぶ母性と父性の側面の統合を促進すると示唆している。一方、グレットン（Gretton, 2006）は、調査・研究プロジェクトの強固な構造とともに、観察者の感受性が、治療的な「音楽空間（musical space）」を開き、母性と父性の機能の結合を提供すると示唆している。スーパーヴァイザーの貢献がここでは不可欠であるが、これは家族と観察者にさらにもう1つの三つ組みを構成する存在だと考えられるかもしれない。

観察の終結に向けて、アダムの母親は、観察者の役割に同一化し始めたように見受けられた。距離をとってはいても、彼女は不在にならずに、アダムと観察者と同じ部屋で用事をするようになり始めた。しかし、こうした三者全員を含むシステムが成し遂げられることはまれであった。先述のように、アダムと母親は、介入の終了近くにはより多くの時間をともに過ごすようになっていたのだが、そこでは観察者はたいてい排除されていた。

▽訳注4　英国でThank youの俗語。

第Ⅱ部

> ## 臨床への応用——幼児のいる家族とのセッション

　このアダムとの凝縮された仕事の報告は、一見現実的に思われる絶望に直面したときにも、バランスのとれた見方を維持することの重要性を実証している。自閉症スペクトラムの子どもと向き合う子どもの心理療法士にとっては、これは身近な問題である。しかし、統計的にはあり得ないとしても、アダムの希望的結果が、CHATで中間リスクのカテゴリーにあった17か月の女児の家族との仕事において、私の内なる資源として偉大な貢献をしてくれた。彼女はこの予備プロジェクトに含められるほど「悪い」わけではなかったが、「中間リスク」の幼児の50％が、後に自閉症スペクトラム障害であると診断されていることは強調されるべきである。

　イザベルは英国でアルゼンチン人の両親の間に生まれた。彼女の兄は発達に問題はなかった。両親のいずれも愛情深く、支持的な家族背景を持っていた。A夫人は英国に来てすぐに、潜在的に致命的な病気にかかっており、今なお再発の可能性が彼女の心に影を残していた。両親の間の空気は愛情豊かで、支持的なものであった。彼らの活力とユーモアのセンスは、面接が進むにつれてより明白になっていった。

　A夫妻は、イザベルが17か月のときに相談にやって来た。彼女が7か月になったとき、彼らは、突然彼女を失ったと感じたのだが、それまではすべてうまくいっていたとのことである。母親はそのとき、短期間であるが、しかし痛みを伴う病気（以前の深刻なものとは関係がない）にかかっており、その投薬がイザベルに害を与えたのかもしれないと心配していた。両親は、イザベルが自分たちのことを誰であるのかわからなくなってしまったと感じ、彼女のことを野菜と表現した。しかし両親は、彼女が彼らに対してよりも、専門家によく反応したと言った。私が、それがいかに痛みを伴うことかと取り上げたとき、父親は、それどころか彼女がそういうことができたことに安心したのだと言った。彼女の現在の状態は、親が嫉妬の感情を抱くどころではなかったのである。

　17か月で、イザベルは座ることはできたが、ハイハイはできなかった。視線は合わせないし、喃語も発しなかった。彼女は自閉対象としてスプーンをしっかりと握って、自分でできないことをするときには、親の手を使った。私が粘り強く

彼女の行動を模倣すると、浮遊する視線と合わせて彼女を誘い出すことができた。彼女は窓の外、もしくは何もない角をぼんやりと見つめていた。しかし、小さな木製のポップアップ人形の男の人を下へ押し、解放するのは気に入った。そうすると人形は視界に戻ってくるのである。彼女はテーブルやハミングトップ▽訳注5のような、固い表面の物を繰り返し軽く叩いた。人形の家には興味がなく、箱の中のテディベアを怖がっているようだった。

　彼女が小さな木製の人形を触ったり、テーブルを軽く叩いたりするのを模倣することで、徐々に彼女を大人のグループに引き入れることが可能になっていった。これは、単純なリズミカルな交流に拡充される可能性があった。イザベルは私たちの完全な関与を必要としていた。一度、肩越しに両親の方向に、繊細でためらいがちな視線を投げかけたとき、両親が私と話をしているのを見て落胆し、そのまま視線を投げ続けているのは不可能だった。私が彼女の繊細な視線の投げかけについて説明すると、A夫妻は「彼女はいつもそうなんです」と熱心に反応した。私はここでもまさにアダムのときのように、相互の落胆の悪循環がいかに簡単に起きるのかを見ることができた。

　イザベルは、私たちに注意を向けていないかのように見えた。実際、彼女は場の空気に絶妙に合わせていた。あるとき、彼女はテーブルに立ったままの状態で、その姿勢を保つ練習を始めていた。しかし、私が他の専門家と連携するのを拒否する決定について両親と議論する中で、私たちの声のトーンが鋭くなったとき、彼女は突然倒れたのである。私がこの因果的連鎖について指摘すると、両親は礼儀正しくはあるが、懐疑的であった。しかし両親は、彼ら自身が観察した、彼女が家でしている新しい行動について伝え始めた。この段階では、1人の親が意味を発見するリスクを負い、同時にもう一方の親が疑問を表明するようだった。

　私の支援で、彼らはイザベルがおもちゃをより効果的に使うことを奨励し、猛烈にうなり、テーブルをドンドン叩く彼女の成長の楽しみを拡充していった。この両親と共有された活動に、イザベルはますます楽しみを見いだすようになっていたが、これは窓の外を恐ろしげに見たり、以前と同じように角をボーっと見つめたりする行為によって、定期的に、また予測不可能に中断された。彼女はこれ

▽訳注5　叩くとブンブンと鳴るもの。

らの場所に何らかの危険を位置づけているように思われたが、彼女のテーブルの周りでの遊びは、両親が話すように着実に前進していた。彼女は喃語を発し、音や歌を模倣し、指さしを始めた。彼女のおもちゃの使用は、より明らかに象徴的なものになっていった。彼女はこのときまでに自閉対象を放棄し、難しい行動を遂行するために両親の手をつかむことはなかった。彼女は「マミー」「ダディー」を含む英語とスペイン語の両方の言葉を話し始めていた。彼女は、毎週到着すると同時に私に向かって飛んできて、帰る時間になると、いないいないばーをして遊び、一度はセッションの終わりに激しく泣いたこともあった。通常、「悪い」ものは、人間の中にではなく窓の外に残っていたが、彼女が分離の後、時折私のことを恐れているか怒っているかのように見えたことに、私は励まされた。興味深いことに、彼女の遊びは2学期目までに明らかに象徴的なものになっていたが、大人の「怒ったふり（mock angry）」の顔は怖がり続けていた。

イザベルの遊びは、競争と排除に焦点づけられるようになっていた。小さな人形や動物を人形の家に詰め込み、そして怒って床の上に投げた。まるで自分が酷使したおもちゃと同一化したかのように、時には彼女自身が突然床にバタッと倒れることもあった。ポップアップのおもちゃの4つの小さな木製の人間のうちの2つがマミーとダディーになり（両親のその日の服装の色に合ったものを選んだ）、他の2つを何気なく捨てて、両親の人形にかなり長いキスをさせた。

1年の後、A夫妻は母国に戻ることを決めた。これは、イザベルの継続的な発達に対するある程度の自信からであった。次の週、初めて1人で歩いたイザベルは、自信が増していることを示していた。

おわりに

イザベルの家族とは、クリニックの設定で出会った。両親は、自分たちの経験について話すことや、私からのコメントを期待していた。ここで行われたすべては、観察とは異なるものである。しかし、私の観察を彼らと共有することが面接の中心であり（例えば、私たちの声のトーンが変わったことで、イザベルの膝がゆるんだとき）、彼女がしたことに気づく彼らの能力を支持した。同時に、落胆の悪循環に関する予備研究から得られた知識と、目に見えないままである能力の存在は、アダムが

イザベルよりも改善の兆しが少なかったにもかかわらず改善したという認識とともに、私の内なる資源として大いに貢献してくれた。

　私の見方からすると、両親がより期待を持つようになったことで、イザベルは自然に成長していったようであった（これは、母親が初めて自身のトラウマ体験を話したときに、自閉症的に見られた子どもが話し始めたというアーウィン（Urwin, 2002）の論文ともつながる）。両親は、毎週の家族セッションが、イザベルに対する気持ちについて考える唯一の機会であったと語っている。確かに私たちの仕事は、彼らの支持的な家族背景と関係の近さに支えられていた。トライアンギュレーションは、ここでは問題ではなかった。A夫妻は、イザベルが自閉症ではないと言って、自分たちのことを安心させようとした専門家を信じることが難しかった。しかし、イザベルが恐怖から窓の外を一瞥することと、落胆することから自身を守る必要があることとを関連づけたとき、彼らは笑うことができた。

　より複雑な環境にある家族の場合、スターン（Stern, 1995）が適切にも「良い祖母転移（good grandmother transference）」と呼んだ状況下では、面接がより困難なものになるであろうし、そうなると落胆の悪循環に対抗することもより困難であろうと思う。アダムと、ロンドンを去ったこの小さな女の子の比較に基づいて私が思うことは、部外者の居場所がないように思われる状況よりも、メンバーがより近くで一緒にまとまることを必要とする家族のほうが、支援が容易であるということである。イザベルのように、焦点の合わない一瞥が恐怖のマスクであると考えられる子どもの割合や、アダムのようにCHATのハイリスク・カテゴリーに入る子どもたちが、検査のときに示さない能力を持っているとわかる割合は、今後の精査課題として興味深いものであると言えよう。

第11章
傷つき、情緒的に凍りついた母親が、赤ん坊を観察し、違ったやり方で接し、赤ん坊に生命の光が宿るのを見守れるようになるための援助

アマンダ・ジョーンズ
Amanda Jones

　情緒的困難を経験している親と赤ん坊に対する治療的介入は、しばしば親が赤ん坊の視点から物事を見るのを助けようとすることである（Sameroff, McDonough & Rosenblum, 2004）。脆弱で、傷を負い、防衛的になるのももっともだと思われる親を援助することは容易ではない（Jones, 2007, 2010）。ガードニーとガードニー（Guedeney & Guedeney, 2010）は、最近、親の観察能力を高めることを共通の狙いに、治療の補助としてビデオを用いる様々な介入について概観している。精神分析的見解に基づくある方法では、事前に親と赤ん坊を数分間、撮影し、何がうまくいき、何がうまくいかないのかに気づくためにそのビデオを見る（Beebe, 2003）。私は、親と赤ん坊を一緒に撮影し、次のセラピーセッション時にそれを見ることが強力な臨床ツールになることを発見した。例えば母親に、自分と赤ん坊の映像を見る間に、心に浮かぶことを何でも言ってみるように促すと、自身の以前の関係性と新しい赤ん坊とを混同していたことに気づき、驚くことがある（Jones, 2006a, 2006b, 2007）。あるいは、いかに赤ん坊が親の中に防衛的反応を引き起こし、それが今度は、赤ん坊に影響を及ぼすのかが見えるかもしれない。

　本章では、広場恐怖症の母親と無気力な赤ん坊の息子の観察過程における、ビデオの様々な使用法について検討する。ここではマラと呼ぶ母親が、見られたり注目されたりすることが困難であると理解した私は、セラピストである私と交流する赤ん坊のツンデをマラに撮影してもらうことにした。そうすることで私は、

第11章 傷つき、情緒的に凍りついた母親が、赤ん坊を観察し、違ったやり方で接し、赤ん坊に生命の光が宿るのを見守れるようになるための援助

マラを観察者として配置し、マラが母親として成長するのを支援することになった。ツンデの気持ちを想像する彼女の能力が発達した。（カメラを使って）距離をとってツンデを観察するという彼女の動きは、逆説的に、彼に恩恵をもたらしたように見えた。同時に、私たちはまるで両親のように、ともに、より近くから彼のことを見ていたのである。

臨床過程

　私は、マラとツンデとの関わりにおいて、手強い課題に直面していた。2人とも見られることを嫌がったからである。彼ら相互の間でも、他者との間でも、接触の回避が強力なテーマであった。当初の私の治療的懸念は、自分がこの静かな2人組の世界の皮をはぐように侵入しているのではないかと感じられることだった。このとき19歳のマラは、存在することを望んでいなかった。当然のことであるが、彼女はツンデが生きることを楽しめるようにしようと苦闘していた。マラは、これまで自分自身のことについて考えることがまったくなかったので、一度も精神科、あるいは心理的な援助を求めたことがなかった。家庭訪問をした保健師がこの静寂に危機感を感じたために、精神保健サービスの注意を引くことになった。マラは「空虚（vacant）」に思われ、ツンデは「あまりにも静か（too quiet）」だった。地域の出産前後の親・乳児精神保健サービス（Perinatal Parent Infant Mental Health Service）について知っていた保健師は、マラがうつ状態にあると考え、彼女をそこに紹介しようとした。マラはこれに同意したが、彼女はおそらくそこから何かが生ずるだろうという期待、あるいは希望は持っていなかった。

　私は、マラの携帯電話に電話をしてみた。すると、自動返信メッセージがテキストを送ってくれるようにと言う。私はクリニックの電話番号をテキストメッセージで送ったが、マラは電話をしてこなかった。さらに予約日時を記した手紙を2通送った。しかし、マラはやって来なかった。私が彼女のことを忘れるのを望んでいるかのようだった。もしもマラがこれほどこちらの手が届かない人だとするならば、ツンデにとってそれはどのようなものなのだろうか？　あきらめようかという切迫した衝動は、ツンデのとっている対処方法であるかもしれなかった。保健師は、母親に対するツンデの関心のなさに懸念を示していた。再び電話

をすると、マラは応えた。私が、彼女には何の援助もないと知って、ツンデを育てることは大変だろうと伝えると、彼女は私と会うことに同意した。どこかで、ツンデの養育がうまくいっていないとわかっていたために、来院することに同意したのかもしれない。妊娠中と出産後に困難を経験した多くの親と同様に、おそらく彼女も、ツンデにより良い生活を送ってほしかったのであろう。

　最初のセッションは厳しいものだった。見られ、考えられるという経験は、むき出しの皮膚に沸騰したお湯を注がれることと類似のことのように感じられるのではないかと思われた。言葉での情報はほとんど得られなかった。しかし、彼らと一緒にいて、マラが何も考えずに他者を排除することで対処しているのだろうと、想像することはできた。私が、どのように感じているか尋ねると、彼女は虚ろな目で私を見た。落ち込んでいたの？という問いに対して、彼女は「いいえ」とつぶやいた。外国のアクセントに気づいたので、どこの出身か尋ねると、あるアフリカの国の名を告げた。マラは、子どものときに、亡命先（asylum）を求めて英国にやって来ていた。彼女は、明らかにそれ以上は聞かれたくないようだった。そこで、ツンデの父親とマラとの関係について尋ねることで、焦点をツンデに向けた。彼女はツンデの父親はわからないと言った。10分ほど経ち、私は不安を感じていた。マラはもう一度ここにやって来るはずがない。私は、彼女の気分をより悪くしていた。沈黙の中で、私はもがいていた。そのとき、私は、自分でも不意を突くことをした。それはビデオカメラを使うことだったが、ここではまず、その背景についての理解が必要であろう。

　ベアトリス・ビービ（Beatrice Beebe）の精神分析モデル（Beebe, 2003）と、それに基づく調査・研究の成果にならい、過去に私は、次のセッションで見ることを前提に、親と赤ん坊を一緒に撮影したことがあった。セッションでは、それを見ている間に心の中に浮かんだことについて話してくれるよう親に伝える。この方法は、自分自身と赤ん坊との間の相互作用に関して、観察者としての立場をとることが難しい親に特に有用であることがわかった。私は、親とセラピストをともに撮影記録を見る共同観察者の位置に置くことによって引き起こされる、構造の変化に興味を持った。これが、ある親にとっては、いかに好奇心を喚起するものなのか。赤ん坊の経験についての問いが親の心に浮かんでくる。撮影時に、親がどのように感じていたのかという正直な報告が共有される。記録を見る間に浮かぶ

第11章 傷つき、情緒的に凍りついた母親が、赤ん坊を観察し、違ったやり方で接し、赤ん坊に生命の光が宿るのを見守れるようになるための援助

自発的感情と観察は、しばしば、治療プロセスへの価値ある貢献だった。私の博士号の調査・研究の成果は、この種の観察が、いかに問題をはらむ投影プロセスを安堵できる形で明らかにし、親と赤ん坊の両方にとって治療的変化をもたらすのを助けるかを示したものである（Jones, 2005）。しかしながら、最初のセッションで、こうした方法をとることはめったにない。

私はここでマラとツンデを撮影させてもらおうと考えた。マラにクリニックに戻って来る動機を与えるかもしれない唯一の方法は、彼女に具体的な何かを提供することだと考えたからである。つまり、ツンデと彼の発達について何か気づくことがあるのか、次の面接がその録画を見る機会となる。私がツンデの発達に関心を持っていることを示すと、マラもそこに関心を示した。彼女は、彼の身体的ニーズに対する世話は行っていた。これは彼女が、あるレベルでは彼に注意を注いでいることを示していた。私はわずかに安堵した。

私は、彼女が普段しているようにツンデとともにいるように伝え、撮影を開始した。マラは床の上で足は伸ばし、ツンデは、私のほうに顔を向け、マラのほうは見ていない。私は、部屋が恥の感覚で満たされることなど予想していなかった。まるでマラは、存在することを恥じているかのように、尻込みし、凍りつくようだった。ツンデは、用心するように私を凝視しながら、いろいろなおもちゃや物を拾っては、口に詰め込み続けた。マラは、彼の前でおもちゃを鳴らした。彼は、彼女を見ることなくそれを手に取り、口に入れてから落とした。彼の動作はぎくしゃくとしており、表情は深刻気であった。マラは、彼に柔らかい本を与えた。彼は再びそれを口に入れてから落とした。90秒後、彼は、2つの物を口に入れようとして、一時的に母親をちらっと見た。しかし、彼女の表情は変化しなかった。すぐにツンデはうつむき、目元を歪ませた。私は、そうすることで彼が母親に対する切迫感を抑制しているのだと考えた。

ツンデは、母親に対する欲求を拒否されたと感じたようだった。まるで欲求が、あっという間に砕かれたかのようだった。この問題に対する私の見解は、彼ら2人ともが、相互に拒絶する力動の中にいるということだった。互いのことに気づくのは、あまりにも難しく、また何をするべきかわからないのだった。私はさらに2分間撮影し、マラにツンデを膝に乗せるように頼んだ。彼女はそうしたが、ツンデは彼女の顔を見なかった。そして、彼女を避けるように頭を回した。カチ

カチと時を刻む時計以外に、音はなかった。私は途方に暮れた。なぜなら、マラは画面上、積極的に拒絶されており、逃げ出したいのではないかと感じられたからだ。

カメラをオフにして、私は次のように言った。日がな一日、赤ん坊に多くのことをしてあげているのに、赤ん坊が手の届かないところにいると感じることがいかに大変なことか。私は、彼女が時に、孤独感や報われなさを感じるのではないかと尋ねた。マラはうなずき、私は共感的に相づちを打った。時々、彼女が逃げ出したくなったとしても、その気持ちはわかると伝えた。そして、私がそこにスポットライトを当てたことも、困難なことだっただろうと伝えた。私たちの間の何かがほぐれた。

今となっては、そのときの私の自然発生的な決定は、彼女の鋭い痛みを伴う羞恥心の経験と、撮影されている間の存在したくない思いという文脈の中でなされたものだった。私は、撮影開始後、数秒間、不快感を抱えていた。カメラを持ち、彼女を撮影するという力動によって、彼女を拘束したように感じていた。他の誰かの注意に圧倒され、侵入される感覚に対して、彼女が非常に敏感かもしれないということを、私は自分の中の恐ろしさの感覚を通して理解した（Gammelgaard, 2010, p.5）。観察の間に、自分の情緒的反応に注意を向けることは、乳児観察においては極めて重要なことである。治療プロセスにおいては、そのような情報が次に起こることのガイドになる。以前の論文で、私は、いかに撮影されることが批判的で厳しい存在によって見られることとして経験され得るのかについて検討したが、これは、まさに乳児観察者が、時にこのように経験されるかもしれないのと同じである（Jones, 2006b）。マラに質問をしたとき、私は彼女の不快をすでに感じていた。今となっては、これは、まるでカメラによって、ひどく侵入的で恥ずかしい思いをさせられるという、彼女の経験を増幅したように感じられる。

そこで私は、状況を逆にして、彼女にツンデと一緒の私を撮影してみたいかどうか尋ねた。彼女にカメラを提供することは、私たちの位置を変えることで、自分がコントロールする感覚を彼女に与えてみようという私なりの方法だった。今度は私が精査の感覚を体験する番である。では、ツンデにとっての意味は何だろうか。マラと彼を撮影している間、母親の注意を引きたいというツンデの普通の衝動は、おもちゃに対する強い関心に置き換えられたように見えた。まるで、そ

第11章 傷つき、情緒的に凍りついた母親が、赤ん坊を観察し、違ったやり方で接し、赤ん坊に生命の光が宿るのを見守れるようになるための援助

のやり方は、空所を満たそうとするかのようだった。また、彼の口が忙しくいっぱいに詰められている間、彼は目で「締め出す／寄せつけない（keep out/keep away）」という表現をしていた。しかし、マラが私たちを撮影し始めると、変化が起き始めた。

私は、上部が赤で下側にプラスチック製の鏡がついたテントウムシのぬいぐるみと一緒に、ツンデを私の前に座らせた。私は足を組んで座り、「まあ、それは何？」と言った。私は、「ムシャムシャ食べられるかどうか確認しようとしているのかしら、うーん、いい子ね……」などと、彼のしていることに対して言葉をかけ続けた。40秒後、ツンデは他に何かを見つけた。私は「あっちに何を見つけたの？」と尋ねた。後でこの場面を見ると、マラがこのときに、ツンデの顔に焦点を当てるためにカメラをズームインし、彼を自分に近づけていることに驚いた。私はもはや蚊帳の外だった。何がマラをそうさせたのか？　彼女はおそらく、これまでツンデを、自分の主体性を持って機能する赤ん坊として扱う人物に誰一人として出会ってこなかったのかもしれない。それから、ツンデが物音を立てたので私が反応すると、初めて彼は私の顔を直接見た。私が「こんにちは？」と声をかけると、彼は下を向いた。私が彼と一緒におもちゃを探索し始めると、マラは、ツンデの顔をよりいっそう近くにフォーカスしたので、フレーム全部がツンデの顔でいっぱいになった。10秒後、マラは私たち2人がおもちゃを探索しているところをとらえられるように焦点を調節した。ツンデは、自分の顔をプラスチックの鏡の中に発見した。私は、「それはツンデなの？」と、彼が大切な人であるということを伝えるように言った。

それから私は、彼を私の膝に乗せましょうと言った。彼は密かに緊張を高めて、離れていった。私が彼は動かされるのが好きではないみたいだと言うと、彼は私のことを見た。おそらく私の言葉の調子から、自分が理解されたという感覚を得たのだ。そこで、私は共感するように「たぶん、あなたは私の顔が好きではないんでしょう……」と言った。私がこう言ったとき、彼は母親に目を向けた。ここが正念場だった。彼の表情は苦しそうではあったが、私ではなく母親のことを求める思いにあふれていた。マラは、どこかで愛情豊かな反応を引き起こしたこの事態を感じることができていたに違いない。彼女はここで再び彼の顔にズームインした。彼女は彼だけを観察していたのである。まるで、彼の気持ちを彼女が感

じたのだと私が考えたことでマラと彼がコンタクトをとれたかのように、その場の空気は異なっていた。この情緒的つながりの瞬間（最初に、彼女が彼をズームインしたときとはどこか異なる）に、彼女の母親としての感覚が目覚めたのだと私は考えた。私は、彼がママを見つけたと言った。続けて、彼を元に戻して、彼は床に座るのが好きみたいだと伝えた。私は動揺を感じていたが、彼を拒否し返すことなく、私についての彼の否定的で拒絶的な感情を言葉にし続けた。それから、彼は新しいことを始めた。彼は、おおらかな表情（open expression）で私を見て、それから母親を見て、より意図的におもちゃで遊び始めた。この数分で、私たちの間に新たな三角形のスペースが形成された。私は、その翌週も彼らに会えるという希望を持った。

　しかし、マラはやって来なかった。電話をすると、彼女は忘れていたと謝罪した。もう一度、予約をとったが、また彼女は現れなかった。再び電話をすると、今度は、マラは緊張しているようだった。私は、マラが若いときに実の両親を失っているということを知っていた。セラピストのような親像との関係をつくることが難しくなりそうだということが理解できた。私は、家庭訪問をすることが助けになるかどうか尋ねた。それから私は、実際に、マラがいかに広場恐怖なのかということを理解した。彼女は最初の予約にやって来た際に、強烈な不安を乗り越えていたのである。

　私はカメラを持って出かけて行った。最初の面接時のフィルムも持っていたが、結局それは見なかった。到着すると私は、彼女がツンデと彼の発達について何か質問があるかもしれないと思うと言った。また、もう一度、彼と私を撮影したいかどうか尋ねた。彼女は、若干の熱意を込めてうなずいた。そこで、何か気づくことがあるかどうか、やりとりをテレビで見てみることに同意した。マラが撮影し始めたとき、私はツンデを自分の膝の上に乗せたが、彼が前とは違うと感じた。よりリラックスし、私のことを求めていた。彼女は10分間撮影をした。

　撮影の間、ツンデは明らかに愛情深く、欲求のある赤ん坊の自分を見せていた。私はツンデを私と対面するように抱いて、「ツンデ？」と声をかけた。彼は顔をそむけたが、親しみのある声を上げた。そして私は、「けっこう気持ちが良いんじゃない？」と言った。彼は目を見開きながら口を開け、右腕を私のセーターに伸ばした。私がセーターをつかみたいという彼の願いについて話すと、彼はそれ

第11章 傷つき、情緒的に凍りついた母親が、赤ん坊を観察し、違ったやり方で接し、赤ん坊に生命の光が宿るのを見守れるようになるための援助

をつかんで、恥ずかしそうに私の目をちらっと見た。私は誘いかけるように、彼にあいさつした。彼は声を出して前に寄り、私の乳房に向かってセーターを見下ろした。私はわずかにきまりが悪いと感じたが、彼はそのままじっとしていた。私は、2度「何を見つけた？」と言った（私は、自分の露出の感覚を調整していた）。それからツンデは、自分の右手の親指を見たので、私は「それは、柔らかいよね？」と言った。彼は、その親指を口に入れた。それから、彼は（いくらかの熱意を持って）、再び私の乳房を探した。私は、先ほどよりは恥ずかしいと感じなかった。彼は、欲求に満ちあふれた感覚で、物欲しそうな声を上げながら、より空腹感がある目でマラを見た。「あそこにいるのが、あなたのママよ」と、私は言った。彼はもう一度、声を立てて、再び私のセーターを見て、生地をなでた。まるで接触に対するツンデの欲求、存在への願望と欲求が、少しだけ安全だと感じられ、その表現の仕方を見いだしたようだった。私は、非常に心を動かされた。彼はそれから、この強烈さを弱めるかのように目をそらしたので、私は床の上に彼を置き、このことについてコメントした。数秒の後、彼が私を見たので、私は彼に手を伸ばした。彼は、私を見ながら両方の手をつかみ、それを前後に動かした。その間ずっと、私は、彼が意図や感情を持つ赤ん坊であるということに関して、彼の中で起こっているであろうことについて話した。最後に彼は、私の左手をとって口の中に入れ、私の指に食いつき始めた。指が痛くなってきたところで、私は彼に指を戻す必要があると警告した。すると、彼は（泣きはしないが）苦悩したような悲痛な声を出して、私の指がなくなったことに抗議した。彼の困惑を共有しながらも、私は彼が抗議することができたことに安堵した。そこでマラは撮影を止めた。

　その後、ビデオを見ながら、マラと私は感情を持つツンデについて話をすることができた。彼が私の指をかんでいるのを見て、私は、いかに赤ん坊の欲求が苦痛に感じられ、時には少し圧倒されるようにすら感じられるものかと言った。マラは微笑み、うなずいた。私が手を離したとき、ツンデがどれほど悲しそうだったかについて、また、彼がどれくらい拒絶されたように見えたかについて話した。彼女は、共感的な身体的表現で、自分の膝に彼を乗せた。これは、マラにとっては新しい、観察的な位置だった。つまり、情緒的な経験を持つ自分の赤ん坊としてのツンデを観察する、ということである。

　マラと私の間につながりができた。翌週、彼女は戦争で混乱した祖国で成長し

たことについて話した。彼女は詳細を覚えていなかったが、3歳のときに両親が内戦で死んだと考えていた。おそらく、彼女には兄弟がいた。彼女の説明には厚みがなかった。私は、彼女が迷子になったように感じていて、そのような感情を何と呼ぶべきかわからないみたいだと言った。彼女は、ツンデがあたかも感情を持っているかのように私が話すのが、不思議に思えたと言った。私は、赤ん坊の感情に関していくらか知っているために、おそらくそのことに関して援助することができると話した。また、もし母親が赤ん坊と感情について話すことができれば、赤ん坊は良い気持ちになれるし、また、赤ん坊が言葉を話すのを学ぶ助けにもなると伝えた。このことはマラの興味を引いた。彼女は、赤ん坊がどのように話し始めるのか不思議に思っていたのである。

　私たちの関係は、その後の数週間にわたって発展した。マラは私に会うのが楽しみになってきた反面、常に当惑もしていた。自分が私にとって大切な存在であるということが信じられないようだった。私は、母親が小さな赤ん坊と一緒にするであろうことを、マラと一緒にした。長い間、沈黙の中に彼女を置き去りにはしなかった。私は彼女がどのように感じているのか、ツンデがどのように感じているかもしれないかについて、また、ツンデと彼の要求に対するフラストレーション、あるいは怒りの感情について言葉にしながら、思いをめぐらせた。そして、時には母親としての役割がいかに退屈になり得るかと話すと、彼女は笑った。マラは、私が話すことを聞くのが好きなようだった。さらに、私は様々に言葉を変えて、しばしば次のようなことを言った。「あなたが存在しても存在しなくても、誰も知らない、あるいは気にしないかのように感じられるときに、ツンデと彼のニーズが存在するという現実に対処するのはとてもきついことだろう」と。マラは、これが彼女が感じていることだと私が理解しているのだとわかっていた。

　マラは、時には20分もの間、ツンデと私を撮影し続けた。私は彼女がとっておけるように、DVDに撮影記録を保存した。彼女は、一度の休みの後、私が不在だった間に、それを見ることが助けになったと言った。

　数か月が過ぎた頃、私は、ツンデが母親を求めることをより安全に感じられるようになっていくのを見守り続けた。あるセッションでは、マラは、自分の赤ん坊が身体に喜びと自信を感じて、それを表現するのを見守る両親のように、そばで一緒に見ている私とともに、彼を撮影していた。撮影している間中、マラは

第11章 傷つき、情緒的に凍りついた母親が、赤ん坊を観察し、違ったやり方で接し、赤ん坊に生命の光が宿るのを見守れるようになるための援助

くっくっと笑い声を上げており、このことがツンデの喜びを支えているようだった。私は、撮影している間、いかに彼女が優しげに温かい笑い声を立てるのかに気づいていたが、その声は後で映像を見ていて心に響くものがあった。では、私がこのように感じていたとして、それはツンデにとってはどのような経験だったのだろうか？ これは、彼がリラックスするのを助けているようだった。ウィニコット（Winnicott, 1971）は、母親がそこに存在し続けている限り、母親のそばで、赤ん坊がリラックスできることがいかに重要であるかについて述べている。ツンデは、自発的で、声を上げたり、笑ったりし、そして観察され、気づいてもらうことを楽しんでいた。

ツンデの発達にかかわらず、マラの早期の剥奪、およびトラウマの深刻さについて忘れないでいることは重要である。おそらくこれが、彼女の私への願望を抑えていた。数か月後、彼女は「おば（aunt）」とコンタクトをとり、彼女の元を訪ねて行くようになった。また、ツンデに関心を持ってくれるらしい男性とも出会った。私も幾度かの訪問の際に、彼に会った。彼もまた脆弱だが、優しそうな人物だと思われた。彼女のリクエストで、私は隔週、そして次には月単位で訪問するようになった。マラは、ツンデのために私から何かを受け入れることができたが、もう十分だと言っているようだった。彼女の目から見て、ツンデは、彼女が自分の早期の数年に知っていたものと比べると、非常に多くのことを得ていたのである。

おそらく、適切にお別れを言わない、あるいはそのプロセスを経ないといった無意識の力が蔓延していても、驚きはない。ある日、私は予約を確認するために、固定電話に電話をかけた。マラはその日、急に自宅を移動させられることになり、新しい住所も固定電話の番号もわからないと言う▽訳注1。彼女は新しい携帯電話の番号を教えてくれた。その翌日、電話をかけてみると、つながらなかった。彼女は、「誤って」違う番号を教えたのだろうか？ お別れを言わねばならないことは、彼女にとっては死として経験されるかもしれないものに匹敵し、彼女はそれを回避したのだろうか？ マラは私の番号を知っていたが、決して電話をして

▽訳注1　公的住宅支援を受けている場合、自治体からこのように突然転居を要請されることがあり得る。

こなかった。彼女には、私が二度と彼女たちに会わないことが、私にとってどのようなことを意味するのかという感覚はなかったのだろう。まさにそれは、彼女にとって何の意味もないこととして扱われた、両親の死と同じことのようであった。

私は、いかに彼女がカメラを担当していたかを思い出し、マラを探し出そうとはしなかった。もし彼女がそうしようと思うならば、自分から電話をしてくるであろう。ツンデの拒絶に対する敏感さは残るだろうと考えられたが、諸々に改善されたこともあり、私は彼が保育所や学校で受ける尊重の機会を最大限に生かせることを望んでいる。そしておそらく、彼とマラは、今ももう少し互いにリラックスすることが可能であろうと願っている。苦しいが、私はそれを知ることができない。私たちにはただ、彼女たちのような深刻な情緒的トラウマが、世代にわたって、徐々に、そして着実に癒されていくことを願うことしかできない。

理論との関連性

観察されるという個人的経験は、いかに必然的に生育歴の影響を受けるものなのだろうか。この単一事例研究で、私はある意味でツンデが、自分の感情を持つ小さな赤ん坊として気づかれていないことに、いかに苦しんでいたのかを示した。おそらくこれは、彼の母親の早期の経験の反復であった（Freud, 1914; Jones, 2006a）。眺め（look）、注視し（watch）、気づき、かつ観察するのを助けるために、カメラを使用した。これはある意味で、ツンデが違ったあり方で生を得ることを支援した。治療的であることと、乳児観察の技法の相違点は、マラが、赤ん坊と関わるセラピストを撮影したことである。私と一緒にツンデを撮影することで、そばに寄せつけずに存在しないものとしてではなく、むしろ、自分の赤ん坊としてマラが彼に関わり始めるのを助けたように思われた。

フェアバーン（Fairbairn, 1944）は、赤ん坊のトラウマについて強調している。ツンデに関して言えば、これは欲求や愛情衝動を母親に拒絶されることである。フェアバーンは、赤ん坊としての自分の欲求と愛情を粉砕し始めることが、その際の対処法の1つであると示唆している。最初の面接でツンデは、母親を求めて彼女に目を向けたときに、彼女の無表情に出会った。彼は、これを拒絶として経

験し、この現実を排除するために彼は目元を歪ませた。そして次の数分間、彼女に拒絶をし返した。この力動は変化したようだった。

結論

このような治療的、かつ観察的プロセスは、必然的に何層もの仮定的意味をはらみ、またそれが、さらなる調査・研究につながる可能性のある問いを導く。実際にカメラを持つことは、マラに主導権をとる感覚を経験させ（力のある父性的位置）、共感的に好奇心を抱ける（基本的な母性的位置）ようにさせただろうか？ 撮影の間中、彼女は、自分の近くにツンデを引きつけており、その後には、くすくすと笑うことができた。肯定的な治療関係の中で、マラはある意味、おそらくツンデのことを欲求と感情を持つ赤ん坊として、再び宿すことができたのではなかっただろうか。三角のスペースについて考えてみると、マラは、赤ん坊と母親／セラピストが一緒にいるのを見ながら、父親のような役割を引き受けていたのだろうか。それは、ある意味では外側にいるのだが、肯定的な音とくすくすという笑いを通して、そこに強力に存在してもいる（Britton, 1989）。このように、マラと私は、新しい親カップルとして共同の存在であるという経験をしていたのだろうか？

マラとツンデの2人が人間として生き、発達する権利を私が肯定したこと――結合された創造的な母性的、そして父性的存在を象徴する――は、マラがしたようなカメラの使用を助けるのに欠くことのできないものだった。マラとツンデのことを見いだしたいという私の当初の粘り強さが重要であったことは、情緒的存在の拒絶が再び繰り返されないことを確実にしたという意味で、過大評価ではない。

私がこの経験の中で学んだことの中核は、恥に取り組む新しい方法であった。マラは、自分をたまらないほどに恥じ、ツンデは彼女の経験で覆われていた。またそれが、彼が自分のことを自然に表現する衝動を抑え込んでもいた。彼らとの出会いを経て以降、私は、自己嫌悪と恥に満ちた他の数人の母親にも、自分の赤ん坊と私を撮影してみるようにと誘うようになった。その結果は、励みになるものである。これは、ひどくダメージを受け、恥を持つ親の、赤ん坊に対する敏感

な観察能力を強化しようとする際に役立つ、新たな介入になり得ることを示唆するものである。

第12章
赤ん坊の喪失の後に新たに生まれてきた赤ん坊の体験

マーグリート・リード
Marguerite Reid

イントロダクション

　T・S・エリオット（T. S. Eliot）は、「The Hollow Men（うつろなる人間）」▽訳注1 という詩で、それが現実の死であろうと命の終末への恐れであろうと、死を凝視する際の心象について、いきいきと描き出している。それは、ギリシャ神話のハーデース▽訳注2 の地獄のような世界や、キリスト教の煉獄と地獄の概念にたとえられた表現である。他者に優しさを伝えたいとか、他者を愛したいと願うときにこそ、人はひとりで歩んでいくものだとわかるのである。エリオットは、闇の体験に直面した人々は、交わす言葉もなく「ともに集う（group together）」▽訳注3 と書いている（Eliot, 1925/1969, p.85）。小さなわが子の死や周産期にわが子を失って妊娠の終わりを経験した親は、このエリオットの詩に似た言葉で、しばしばこうした

▽訳注1　T・S・エリオット（1888〜1965年）は、ノーベル文学賞を受賞した英国の詩人、劇作家である。代表作「四月は残酷極まる月」で始まる長編詩「荒地」に比べて、この「うつろなる人間」（1925年）という詩はさほど有名ではないが、1960年にエリオット全集の中で深瀬基寛により邦訳されている。この詩の中では、「うつろなる人間」は、直視する眼を失った人間であると示唆されている。
▽訳注2　ハーデースはギリシャ神話の冥府の神である。地下の神とも言われ、また豊穣神としても崇められている。
▽訳注3　IV章にある一文で「交わす言葉もなく共に集う」と訳されている。

悲劇を表現する。妊娠を喜ぶ親は、生きる赤ん坊の世話をして、成長、発達を見守ることを期待する。新しい命を育てながら、親は子どもとの関係を育み、いつくしみや優しさを注げるだろうことを期待する。生命の自然の道理では、子どもは親より長生きするものだ。周産期にわが子を失った▼原注1 夫婦は、悲嘆にくれ、悲しみの世界に迷い込む。親になるという複雑な感情もさることながら、その喜びにまつわる思い出はなく、しばしば責めの感情を抱く。小さな子どもが亡くなったときにも、同じような感情が経験される。子どもの人生が絶たれることで、親は子どもの成長を見守ることができず、子どもの初期の記憶とともに取り残されてしまう。発想と創造の間に……影が落ちる▽訳注4（Eliot, 1925/1969, p.85）。

母として子どもに先立たれること

チェルシー・ウェストミンスター病院の周産期と乳児の精神保健サービスにおける臨床の仕事から、子どもに先立たれた母親に関する博士号の調査・研究を行った。とりわけ私が関心を持つ分野は、周産期喪失や幼い子どもの死後に、次の子どもを出産するときの母親の心の状態についてである（Reid, 2003a, 2003b）。3組の母子がこの調査・研究に参加した。3人の母親のうち、2人の母親は周産期に赤ん坊を失っていた。もう1人の母親は、2番目の子どもの妊娠3か月時に、突然2歳の子どもを亡くしていた。

本章では、この調査・研究から導かれた新たな概念について紹介していきたい。

▼原注1　流産、死産、新生児死について、カークリー・ベストとヴァン・デヴェア（Kirkley Best & Van Devere, 1986, p.432）は、次のように記述している。「妊娠期間における3つの喪失は、一般的に周産期死亡と言われている（流産、死産、新生児死）が、文献には誤称がある」。周産期死亡は、世界保健機関によって定義されているように、胎児の体重が500グラム、あるいは出生体重が計れない場合は22週目未満、または頭からかかとまでの長さが25センチで生まれてきた胎児を指す（Bracken, 1984）。コナー（Kohner, 1993, Johnson & Puddifoot, 1998, p.1 に引用）は、「英国では1992年の死産条例（1992 Stillbirth Act）で、胎児が妊娠24週目以降に娩出したときに『死産』だと考える。これより前の喪失は『流産』と定義される。この時点よりも前の胎児は胎外生存できないと見なされるからである」と述べている。

▽訳注4　V章にある一文で「発想と創造の間、感情と反応の間に影が落ちる」と訳されている。

このプロジェクトの中心的信条には、**乳児観察**の臨床的応用が含まれている。周産期と乳児の精神保健サービスにおいては、母親と赤ん坊の観察は、臨床実践上、なくてはならない側面である。

「**半影の赤ん坊**（penumbra baby）」という概念は、「**代わりの子**（replacement child）」（Cain & Cain, 1964）という言葉とは対照的なものである。「代わりの子」は、両親のどちらかによって、少し前に亡くなった子どもの代わりとして、意識的に受胎された乳児のことを表現するために用いられた。1960年代後半より以前は、乳児や子どもの死の分野に関する調査・研究はほとんど行われておらず、そういったことは生と死の繰り返されるパターンの一部であるという神話であった。まるでこの経験のつらさは取るに足らず、夫婦は悲しみを感じないだろうとされていたのである。さらに、別の乳児の誕生によって、その喪失にまつわる感情は和らげられるとしばしば主張されていた。歴史的に見ると、「代わりの子」という言葉は、家族の布置における、周産期喪失や子どもの死の重大さ、そして悲嘆の抑制の重大さに注意を引くものである。代わりの赤ん坊の力動は、未解決の悲しみ、喪失の否定や、母親の子どもとの死別の次に起こる早期の妊娠に関連づけて考えられている（Leon, 1990）。徐々に、周産期喪失の分野で仕事をする人たちが、赤ん坊を失い、悲しみにくれる親カップルの心を占める苦悩、罪悪感、絶望の感情について記述し始めた（Bourne, 1968; Bourne & Lewis, 1984; Kirkley Best & Kellner, 1982; Lewis, 1979）。

もちろん、赤ん坊や小さな子どもを失った後に、急いで次の子どもを妊娠する親もいる。時には、生きた赤ん坊を産むまでは、この喪失を嘆くことはできないといった感情を語る女性もいる。これは、新しく生まれた乳児との相互作用の能力に影響を与える心の状態である。

しかし、この調査・研究プロジェクトの一貫としての親、とりわけ母親との臨床では、死別の後の次の赤ん坊の受胎と出産にまつわる複雑な感情に光を当てた。意識的なレベルであれ無意識的なレベルであれ、母親が置き換えを望んでいるという考えを支持するエビデンスはほとんど見つけられなかった。彼女たちは、真に、失った赤ん坊や小さな子どもを育てたいと願っているのである。実際、より明確になったのは、母親は決して失った赤ん坊を置き換えることはできないと感じ、もし情緒的に回復しようとするならば、このことを受け入れなければな

らない、とどこかで知っているということである。私自身の感覚は、次の赤ん坊は、その喪失した乳児の影の中に生まれるというものである（Baradon, 1986）。それゆえに、私は「**半影の赤ん坊**」（Reid, 2003b, 2007a, 2007b）という言葉を好む。「半影」という言葉の定義は、日食／月食の周りの部分、あるいは明るい影、またはその黒い影である。

調査・研究プロジェクト

　私の博士号の調査・研究は、周産期喪失や幼い子どもの死に続いて次の赤ん坊を出産したときの母親の心の状態に焦点を当てたものである。治療的作業は**半影の赤ん坊**の誕生後に始めた（Reid, 2003a, 2003b）。

　この研究の一環として出会った母親たちは、次の妊娠、あるいは出産後のいずれかの期間中に、情緒的健康に気がかりがあるということで心理的援助に紹介されてきていた。次の赤ん坊の誕生の前に起こった乳児の喪失の悲しみが未解決なままであるというのが、私の仮説であった。私は、このことが新しい赤ん坊の子育てや、母親の情緒の状態に影響を及ぼしているかもしれないということに興味があった。

　調査・研究の意図を次の諸点に置き、小規模の質的研究としてこのプロジェクトをデザインした。

1. 3人の患者の事例研究から得られた臨床素材を比較し、対比すること。
2. 治療過程と患者のそれぞれの臨床的スペースの使い方について研究すること。
3. 母親－乳児関係の発達を観察すること。

　この調査・研究は、乳児が最初の1年目の期間に紹介されてきた3人の母親とその赤ん坊に対する、オープンエンドの精神分析的心理療法的介入に基づいている。これは患者の小グループであるが、単一事例研究とも見なすことができるよう、臨床素材の詳細な分析をしたいと考えていた。その後、グループ全体に当てはまる共通のテーマを探すことにした。これはドレーハー（Dreher, 2000）が記述

する意味で、概念の一般化のための論拠を提供するものになり得る。

　調査・研究者／臨床家による心理療法のアセスメントから、それが治療の最もふさわしい形式であると考えられた場合、個人心理療法が提供されるとともに、このプロジェクトに採用されることになる。過去に精神科通院歴のある女性は除外した。母親は、新しい赤ん坊をセッションに連れて来るよう勧められるが、必須ではない。すべてのセッションの間、部屋には赤ん坊のためのおもちゃ箱を用意しておいた。

　この調査・研究のための時間枠として、50分のセッションを行った。各セッションの後に臨床素材のプロセス記録をつけた。このことは理論的知識を生成するだけではなく、素材を分析したり、テーマや言外の意味の可能性について書き留めたりすることによって、セッションの外で仮説の検証を進める一方法として、セラピストがプロセス記録を用いることを可能にした。これは、ストラウスとコービン（Strauss & Corbin, 1990, 1994）のグラウンデッド・セオリーの用い方や、スミスら（Smith, Jarman & Osborn, 1999）の「解釈学的現象学的分析（Interpretative Phenomenological Analysis）」の記述の方法に類似している。

　重要なテーマについては、そのときに番号をつけて、それぞれのセッションをコード化した。つまり274のセッションをコード化したのである。次にそれぞれの患者の主要なテーマを分類し、番号をつけた。すべての母親と赤ん坊に当てはまる4つの共通テーマがあった。

1. 赤ん坊を失った母親の経験。
2. 母親と次に新しく生まれた赤ん坊との関係。
3. 母親とパートナー／夫との関係、および他の子どもとの関係。
4. 母親とセラピストとの関係。

母親たちとそれぞれの赤ん坊

　フォックスウッドさんは、新しい赤ん坊のダニエルが6か月のときに紹介されてきた。彼女は、この息子が生まれるほぼ2年前に後期流産で娘を亡くしていた。彼女は、2年4か月の期間にわたって60回の面接にやって来た。赤ん坊のダニエルは、母親とともに24回の面接に来た。内訳は、セラピーの最初の年に8回と、

次の年に16回であった。

　ランバートさんは、妊娠の後期段階で紹介されてきた。このときは精神科アセスメントも受けていたが、娘のロージーの誕生後まで面接に来ることはなかった。彼女は、4年前に息子の死産を経験していた。彼女は、3年にわたって50回の面接にやって来た。最初の心理療法の予約と2回目の予約の間には、5か月間の空白があった。後に、最初に私と会ったときには、あまりに落ち込んでいたために面接に来ることができなかったのだと話した。赤ん坊のロージーは、現在15か月になっているが、チャイルドマインダー▽訳注5に預ける時間を調整する以前の7回の面接に、ランバートさんとともにやって来た。

　デイビスさんは、赤ん坊のローラが8か月のときに紹介されてきた。ローラは、ベリンダという2歳の女の子が亡くなった後に生まれていた。デイビスさんは、ベリンダが亡くなったときに妊娠3か月であったため、ローラが誕生する以前には、これを悼む機会がほとんどなかった。彼女は、5年6か月の期間に、164回の面接にやって来た。赤ん坊のローラは、保育園に入る前まで72回の面接に母親とともにやって来た。デイビスさんは、ローラを面接に連れて来るのは難しいと感じていたが、自分がどのように赤ん坊の世話をするのか、私に見てもらうのが役に立つと思うと言っていた。

　周産期喪失や幼い子どもの死の影に生まれてきた赤ん坊、すなわち**半影の赤ん坊**の母親の子育て経験について詳述していく。ここで発見のすべてを包括することは不可能であるが、このような母親たちが直面する困難を例証したいと思う。

半影の赤ん坊──その赤ん坊を治療的セッションに連れて来る

　私は、この調査・研究プロジェクトの母親たちが、新しい赤ん坊をセッションに連れて来るのが難しいと感じていることに、すぐに気がついた。母親たちが自分1人で来たいという望みには複数の要因が関係しているが、その中でもおそらく最も重要なのは、精神的苦痛の重さから、自分のための時間を持ちたいと望んでいることだと考えられた。私は、時に、母親が新しい赤ん坊に苦しめられていると感じているのではないかと考えた。それはまるで、乳児の存在が、その子を

▽訳注5　自宅で他家の子どもを預かり、保育をする資格を有する人。

育てる難しさだけではなく、育てることができなかった失った赤ん坊を思い出させるものであるかのようである。

◆**臨床素材——デイビスさんの1回目のセッション**
　デイビスさんは、最初の面接には赤ん坊を連れずにやって来た。

　面接室に入ると、彼女はさっそく、ひどく悲しみながら娘のベリンダの死について話し始めた。彼女は、自分が取り乱すだろうとわかっていたため、赤ん坊のローラを連れて来ることができなかったと言った。彼女は、ベリンダとローラを比較し始めた。話すにつれて、死んだ子どもについての述懐があまりにも鮮明な一方で、新しい赤ん坊は雲で隠れて見えなくなってしまったように思われた。デイビスさんは、ベリンダは申し分のない子どもだったと話し、ベリンダが死んだときにもし妊娠していなければ、自分は生きてはいなかっただろうと付け加えた。ベリンダが死んだときに自分も死にたかったと語ったときには、自暴自棄と悲しみの感覚に満ちていた。時間が過ぎず、静止したような日があり、そのようなときには生活し続けることが不可能に感じられると言った。2人の子どもの写真を見せてほしいと求めると、彼女は同意した。私は、ベリンダの写真を見て息を飲んだ。ベリンダは、豊かな巻き髪と大きな濃い瞳に美しさをたたえていた。おむつ替えマットに横たわっているローラと比べると、ローラは深刻で精彩に欠けているように見えた。私は、2人の間の類似点を見つけるのに苦労した。デイビスさんは、ベリンダを亡くしたときの自分と今の自分は同じではないと言った。彼女は、娘の死から立ち直ることはないだろうと言い、また、ローラについて考えるととんでもない気持ちになるのだと言う。なぜなら、赤ん坊がこんなにも違った母親を持つことは不公平なことだからである。

　乳児や幼い子どもの喪失の経験について話すとき、調査・研究グループの患者たちが表現した悲しみや恐怖の感覚を、ここで十分に伝えることは難しい。新しい赤ん坊の存在が、死にまつわる悲しみの感情を減らすことはない。母親が優先するのは、赤ん坊を失ったことについて語ることである。これは、私たちの仕事の最初から最後まで、重要なテーマであり続けた。このように、死んだ赤ん坊は、

いつも面接室の中にいて、母親やセラピストの心の中に存在していたのである。

◆**臨床素材**──フォックスウッドさんの1回目のセッション

フォックスウッドさんは、最初のセッションに赤ん坊を連れずにやって来た。

面接室に入ると、彼女は後期流産のことを話した。今はかわいくて健康な赤ん坊がいるが、流産についていまだに考えてしまうのだと言った。このことが頭から離れないと言う。彼女は、陣痛がきたと思ったために、20週目に病院に行った際に、まだ妊娠24週目に入っていないので、一般診療科医院（GP）に行くように言われたと話す。彼女は、学校に他の子どもたちを迎えに行かなければならなかったので、その夜はGPには行きたくないと思った。彼女は次に、夜に目を覚まして強い陣痛が起こったと考えたと話した。トイレに行くと、赤ん坊を産み落としてしまった。それは、完全な赤ん坊そのものであった。彼女は叫び始めた。夫がどこに車を駐車したのか思い出せなかったので▽訳注6、まずは車を探さなければならず、それから沈黙して病院まで運転したのだと話した。彼女は、赤ん坊をへその緒がつながったままタオルにくるんで運んだ。彼女が後に語ったところによれば、病院に到着すると、医療スタッフが「彼女の横の膿盆に赤ん坊をポンと置いた」。

半影の赤ん坊──妊娠

死別体験をした母親たちが、その後の妊娠期間に心配や不安を抱くことは、一般に理解されている。周産期と乳児の精神保健サービスでの乳児を亡くした後に次の妊娠をした女性との臨床実践は、母親たちが直面する情緒的困難を明確に示すものである。彼女たちは、満期出産ができないのではないかと心配する。亡くなった赤ん坊に再び妊娠したことを伝えるために墓地を訪れること、精密検査の日が近づくにつれて感じる心の負担、また性別についてなど、あらゆる問題が語られる。**半影の赤ん坊**の誕生後にセラピーを始めたこの調査・研究グループの女

▽訳注6　ロンドンの住宅街では自宅に専用の車庫がない家が多く、その際には自宅近辺に路上駐車する。このときのフォックスウッド家もそうした状況で路上のどこかに駐車していたものと思われる。

性たちは、妊娠について似たようなことを思い出していた。フォックスウッドさんは、流産した赤ん坊のときもそうだったように、耐えがたい悪阻があることが、今度の妊娠もうまくいかないという暗示のように思え、妊娠期間中ずっと悩みながら過ごしていた。ランバートさんは、自分の腕で自分の子を抱くまで、誰も妊娠を祝福したりできないし、健康な赤ん坊が産めると信じたりできなかったと話した。

半影の赤ん坊──誕生 [原注2]

3人の母親たちは、出産の経験について肯定的に話をした。産科チームは、母親がまた子どもを失うのを怖れていることを理解し、妊娠期間をモニターし、出産に自信を持てるよう保証した。このことは、グループ内で一致しており、女性たちは、自分たちの不安が理解され、受け止められたとはっきりと感じていた。分娩方法についても話し合われた。この調査・研究グループの3人の女性のパートナーたちは、**半影の赤ん坊**の誕生に立ち会った。

フォックスウッドさんは自然分娩、ランバートさんは帝王切開を選んだ。デイビスさんは、激痛のあったベリンダの出産と硬膜外麻酔法を受けたローラの無痛分娩とを対比した。デイビスさんは、ローラが生まれても抱くことができないのではないかと心配していたが、それどころか、ローラを抱きしめるのをやめられなかったと話した。ランバートさんは、特別に休みの日に病院に来て、ロージーを取り上げてくれた専門医について話した。

半影の赤ん坊──出生後

半影の赤ん坊の誕生後に、母親たちは、しばしば情緒的にもがき苦しんでいた。家族や友人たちは、母親の悲しみの感情は、別の乳児の誕生によって解決されるものだと信じていた。その結果、母親は孤独を感じる。亡くなった赤ん坊と新しく生まれた赤ん坊のイメージを、心の中で区別しようとあがく感情の複雑さから、孤立するのである。そのようなときに、彼女らは母親になろうと努める。とりわけ赤ん坊が寝ているときには、過敏で、不眠症状態が続きやすい。新しい乳

▼原注2　3人の女性のパートナーたちは、半影の赤ん坊の誕生に立ち会った。

児に対するアンビバレントな感情や、亡くなった赤ん坊に対する不実の感覚が起こる。未解決のままの悲しみがあると、母親は、苦しい気持ちに心を奪われたままになる。それゆえにしばしば、新しく生まれた乳児に対して、情緒的に不在になってしまうのである。

◆ 臨床素材──ランバートさんの1回目のセッション

　ランバートさんは、最初のセッションに新しい赤ん坊を連れて来た唯一の母親であった。面接室に入ると、ランバートさんは、ロージーを膝の上に乗せて座り、その後すぐに、何が起こったか知っているかと尋ねた。私は知っていると応えた。彼女は、4年前に死産で男の赤ん坊を亡くしたが、いまだにひどい感情にさいなまれていると話した。後にロージーと名づけた「この赤ん坊」について、ランバートさんは話した。彼女はかわいい赤ん坊であるが、息子を産んだのと同時期に彼女を産んだことが単に耐えがたいのだと言う。彼女はクリスマスについて、赤ん坊を失い、そしてその同じ時期に新しい赤ん坊を授かるということが、どれだけ苦しいことかと話した。

　セッションが終わる頃に、今はこの赤ん坊がいるので、もう1人のことは簡単に乗り越えられるだろうと人々は考えているように思える、と話した。また、この赤ん坊を愛していないということではないのだとも言った。私は、この子は別の赤ん坊だが、ランバートさんは、いまだに小さな男の子を失ったことを意識しているのだとコメントした。悲しみの瞬間があったが、彼女は、出産と育児放棄の感情について、怒りをこめて話し始めた。しばらく黙って、それから彼女は、家の中のとても暗い空間の押し入れに入って、ただそこにじっとしていたいのだと話した。

　調査・研究グループの母親たちは、面接が始まったときには、自分たちが経験している困難について認識する準備ができていた。デイビスさんの赤ん坊のローラは、深刻な睡眠の問題を抱えるようになった。母親は、自分以外の人がローラを抱くことを恐れ、赤ん坊のローラを見知らぬ人と同じ部屋にいさせることに恐怖を感じていた。娘のベリンダが、そばでくしゃみをした人から致命的な病気を

うつされたかもしれないと、病院がデイビスさんに話したらしい。

　ランバートさんの赤ん坊のロージーは、初期の何か月かの間、湿疹とともに嘔吐に苦しんでいた。母親は、乳児の突然死を心配して、彼女から離れるのを恐れていた。フォックスウッドさんは、赤ん坊と離れることはより容易だったが、外に連れ出すのは難しく、むしろ乳母に預けるほうがよいと思っていた。

半影の赤ん坊──1～2年

　調査・研究グループの母親たちは、亡くなった赤ん坊のイメージを保持しているようであり、これが比較の基準線になっているように思われた。母親たちにとっては、乳児の発達上の達成を喜びとして感じることが難しかった。ランバートさんは、亡くなったスティーブンか生きているロージーかのどちらかの話をすると、そのすぐ後にもう1人についても触れるということが多々あった。彼女は、私との面接の期間中、ずっと抑うつ状態にあったが、薬物治療は考えないだろうと思われた。赤ん坊が、生き生きとして陽気な母親との体験を持っていたとは想像しがたい。

　赤ん坊のローラは、絶えず亡くなった子どもベリンダと比べられていた。面接の後期には、デイビスさんは以前はこの新しい赤ん坊に対する憎しみの感情を抱いていたことも認めた。ローラの発達のステップは、死によって短く断ち切られたベリンダの命の経験の、悲しみや不幸の感情につながっていた。

◆臨床素材──デイビスさんの43回目のセッション

　デイビスさんとローラは、時間通りに到着した。ローラは、私のそばを通り過ぎながら、私のことをにらみつけた。部屋に入ると、彼女は喜んで箱からおもちゃを取り出し、周りを見渡して、母親にプラスチック製の剣とゴーゴーマンがほしいと言った。デイビスさんは、今週はとても気分が悪かったので医院に行き、2週間分の精神安定剤を処方してもらったのだと話した。私は、この「気分の悪さ（awfulness）」の感覚を自分がほとんど受け取っていないことに気がついた。それはおそらく、ローラが最近のセッションの中でとても怒っていたからだろう。私は、しかしながら、ローラの2歳の誕生日が近づいていることに気づいており、ベリンダが亡くなったのは2歳の誕生日のどのくらい後であっ

たのか尋ねた。デイビスさんは、それは今週に当たるはずだと見当をつけて答えてくれた。

その間、ローラは、中にくるくる回るものがついた小さなプラスチックのボールで遊んでいたが、今は電話を見つけてそれをとり、「パパだよ」と言っている。彼女は私にそれを渡し、「パパと話して」と言った。デイビスさんは、まるで逃げ出すことのできない黒い雲の真ん中にいるかのように、自分がどんなにつらく感じているのか、話し続けた。彼女は泣き始めた。ローラは心配しているように見えたが、すぐに私にテディベアを渡し、まるで私たちを元気づけなければならないかのように、部屋の中を走り回り始めた。「大丈夫よ。ママはとても悲しんでいるけれど、ここは悲しんでもいいところで、ローラが慰めてくれなくてもいいのよ」と、私は言った。デイビスさんは、自分がローラに対してひどくあたっていると言う。彼女は何もできず、一日中ローラにあたっていた。自分はローラの人生をだめにしている。ローラは母親がどんなにひどかったかを覚えているだろう。

メルツァーは、ビオン（Bion）の「情緒的経験（emotional experience）」の記述は、最も重要な発達上の事象であると強調している（Meltzer, 1988, p.14）。周産期死亡や幼い子どもの死の後に生まれた赤ん坊は、母親の目に喜びや幸せだけではなく、悲嘆、悲しみや、しばしば怒りを見る。母親がそのような複雑な情緒を表現するときに、赤ん坊や幼児が感じる混乱を想像することができよう。

半影の赤ん坊──記念日
母親たちの嘆きは、記念日や、亡くなった乳児に関連する出来事のある時期に増す。母親たちは記念の日を強く意識しており、セラピストはこれらの日を心にとどめておくことが大切である。死産の記念日の近くに赤ん坊のロージーが病気になったことを、ランバートさんは「あまりにもつらい時（such a difficult time）」と表現した。

流産の日と、その4か月後の出産予定日という両方の記念日は、フォックスウッドさんに逆方向の変化を引き起こした。後期流産の際の出産予定の記念日が

近づいてきたが、ダニエルの1歳の誕生日を祝うことができたのは、前日のセッションで話し合ったことによるものだろうと、私は考えた。周産期に子どもを失った後に生まれた新しい赤ん坊のために、心のスペースを持つことがどんなに難しいかと私が言ったとき、彼女はほっと和らいで、そのことが理解されたと感じたように見えた。

この調査・研究グループの3人の母親は皆、記念日について、それがセラピーの終わりと近いためにより容易であったと話した。あたかも母親たちの嘆きが治療的仕事で軽減できたことを、具体的に認めているようであった。ベリンダの6回忌が近づいてきたとき、デイビスさんはローラの部屋の押し入れからベリンダのおもちゃを片づけたのだと話した。数か月前にデイビスさんが、ベリンダのおもちゃはすべて押し入れに保管していること、（4歳になった）ローラは、押し入れの存在もその中身についても知らないはずだと話すのを聞いて、私は驚いていた。彼女は、今年の記念日は、これまでほどにはつらくはないだろうと思っていた。

結論

この調査・研究プロジェクトの一環で出会った母親たちは、赤ん坊や幼児を亡くしたことで、深刻な問題を抱えていた。次の子どもの誕生が、悼みの感情に向き合わなければならないこれらの女性たちを救ったという感覚はほとんどない。母親たちにとって、セラピーのセッションに**半影の赤ん坊**を連れて来るのは難しいことがわかった。しかしこれは、セラピストが、母親と乳児とともに、喪失の領域を熟考するためになし得たこの調査・研究のわずか一部であると思われる。この調査・研究は、母親の情緒的経験をとらえたが、同様に大切なことは、**乳児観察**の応用を通して、母親－乳児関係の性質と**半影の赤ん坊**の情緒的経験の両方を観察することができたことである。この調査・研究の以前は、**代わりの子**という言葉が適切な言葉だと考えていた（Reid, 1992）。しかし、母親たちは代わりを望んではおらず、むしろ完璧だと思われていた亡くなった子どもの母親になることを単に切望しているということに、私は次第に気づいていった。その結果、母親が次に生まれた赤ん坊を夢中に愛することができるまで、その赤ん坊は亡くなった乳児のイメージによって覆い隠されているのである。

多くの母親は、赤ん坊の喪失後や次の子どもの誕生後に、心理療法的援助を必要としている。ここで記述したすべての母親が、面接を通して、喪失を悲しむことができ、新しい赤ん坊の母親になることができたと肯定的に語った。

第Ⅲ部

イントロダクション

　本書の最後にまとめられた各章は、乳児観察の方法論があらゆる異なる形態の調査・研究に、新たな文脈として、また他の方法と並行して用いられる例を紹介するものである。乳児観察と他の専門領域との間の対話は、乳児観察の方法の厳格さをより豊かで強固なものにし、また精神分析的な考え方と他の専門領域との関連性を広げるものにもなる。ここで私たちの見る調査・研究は、実験室と精神分析的概念を、また集団の中の個人のみならず、より広く社会の中の個とを結びつけるような、いわゆる鍬入れ（ground-breaking）となるものである。

　ブラッドリー、セルビー、そしてアーウィン（第13章）は、実験室という設定の中での非常に興味深い仕事を紹介している。これは、乳児の行動が観察者に与える情緒的インパクトが最も重要な位置を占める、自然主義的乳児観察の影響を受けたものである。近年は、個人としての乳児、あるいは対の関係性に集中する傾向がある。著者らは、この傾向とは反対に、乳児もまた集団と関係を持ち、社会的に複雑な状況に適応していくものだと考察している。以前には顔を合わせたことのない7か月から10か月の4人の赤ん坊を、大人のいない場面でビデオ録画し、その詳細な記録を精査している。そこで、赤ん坊たちが互いの存在を取り入れる関心についての豊かな記録を提供し、この集団内部の力動を検証することで、著者らはその人生の始まりの時点から、乳児を集団の一員として認識しておくことの重要性を主張する。すべてのデータを解釈の対象として認識することで、著者らは、赤ん坊の能力や感受性に対する私たちの理解を支配するものとは何なのかという問題を提起している。

　ブリッグスとバーリンガー（第14章）は、乳児観察の調査・研究のインパクトは、その発見を他のパラダイムから生成された発見と関連づけて考察することで、はるかに強化されると言う。著者らは、愛着についての調査・研究を選び、乳児観

察の調査・研究を大幅に一般化することができる2つの方法について述べている。ブリッグス自身、系統的な乳児観察の調査・研究を行った最初の人物である。脆弱な状態にある乳児の集団を追い、グラウンデッド・セオリーを用いて母親－乳児関係の質を描写するための類型を生成した。ここで浮かび上がってきた分類は、それぞれビオン（Bion）とビック（Bick）の理論的概念である、コンテインメント（containment）と、赤ん坊が「しっかりと捕まえられること（grip）」として位置づけられることを見いだした。著者らはさらに、6か月時に見られたコンテインメントに関連する行動の質を、標準化されたスケールを用いて評価する方法を発展させた。ここでは、コンテインメントのプロセスが、いかに赤ん坊の愛着のスタイルに影響を及ぼすのかという理解を進める可能性があることが示唆された。つまり、愛着理論と精神分析的臨床家の間に橋が渡され、精神分析の鍵概念を用いる可能性が描写されているのである。

　老人ホームでの観察を行ったダトラー、ラザール、トランケンポルツ（第15章）も、シャトルワースのモスクでの観察（第16章）も、乳児観察が、乳児とその家族という設定をはるかに超えた範囲を網羅するようになってきていることを示している。このウィーンの調査・研究者らは、「毎週1時間の観察の中で、観察者は非常に込み入った相互作用や関係性を記録し、分析することができる。また、時間経過の中でのそれらの発達を研究することができる」ということ、そして他の方法では容易には得られないような情報を得ることができるということに気づいたため、乳児観察の方法を用いることに決めたという。彼らは、こうしたアプローチが、老人ホームで暮らす認知症の老人の日常生活における諸側面を知る機会を与えてくれ、職員と利用者の間の関係性を評価するのにも役立てられると結論づけている。個人の観察と、老人ホームという1つの組織の観察を組み合わせることで、組織のあり方を改善する方策を示唆している。かなり心の痛むような、しかし、すばらしい観察記録の抜粋からは、いかに職員や親族が入所者の内的世界に気づくのを避けようとしているのかがわかる。観察された関係性の質の限界は、認知症の老人とともにいることから引き起こされる苦痛な感情から職員を守っているということを認識しつつ、著者らは、ケアの質を改善するためにできるステップについて若干の考察を行っている。ここで私たちは、乳児観察の方法論が、社会政策の変換に向けたエビデンスを提供するために用いられる例を見る

のである。

　シャトルワース（第16章）も、比較的なじみの薄い設定での観察について記述している。彼女は、民族誌的調査・研究の手法を用いた人類学（第6章と第13章でも取り上げられている）と、乳児観察の間の学際的な関係性について検討している。彼女は、乳児観察とモスクにおけるフィールドワークには、ともに「情緒的体験について考えるための、ある特殊な真剣さと開放性」が必要であると言う。観察の際の静かな内省が、深い親密性と相互の傾倒（commitment）を潜在的に生み出すと述べる。ここでは、なじみのない状況において、観察者／調査・研究者の情緒的、主観的体験を核とする観察という方法が、自らとは異なる文化について学ぶ機会を提供してくれることを示している。

第13章
赤ん坊の集団生活
認知と可能性の広がり▼原注1

ベンジャミン・S・ブラッドリー、
ジェーン・セルビー＆キャシー・アーウィン
Benjamin S. Bradley, Jane Selby & Cathy Urwin

集団心理学は、最も古い人間の心理学である。
（Freud, 1922, p.91）

イントロダクション

　本書で記述されている乳児観察の方法論を確立したエスター・ビック（Esther Bick）は、傑出した発達心理学者であるシャーロット・ビューラー（Charlotte Buhler）のスーパーヴァイズを受けて、2つの世界大戦の間に博士号の一環としてウィーンで観察訓練を始めた。その調査・研究は、2歳半の子どもの社会的発達に関するもので、集団の中で子どもが互いに関わり合う様子を体系的に観察したものであった（Briggs, 2002; Magagna & Dubinsky, 1983）。ビックが選んだ研究分野は、当時は重要な調査・研究テーマであると考えられていた（Selby & Bradley, 2003）。後にビックは、この最初の訓練について、「実に行動主義的」観察方法であったとよく不満を漏らしていたという（J. Magagna, 私信, 1983, Briggs, 2002, p.xxiに引用）。しかしながら、ビックの博士論文に見る綿密な精査は、小さな子どもたちの社会的、情緒的生活と仲間関係の複雑さについての彼女の卓越した感受性を明らかにしている（W. Datler, 私信, 2010）。この、大人に介在されない赤ん坊や幼児の相互作用に意味を見いだそうとする試みが、後に乳児と親の観察を取り入れる際の精巧さに影響

▼原注1　ここに記述した調査・研究は、ブリティッシュ・アカデミー（British Academy）から資金提供を受けた。ここに参加し、写真の提供を快諾してくれた親と乳児に感謝する。

した可能性はないだろうか？

　1930年代以降、幼い子どもたちの集団生活の可能性についての調査・研究が、比較的不足している。しかし、最近では、ダーウィン（Darwin, 1874/1901）の論争に大きな注目が集まっている。フロイト（Freud, 1922）は、人間進化の特徴は、主要な心理学的分析の単位が集団であるべきことを意味するものとしてこれを応用した。進化生物学においては、「社会脳仮説（social brain hypothesis）」（Dunbar, 2003; Perry, 1997）として知られているこの議論は、考古学や地質学上の証拠の集積によって支持されている。それは、私たち人間の拡張された新皮質と、おそらく人間の特色の多くは、先祖が生き残りをかけて競争してきた集団の社会的複雑さに負うというものである。

　この議論を補充するものとして、赤ん坊についての理論を立てる際の脳過程、言語と意識の理解を統合する発達心理学と神経科学が、新しい原動力になってきている。このことは、脳を孤立して機能し、単に逐次的に機能するものとして理解するよりも、むしろ共時的な同時発生性や、個人の特徴を超えた、人間の大脳作用を強調するものである（Bradley, 2005）。

　集団に対するアプローチは困難である。早期の集団関係の可能性は、前世紀からの心理学的探究の主要なパラダイムとは反する。1970年代までの調査・研究は、主として個人主義的であった。すなわち「生まれたとき、乳児は本来、自己中心的な生き物である」（Schaffer, 1971, p.1）ということである。赤ん坊が生まれながらに社交的だという考えは、愛着理論の間主観性概念から派生したものであり、また、少なくとも乳児の社会的構造と発達を強調する臨界期心理学が示唆するところである。しかしながら、この転換に関する調査・研究方法は主に、いまだに乳児の社交性は一対であるとの想定である。実際に愛着理論は、乳児－母親関係はすべての後の関係性の原型であるとしている。これは、人間集団の関係性の個体発生論に深く影を落とす主張である。

　それにもかかわらず、四半期後の1990年代の中頃には、赤ん坊と関わることに困難を抱える母親を援助するため、赤ん坊－大人グループの研究を心理療法士や乳児観察者が公刊し始めた（例えば、Fivaz-Depeursinge, 1994; Paul & Thomson-Salo, 1996）。これらは、親の乳児的体験の側面を表すものとして乳児の行動を理解し、いかに赤ん坊を介しての集団解釈が可能であるのかを記述したものである。この

ような仕事は、赤ん坊自身がグループプロセスに関与する「集団メンバー」であることを暗示していたり、もし親抜きでグループをつくったら、赤ん坊はどのように行動するのだろうかという興味深い疑問を呈したりする。これは、セルビーとブラッドリー（Selby & Bradley, 2003）の、乳児のみの集団の最初の実験室ベースの研究の出版を導いた。それ以来、さらなる精査が続いている（例えば、Ishikawa & Hay, 2006; Markova, Stieben & Legerstee, 2010）。

　本章では、乳児の集団関係の能力について探究し、乳児期の集団力動をとらえるためのあらゆる方法の要点に光を当てる。私たちのアプローチの中心は、もし乳児がコミュニケーションをとれるとするなら、乳児－大人のコミュニケーションの多くの研究が結論を下したように、乳児－仲間集団における行動の意味が、その特定の集団の力動やミクロヒストリー▽訳注1にかかることになるという議論である。この研究は、実験室に設定されているが、主眼は精神分析的乳児観察と一致している。つまり、全体状況を吟味することで乳児の行動の意味を検討し、また一連の観察期間を通しての流れをそこに含めるということである。さらに、文化人類学がまだほとんど知らない集団を訪問することと、この乳児のみの集団の調査・研究を同類のものとして、その方法論の原理を用いる。

「集団の中の赤ん坊たち」というパラダイム

　ある1つの赤ん坊集団の分析の抜粋をここに紹介する。私たちの「集団の中の赤ん坊たち（Babies in Groups）」の調査・研究は、乳児の体験を理解するために、事例に根ざした段階的なアプローチをとる。生後半年間に、それまでには顔を合わせたことのない3、4人の赤ん坊をグループとして集めて、近くで互いに触れ合えるよう幼児歩行器の中に固定する。親がCCTV▽訳注2を通して見守る中、それぞれのグループを、（3台のカメラで）ビデオ録画した。赤ん坊たちがむずかり出すと、録画を止めた。赤ん坊たちは、一般診療科医院（GP）を通して集められた

▽訳注1　人間の諸活動の歴史的意味を日常的なものの中に探り、細微史的視点から歴史を読み直そうとすること。
▽訳注2　監視映像システムのこと。

非臨床群である。到着時と実験設定後に、親がくつろいだり、調査・研究者と話し合ったりしている間に、赤ん坊たちをビデオ録画した。研究者たちは、乳児観察の原則（Hollway, 2007）に従って、セッションの内容と経験の両方をとらえるフィールドノートを作成する。これは、赤ん坊だけの集団における、より広義の力動をアセスメントする機会を提供してくれるものになる。

ビデオ録画を分析する際には、単一事例研究として各集団を見る3つの段階がある。ステージ1は、各集団の力動をとらえるための、社会人類学者の言う、いわゆる「厚い記述（thick description）」である（Selby & Bradley, 2003）。ここでの目的は、計測可能な記述を超えて、乳児の体験や集団の相関力学の豊かな感覚を伝えることである。ステージ2では、例えば注視などの行動を指標として、ステージ1での記述を検証し、改良するのに用いられるような非言語的行動パターンを精査する。

これを超えて、ステージ1の「リッチテキスト」の記述は、ヤヌス▽訳注3のように外側を見ることもできる。赤ん坊についての解釈を形づくる文化的、組織的、個人的、歴史的な制約である。それが、私たちが分析のステージ3と呼ぶ方向に向かわせてくれるものである。つまり、ステージ3の情報源となる素材は、相互作用、出来事、そして実験の設定と、後にビデオの素材を見た観察者の反応を取り巻く組織的プロセスとを含む。

ステージ1——リッチテキストの生成

ビデオ素材を分析する試みにおいては、利用可能な情報が無限大であることを認識し、分析の焦点の理論的根拠をまとめ上げる必要がある。私たちのセッションの分析においては、いくつかの違ったポイントから始められるかもしれない。例えば、それぞれの乳児に何が起きているのか、その意味について考えるために、構造と力動を記録して集団を観察することができる。あるいは、個々の赤ん坊の集団に対する貢献の理解に焦点を当てることもできる。すぐに表れてくるのは、包括的な記述を拒むやりとりのプロットやサブプロット、情緒、ニーズ、そして

▽訳注3　古代ローマの神で、すべての行動のはじめを司る。前と後ろの両面に2つの顔を持った姿で表される。

能力である。大人の集団の分析で発見されているように、1つの記述に、そこにあるすべての情報を含むことはできない（Cox, 1988）。さらに、大人の行動の解釈以上に、乳児の行動に意味を与えることは、本来的に他の様々なアプローチに開かれる。個々のアプローチが、視線や笑いといった単一の行動をいかに記述するのかに影響してくる（Selby & Bradley, 2003）。

　私たちのアプローチは、乳児の集団行動の可能性を解明するという調査・研究目標、および調査・研究の問いに影響されている。つまり、私たちが乳児の「集団行動（group behaviour）」を同定する際に何が起きているのか、行動を可能にするのは何なのか、という問いである。この観点から、記述のための焦点を以下のように見いだした。

- 自分と他者が見た素材のインパクト、特に情緒的インパクトを記録する。それを刺激しているであろう乳児の表情や行動の引き金を記録する。例えば、感情や気分の表現、意図、外見上の目標指向性や調和である。この視点は、セミナーでの討議において素材の影響を通して検討するという、乳児観察のアプローチから引き出されるものである。
- 赤ん坊の個々のニーズや、作業や課題に向かうやり方。これは、個々の赤ん坊の経験を評価することを意味する。
- それぞれの赤ん坊が、集団から引きこもる時間とつながりを持つ時間といった、集団における全般的な関係。
- 魅力、ゲーム遊び、排除、嫉妬、あるいは喪失といった、集団の中での基本的でなじみのある情緒的力動。
- 個人の特性や集団の成長が、時間をかけて融合するあり方。そしてそこから集団の成長の1つの歴史が生み出される。

　前言語の乳児にふさわしい豊かな語彙を生成するために、私たちは民族誌学者アードナー（Ardener, 2007）の「言語の影（language shadows）」の方法に従った。アードナーのように、私たちの目的は、読み手が書かれていることを超えるのを可能にするような記述を生み出すことである。したがって、どれほど分析の際に上記の方法を優先させても、書き手が意図したより、記録された「自然のままの経験

（native experience）」に近づくような新しい組み合わせを読み手がつくり出すことができる（Ardener, 2007, p.95）記述を生成することを目指す。それぞれの集団が、異なった方法で様々な種類の記述をもたらすことがこの調査・研究の本質であるが、すべての集団は複合的で、時には相反する物語もあり得る。ステージ1は、1つの集団内での競合する印象が、1つの物語に向けて癒合していく苦闘として見ることができる。

　下記の抜粋は、これを例証するものである。最初の抜粋は、集団プロセスの情緒的な性質をとらえる目的の集団志向的記述からのものである。2つ目は、集団の中の1人の赤ん坊に焦点を当てた記述である。その次に、この同じ集団についてのステージ2の分析に移るわけであるが、そこでは限定でき、測定できる注視のパターンに焦点を当てる。このパターンでは（3→1　注視）、3人の赤ん坊が全員、4番目の赤ん坊を見ている。私たちの分析は、潜在的にステージ1の両方の局面に光を当てるものである。つまり、4人組の赤ん坊の注視の共有の循環的力動と、個々の赤ん坊の「特徴（character）」、そして／あるいは、その力動の中でそれぞれが担う役割である。このように、ステージ1の「解釈（interpretative）」物語と、ステージ2の量的測定の間の対話を行うことで、乳児の仲間集団についての当初の理解を洗練することができるのである。

集団の段階的分析

　ここに記述する集団について、5分半の観察を続けた。図13.1に示されている4人の赤ん坊は、7か月〜9か月児であり、左上側から時計回りに、それぞれアンナ、バービー、クレア、デイブという仮名をつけた。

集団全体に焦点を当てる——集団の雰囲気と会話のような構造

　この集団の雰囲気は、好奇心が強く、快活に見える。特に集団相互作用の最初の半分は、驚くような笑顔と笑い声でいっぱいであった。最初の数秒間で、赤ん坊たちは周りを見回し、それから互いを見つけて、「放さなくなった（latch on）」。その後は、実質的にすべての時間、互いに見つめ合い、足に触れ合い、身体の動きに共鳴して安らぎ、耳をすませたり、声を出したりすることで、互いを注視し

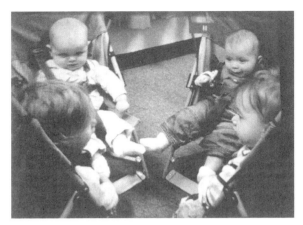

図13.1 ステージ1：デイブは、アンナ、バービー、クレア（左上から時計回り）の3人の3→1注視の焦点である。デイブはクレアに接近し、45秒間の相互作用に入る。

た。集団にはリズムの感覚があった。例えばある時間、3人の赤ん坊が皆、4番目の赤ん坊を見る。「その場を取り仕切った（holds the floor）」この4番目の赤ん坊は、積極的に集団の注視を指揮するかのように、あるいはこの立場を他の赤ん坊に取られるか引き渡すかするまで、他の赤ん坊の注視を対象として「舞台中央（centre stage）」にいる。

この会話のようなリズムの全体的感覚を以下に例示する。

クレアは少しの間、中心にいた。右にいるバービーを見て微笑み、反対側にいるアンナをさっと見てから、左にいるデイブを見て微笑んだ。口を動かし続け、手を合わせ、にっこり笑ってデイブを見た。デイブは、にっこりと笑い、皆の中心になった。赤ん坊たちは全員、デイブを見た。手を振って、「おしゃべりしている（chatting）」デイブに微笑みかけた。6秒後に、デイブは咳をした（1.01）。バービーは、彼に顔を向けて、微笑んで声を上げた。デイブはまた咳をした。バービーは呼応して微笑み、声を上げる。デイブの声は、バービーを満足させ、彼女はまた声を出した。デイブはパチパチと手を叩き、自分の足を見た。アンナとクレアがどこか他のところを見ている間、バービーはデイブへの微笑と発声を続けている。バービーの声は喜びのピークに達し、集団の一斉注

視を集めた。今度は、バービーが皆の中心になった。

個々のメンバーに焦点を当てる──集団の展開を呼ぶデイブのあり方の重要性

　デイブは二重に機能しているようである。彼は、全身と発声でパートナーが参加するよう引きつけることも、関係をとることもできる。これはまるで、集団を楽しませ、集団が必要としていることを引き出すかのようである。この試みは、しばしばうまくいかないか完全な失敗に終わるため、どこかで不安な引きこもりを招く。そこで、何度もクレアは腕を広げ、口を開けた状態で、デイブやバービーに寄りかかり、自分の探究や喜びを他の赤ん坊と結びつけようとする。デイブは、これに積極的に反応し、何度かクレアに近づいて彼女に触れようとしたが、いずれの場合も彼女は彼から離れた。デイブの誘いは真剣で、親しくなりたいと表現しているように思われる一方で、クレアのしぐさは、何か他のことを意味し、むしろ遊びに近いように見える。

　例えば以下のようである。

　先に、デイブは繰り返し口火を切るよう試みた。不愉快なものではない。集団によく聞こえるように、胴体と手を動かし、笑顔で、声を出し続けた。皆は、身体の向きを変えてデイブを見たが、彼がしていることに用心をしていた。彼は２度咳をして、声を出した（1.01）。彼と反対側にいるバービーは、彼のことをとてもおもしろいと思ったようで、陽気に笑った。しかし、デイブは自分が求めているような注意やコントロールは得られていないようだった。自分の周りの赤ん坊たちを見ながら、彼はシートの後ろにもたれかかった。それから、彼はもう一度試した（1.202001）。前にかがみ、声を出し続け、胴体や手足を動かし、視線を交わしたり、どの個人にも視線を向けることなく、集団に向かって満面の笑みを見せた。今回は反応があった。右隣にいるクレアが彼に関心を向けた。デイブがクレアに向いたときの発声は、安堵と喜びの溜息のようだった。しかし彼の接触で、クレアはすぐに手を引っ込め（1.262001）、デイブから距離を置こうとした。それに対し、デイブが夢中で応答をしていたとき、反対側にいるバービーは、甲高い喜びの声を出していた（1.352001）。

デイブは、まだ衰えない。ずっと長く伸ばした声を出して、身体や手足を動かし続けている。彼は、集団とつながったように感じていたのかもしれない（1.42001）。集団は、特に反応することなく再び彼を見始めた。しかし、彼が表現のサイクルを続けていると、他の赤ん坊たちは、その滑稽な動作をますます受動的に見るようになった。終結時には、デイブは完全に引きこもり、指を口にくわえた（1.502001）。

　この場面では、集団でともに時間を過ごす間に繰り返される周期を見ることができる。それぞれの赤ん坊は、集団プロセスに、自分の反応やパーソナリティ、優先する心の状態を持ち込む。デイブは、際立って、自分の活気を通して他の赤ん坊たちとつながろうと努力していたが、それは、相互作用を維持しようとするには過剰なようだった。クレアも、明らかに相互作用はできるが、いくつかの個人的な反応もしている。デイブは、彼女のあり方に沿う形で自分の反応を調整することなく、何度も同じ誘いを繰り返すのだった。3.27では以下のようである。

　　デイブの声は以前のものと似ていたが、より悲しげな音色であった。クレアは、相変わらず反応していた。おそらく、より内気な感情を反映して溜息をつき、親しく誘いかけるように、自分が遊んでいたストラップをデイブに向かって掲げている。

　集団優先の観点は、ある特定の個々の行動を暗示するということに注意すべきである。最も大切なことは、それぞれの赤ん坊が、時に、集団を「引っ張ったり（lead）」、それから誰かに「譲ったり（hand over）」、あるいは集団の注視をまとめる役として受け身的に集団の焦点の「対象（object）」になったりすることである。同様に、個々の観点は、ある特定の集団相互作用を暗示する。デイブは集団から注目を得ようとするが、彼の反応の最初の解釈によると、繰り返し「失敗（fails）」して、引きこもる。時には受け身的に注目の対象となったり、あるいはつながりを絶つ可能性もある。行動的測定と物語をつなげる以下の全体の相互作用の記述で、集団と個人の2つの観点は調和していくだろうか？

ステージ2──物語を測定可能な行動につなげること

　ステージ1の記述では、豊富な語彙を用いている。多かれ少なかれ、臨床家や乳児の調査・研究者にとってはなじみのある概念を必然的に用いることになるが、驚いた出来事も含められているかもしれない。つまり、手を叩いたり、声を出したり、対になったり（例えば、1人の赤ん坊が別の赤ん坊と明らかに「対話する（in dialogue）」）、悲しんでいたり、リズミカルに足を蹴ったり、大きくてすばやい身体の動きやアイコンタクトなど、目立たないが描写できる行動についても言及している。図13.1は静止画像であるが、そのような行動の構成要素の多くを見ることができ、力動や複雑な相互作用を伝えるものである。例えば、バービーの足はクレアやアンナのほうに伸ばされており（彼女たち両方の足にまさに触れようとしている）、顔は元気いっぱいである（今にも満面の笑みになりそうである）。バービーもクレアも2人とも、デイブの滑稽な動作に驚いたり興味を持ったりしたかのように、眉を上げている。しかし、アンナは眉を下げている（まさに顔を背けてバービーを見るところである）。こうした一連の場面は、初期の研究に記述されている、同時多発的なつながりの集団の特徴を例証するものである（Selby & Bradley, 2003）。

　集団行動の1つの指標として、**多数→1**の分析を重要なものとして位置づけた。この3→1のパターンは、その会話で、誰に「発言権（floor）」があるのかを推察することになった。この推論が正しいなら、3→1は、どのように赤ん坊たちがまとまり、集団の中の注意を調整するのかについての洞察を与えてくれることになる。1人以上の赤ん坊の、相互的な作用を調和する能力は会話のようである。それは、彼らが前の会話の「話題（topics）」について、どのように非言語的理解にたどりつくのかについての洞察も与えてくれる。ここに、後に現れる普遍的な人間の言語である「題目解説（topic-comment）」構文の前兆を見ることができる（Bruner, 1975）。

　この集団の注視のパターンの分析は、正確に5分半の相互作用の4分の1が3→1の注視であったことを表している。最初の143秒間は、3→1の優勢な受け取り手はデイブであった。彼はこの間、視線の62％を受けていた（バービー21％、アンナ10％、クレア7％）。この時点で（143秒後）、集団に新たな力動が始まった。なぜなら、時間が経つにつれて、アンナがドアに心を奪われ、身体をよじりながら

泣き始めたからである。はじめのうちは断続的で弱い調子であったが、ついに泣き続けたので調査・研究者は録画を終わらせることになる。相互作用の第2の部分では（186秒間）、アンナは71％の3→1の注目を受けた（クレア17％、デイブ7％、バービー5％）。要約すると、相互作用の最初の部分ではデイブが優位に「発言権を持ち（holds the floor）」、第2部ではアンナへの注目が優位を占めたということである。

もし最初の部分に焦点を当てるなら、デイブが集団の「リーダー（leader）」であるという結論に至ったであろう。なぜなら、最も多くの注目を集めていたからである。しかし、さらなる分析は、物事がより複雑であることを示している。全相互作用の間に、何が「3→1の注目の入札（bid for 3→1 attention）」を成功に導くのかを検証すると、発声（デイブの場合、支配的で「魅力的な（filler）」発声を含む）、手を振る、満面の笑みを浮かべるという3つの要素が際立つ。しかし、笑顔のみでは、イニシアティブをとる上での影響はなかった。

成功するか不成功に終わるかにかかわらず、発声と手を振る行為の発現を見ると、発声のほうがはるかに一般的である。全体の相互作用を見ると、187回の発声があった。デイブは53％（99回）、アンナは27％（51回）、バービーは19％（36回）、クレアは6％（11回）である。57回の手を振る行為のうち、デイブは最も多く（39％、22回）、アンナは28％（16回）、バービーは18％（10回）、そしてクレアは16％（9回）であった。すべての発声、手を振る行為、そして手を振る行為プラス発声を「イニシアティブ（initiation）」の試みとして分類すると、バービーは46回のイニシアティブの試みのうち4回（9％）は成功、デイブは121回（10％成功）、アンナは67回（21％成功）、クレアは20回（40％成功）である。全216回の**不成功に終わった**イニシアティブの試みのうち、デイブはその半分（109回）、アンナは4分の1（53回）、バービーは19％（42回）、そしてクレアは6％（12回）であった。比べてみると、クレアはイニシアティブをとることに最も成功しており、デイブは自分の誘いかけに反応をもらうのが明らかに最も少なかった。実際、クレアの行動は明らかにデイブの行動と対照的である。彼女は、最も自己肯定的で情緒の調整ができる赤ん坊のように思われる。

このように、ステージ2の分析は、ステージ1で伝えられた印象を支持し、再び3→1のパターンと結びつく可能性のある意味についての解釈的問いを導く。

乳児の仲間集団の「リーダーシップ（leadership）」について、時に大人の観察者たちは疑問を持つが、赤ん坊たちの間のリーダーシップをどのように理解すればよいのだろうか？　3→1の注視を最も受ける赤ん坊が「リーダー（leader）」なのだろうか？　その意味では、当初の部分のデイブよりも、第2部のアンナのほうがより成功したリーダーであった。あるいは、もしうまくいったイニシアティブ（「カリスマ性（charisma）」？）がリーダーの証だとすれば、クレアがその候補となる。しかし、彼女は周囲に配慮しているが、集団交流の間はおおむね控え目であった。リーダーシップの能力は、多様な源泉からの情緒を抱える乳児の能力から理解することが可能である。

推測と交渉

　ここまで示してきた通り、赤ん坊の集団のとても短い録画からでさえも、多くの解釈の可能性が得られる。私たちの記録が、数量化できるデータによってそつなく支持される範囲においては、大人と同じように赤ん坊も、人間関係の莫大な量の情報をすばやく集約することができるという結論に至る。しかしながら、人間の相互作用に関するこうした多量のデータに詳細な文章や数的なバックアップがあっても、「本当に（really）」人間間に起こっていることについて、調査・研究者は完全には確信を持てない。1つのレベルの解釈の変化が、見ていることを根本的に変え得る。つまり、それは私たちがどのくらい多くのデータの中から選んでいるのかということである（Selby & Bradley, 2005）。しかし、どのような要因が、この知覚の変化に影響するのであろうか？　解釈にもその力動がある。ここで、分析の枠組みのステージ3が開かれる。これらの力動は、個人的、組織的、そして／あるいは、文化－歴史的に見ることができる。

　例えば、3人組の乳児を分析したセルビーとブラッドリー（Selby & Bradley, 2003）は、1人の赤ん坊が、母親が自分を置いていったことにがっかりして、いかにそれを「補う（to compensate for）」ためにつま先にしがみついたのかに注目した。愛着や分離への対処がブームとなった1960年代より以前には、こうした行動の意味の推測にはおそらく限界があったであろう。現在、ボウルビィ（Bowlby）やウィニコット（Winnicott）、そしてビックの業績に精通する独特の文化を持つ私たち調

査・研究者で、このようにつま先を握ることが、愛着と関係していたり、不安を扱うことと関係していたりすると推量しない者はほとんどいないであろう。赤ん坊を改めて観察しようとするならば、こうした特有の文化の境界を越えて、私たちが見るものが、小さな子どもと社会化にとって潜在的に非常に重要な側面についての理解をもたらすものとして、最初の連想を尊重する必要があるだろう（Selby & Bradley, 2005）。そしてここに、それぞれの個性が入り込んでくるのである。

赤ん坊集団の録画を専門家に見せると、好奇心、喜び、そして以前から存在する考えや理論的先入観が試されることへの衝撃といった様々な反応が起きる。行動の複雑さを見た際の共通の体験は、「何が起こっているのか（what is happening）」について、客観的に一貫した焦点を当て続けるのが不可能だということである。観察者の連想が強くなるのはここである。これは、臨床訓練期間の乳児観察の伝統と一致する。そこでは、観察者が時間をかけて観察したことについての可能な意味づけを手に入れることが想定されているが、しばしばセミナーグループでのディスカッションを通じて付加的な意味を見つけることもある（しかしながら、文化的に受け入れられる様態に対しての、乱暴な、あるいはオーソドックスではない解釈は、危険をはらむ。Austin, 2002）。

年老いて虚弱な母親を持つある臨床家が、この集団を見て、赤ん坊にとって触れることの大切さや、今自分の母親に触れ合いが欠けていることを思い起こして悲しく感じたと語った。ほとんどの大人は、老人や病人を優しくなでようとはしない。それゆえにこそ、身体的にも情緒的にも彼女に**確かに**触れる、孫の価値がある。この臨床家の反応は、とても小さな子どもを理解することに、どの程度関係するのだろうか？　このような乳児への「特有の（idiosyncratic）」反応は、どの程度、今日の理論が最も容易に赤ん坊について構成する非感覚的な（a-sensual）方法の注意を引くだろうか？　常に文脈に沿った私たちの記録は、データを「越えて（beyond）」連想に目を開くことと、詳細な記述や数を解釈しようとする「安全性（security）」の確信との間で、注意深く扱われる。このことについていくら考えようとも、推測や批判という不可欠のサイクルを通して赤ん坊を理解しようとする中で、私たちの個人的な反応は必ず介在するのである。

おわりに

ペリー（Perry, 1997）は、発育途上にある脳が、幼いときにネグレクトや虐待を受けることで社会的に機能不全に陥る様相を記録している。約30から50の生物学的分析単位を用い、次のように考察している。

> 人類の最も小さな機能的生物学的単位は、個人ではない。それは群れである。個人も、子どもの対も、核家族も、単独で生き残ることはできない。私たちは群れで生き残り、進化してきた。社会的に、情緒的に、そして生物学的に相互依存しているのである。（Perry, 1997, p.144）

1950年代から1960年代の発達理論は、赤ん坊が理解し、要求を持つ個人であることを気づかせてくれた。私たちは後に、愛着理論の中核である「対（dyadic）」の乳児の考えを取り入れた。しかし、今では、この群れの乳児が、1人ではなく複数の他者を求め、同時に複数の相互作用を持つという解釈の扉をノックしている。この新しい乳児を、私たちの保育室に、家族に、そして思考に迎え入れよう。

第14章
乳児観察の調査・研究を他のパラダイムとつなげていくこと

スティーブン・ブリッグス & ジョアンナ・バーリンガー
Stephen Briggs & Johanna Behringer

　本章では、乳児観察の調査・研究と、特に愛着理論のような乳児研究の要となる、いくつかのアプローチとの関係を探っていく。焦点となるのは方法論的な問題である。ここでは、他のパラダイムとの関わりを促進するような実証的枠組みに乳児観察を位置づけるプロセスについて検討する。特に、記述的な乳児観察のデータが、いかに仮説を実証的に検証するのに適した調査・研究の手段として発展し得るのかについて検討する。

　早期の親－乳児の相互作用と、乳児期後期における安定した愛着パターンの発達との関係について研究する、現在のプロジェクトとともに例示したい。

乳児観察から何がわかるのか？

　これまでにも、乳児観察のデータを伝統的な量的調査・研究の方法論を用いて直接的に検証しようとする試みはわずかになされてきたが（例えば、McFadyean, Canham & Youell, 1999）、乳児観察は質的な方法によって調査・研究に知見を与えるものであるという共通認識が一段と高まっている。

　しかしながら、この考えは、乳児観察によってもたらされる知識構築の豊かな可能性と、調査・研究の主流の方法、あるいは、現在の乳児期についての鍵となる実証的問題との間に隔たりを残す。この隔たりは、乳児観察がパラダイムを越

えた最新の議論を交わす機会を制限し、さらには、精神分析的知識と他のパラダイムをつなぐ架け橋としての潜在的可能性までも制限してしまう。

乳幼児の調査・研究に集まる関心

　近年、乳幼児の調査・研究は、情緒と関係性の研究に向けて重要な転機を迎えつつある。精神分析的アプローチは、理論的に他の方法論として位置づけられてきた。例えば、フォナギー（Fonagy, 2001）は、精神分析的概念と愛着パターンに特有なナラティブの類似性について議論している。彼はまた、「コンテインメント（containment）」——後に考察するが、親と乳児の関係の中で乳児の不安を扱い、変容させる精神分析的理解——と、「感情調整（emotion regulation）」の関連性についても検討している。間主観性における近年の強調点は、情緒プロセスや感情調整を早期の関係性の鍵概念とする（Tronick, 2007）。ショアー（Schore, 2001, p.20）は、「情動調整（affect regulation）」とは、単にネガティブな感情の強度ではなく、ポジティブな感情の拡充を減少させることをも含むと強調している。このように、愛着とは、単に安心感を確立することのみならず、ストレスの多い状態、もしくは調整困難な状態を経験した後、遊びと同じように鍵となる構成要素がポジティブな状態を復活させることであることを示唆している。

　しかし、ダウニングら（Downing, Bürgir, Reck & Ziegenhain, 2008）は、感情調整が持つ広い意味、この概念をめぐる共通見解、情動調律（Stern, 1985）や感受性（Ainsworth, Blehar, Waters & Wall, 1978）といった類似概念は、理論上の相違を隠したりわからなくしたりするため、こういった学術用語によって記述されるプロセスの意味を不透明にし、混乱させると主張している。

　主な実例として、似た概念を持つ2つの群がある。1つ目は精神分析的概念である内在化、2つ目はボウルビィ（Bowlby, 1969）が愛着理論において発展させた内的作業モデルの概念である。これらの概念は、経験における内的表象の性質を伝えることを目指している。しかし、それぞれのパラダイムは、そこに関係するメカニズムとそれらの主要な特徴において、非常に重要な点でかなり異なる理解を持つ。

　感情調整や内在化のような概念に議論が集中するのは、乳児の発達と個人の関

係性について、臨床的かつ標準的な興味を伴う一般的な関心のためだと考えることができるだろう。概念間の違いは、異なる理論上の枠組みと、調査・研究の方法論を反映する。それぞれの概念において、何を観察することができ、そしてこれらの観察がどのように確認され得るのかということである。臨床的な類似や調査・研究に対する関心と、異なる方法論と概念上の枠組みの両方を認識した上でとるアプローチからは、次のような問題が提起される。つまり、パラダイムを越えたつながりを目指すことによって、何が得られるのか。そして、それはいかにしてなされ得るのか?

この問題は、ある特定のパラダイムの知見の限界、あるいは答えの出ていない疑問を特定することによって、説得力のある検討がなされる。例えば、愛着理論の観点をめぐるこうした疑問の1つに、次のようなことが挙げられる。私たちは、愛着パターンが親から乳児へと伝えられることはすでに知っている。しかし、利用可能な調査・研究のエビデンスが豊富にあるにもかかわらず、いかに早期の親との相互作用が、乳児の愛着パターンの形成に寄与し得るのかについては、まだ説明ができていない。愛着理論は、このプロセスにおいて、乳児からの何らかの合図に対する親の感受性が中心的な役割を果たすと仮定してきた。しかし、調査・研究は、今のところ、親の愛着パターンと乳児の愛着行動を、親の感受性によって説明することができるということについては、ほんのわずかな関連性しか見いだしていない。したがって、ここには「伝達の隙間(transmission gap)」があることになる(van Ijzendoorn, 1995)。

現在、広く普及している見解では、感情調整の概念の重要性は、乳児の組織化の発達にとても重要な役割を果たすと示唆している。加えて、愛着理論が、不安と分離に対する反応の研究とこれらの反応が組織化される方法を支持する限り、感情調整の理論として概念化される。このように、主要な調査・研究の手段、とりわけ新奇場面法やAAI(Adult Attachment Interview: 成人愛着面接)は、感情調整の尺度としても考えることができるだろう(Behringer, Reiner & Spangler, 2011)。こういった考えに基づき、バーリンガーとスパングラー(Behringer & Spangler, 投稿中)は、近年、親のカップル関係における感情調整が、乳児の愛着の発達に重要な影響をもたらすことを実証している。しかし、上記の通り、乳児-親の関係性にとって、包括的で時にあいまいな**感情調整**という学術用語の適用は、理論的にも方法論的に

も、この概念により大きな特殊性を与えるためには欠くことのできないものである。

安定した乳児の組織化の発達について理解するための精神分析的貢献

この議論を進めていくにあたり、精神分析的思考は次の2つの点について潜在的に貢献ができる。第1に、「コンテイナー－コンテインド（container-contained）」の関係性で説明される、母子間の情緒的なつながりについての記述である。第2に、乳児期後期の組織化は、こうした母子関係の性質を内在化することによって発展していくという理論である。そもそもビオン（Bion, 1962）の仕事を通じて臨床的概念として発展したコンテイナー－コンテインド関係における力動は、いくつかの主要な要素から構成されるものとして、操作的に記述され得るだろう。例えば、乳児の情緒的経験に対する母親の心理的存在である。乳児に生じた不安の投影を受ける母親は、それを変容させる。それに名前をつけたり解毒したりして、より扱いやすいものに変え、乳児に投げ返す。このプロセスを通して、母親が赤ん坊に与える情緒的な思考の側面とともに、乳児には名前のつけられた情緒的経験の内在化が進んでいくのである。

現在、乳児に関する調査・研究の議論という文脈の中で、コンテイナー－コンテインド、内在化と愛着パターンにおける関係性の相互作用の研究は、重要ではないとしても、実証すべき課題として価値がある。特に、この研究の焦点は、早期の相互作用がいかにその後の愛着パターンの組織化につながるのかということ、そして、乳児－親の関係性の中でどのように親の愛着の影響が乳児に伝えられるのかということである。

本章の残りの部分では、2人の著者が協力して設計した研究について検討する。私たちのうちの1人（スティーブン・ブリッグス）は、乳児観察を用いた調査・研究をすでに行っており（Briggs, 1997）、もう1人（ジョアンナ・バーリンガー）は、愛着理論を適用して乳児の調査・研究を行っている。カップルの感情調整と愛着を評価するより大きなプロジェクトの中で、このプロジェクトは、乳児期後期の愛着の組織化において、乳児期早期のコンテイナー－コンテインドの性質が与える影響

を評価することを目指すものである。

乳児観察の調査・研究──実験的応用の方策

　乳児観察は自然主義的方法であり、その観察記録を実験的方法としてそのまま用いることには不向きである。それゆえ、乳児観察の記録を、実験的方法において使用可能にする方法を見つけることが必要となる。そこで私たちは、設定場面における仮説を検証するのに適切な、乳児観察からの発見を生成するために必要な3つの段階を同定した。まず、乳児期早期における親−乳児間の相互作用を評価するための設定場面を同定し、次にコンテイナー−コンテインドの相互作用を評価するための得点化の枠組みや尺度を開発するのに適した実験デザインを同定する。最後に、それまでの段階の成果を基礎に、乳児期早期の相互作用と乳児期後期の愛着形成の組織化との関係に関する長期にわたる研究を立案する。このうち、最初の2つはすでに完成しているが、最後の段階は現在進行中である。

第1段階──乳児観察から検証可能な成果を生成する

　乳児観察の主な役割は、今なお、心理療法士と関連専門職の訓練にある。しかし、本書が示す通り、乳児観察は明らかにますます多くの調査・研究に用いられてきている。これらの研究の大多数は、単一事例における奥行きの深い調査・研究となっている。しかし、その一方で、アーウィン（Urwin, 2007）が小集団で観察を行った赤ん坊の研究は、系統的な研究の機会をもたらし、事例の横断的比較のみならず、長い年月をかけた比較の可能性を紹介するものであった。

　両著者による現在の共同作業は、このような小集団の研究に立ち戻ることから生じてきた。ブリッグス（Briggs, 1997）は、ビック（Bick）の方法を用いて、5人の乳児とその家族の観察を彼らの自宅で2年間行った。この調査・研究では、家族内で、身体的、あるいは感情的に潜在的なリスクがあると考えられた乳児に焦点を当てた。広範囲にわたる社会的背景の家族を集めた。これら不利な環境下にある乳児らは、臨床に近いサンプルであり、乳児−親関係における不安が高レベルであった。また、不安に対して十分とは言えないコンテインメント環境にあることが特徴であった。この研究では、定期的に赤ん坊を観察する中で、2年に及ぶ

乳児の発達の変遷と、親との関係性を図表に示した。明瞭かつ一貫したパターンの関係性を見るために、何例かを追跡することができた。

　グラウンデッド・セオリー分析を用い、記録から判明したカテゴリーをつくり出した。さらにそれらを系統的に追跡し、時間的に異なるポイントにおける5つの事例を評価し、パターンを同定した。こういった脆弱な家族において、不安が高まり、コンテインメントが制限されるような場面で観察される相互作用の種類を評価するため、中心的なカテゴリーを開発したのである。こうして生み出されたカテゴリーから「グリッド（grid）」を構成し、詳細で記述的な観察記録を系統的に分析して仕上げた。グリッドには、観察記録に記述された多様な要因を含めることを目指した。したがって、カテゴリーは、外的、社会的要因と、個人間、および内的な性質を含んでいる。グリッドは、母親に対するサポートの質、親と赤ん坊の関係性の質、乳児の身体的、情緒的なニーズに対する親の反応、赤ん坊の身体的、情緒的発達、そして内在化の側面を評価するためのカテゴリーを含むものである。

　その後、定期的にそれぞれの乳児と家族のカテゴリーを評価するためのアセスメントツールとしてこのグリッドを用いた。各カテゴリーの概要を記録し、さらに1から5の尺度に等級分けした。ここで重要なことは、鍵となるカテゴリー――コンテイナー形態（container shape）、つかむ関係（grip relations）、そして、適合（fit）――が、コンテイナー－コンテインド関係の力動をより現実的に用いることのできる、グラウンデッド・セオリー分析を通して明らかになってきたということである。これらは以下のように要約できる。

1. **コンテイナー形態**

　　親のコンテイナースタイルの対照的な3つの「形態（shape）」を次のように記述する。

    a. **凹形態**（Concave）：親が、乳児の不安について考え、それを変容するために乳児からのコミュニケーションや心の状態を、自らの心身に取り入れる受容的な形態。

    b. **平板形態**（Flat）：乳児からのコミュニケーションに注意を払わない、あるいは遮断してしまって気づかず、情緒を身体的なものとして扱う形

態。これは例えば、常にではないが、親の他の関心事への没頭や、抑うつ的な考えから起こる。
    c. **凸形態**（Convex）：親自身の他の関心事への没頭を乳児に注ぎ込む形態。ここでは乳児は、こういった親の心の状態を受け入れる「容器（receptacle）」になる。
2. **つかむ関係**
    早期の乳児−親関係は、乳児と母親が互いに情緒的に伝達し合う方法、「つかむ関係」からなると記述される。この、つかむ関係の性質は、乳児の情緒性と関係性の質によって様々である。乳児は、口、目、耳（声）、手といった身体のすべての感覚様式を用い、つかむ関係を通してコミュニケーションをとろうとする。つかむ関係は、身体から先に根づいていくことから、ここでの強調点は、早期の発達における身体性である。つかむ関係は、それぞれの感覚様式において、つかむ力の質、すなわち「固執的（firm）」「硬直的（rigid）」「脱力的（floppy）」として評価される。
3. **乳児と養育者との間の適合**
    母親−乳児関係の早期の組織化（「適合」）は、個々の関係の中で、不安とどう関わり、それにどう対処するのかという経験に基づいている。すなわち、この適合性というのは、コンテイナーの形態と、つかむ関係との相互作用における影響の結果である。ここに3種類の適合の型を同定することができる。
    a. **コンテインすること**（Containing）：コンテイナー−コンテインドの関係性を通じて、不安と向き合うこと。
    b. **葛藤的**（Conflictual）：不安の対処に葛藤が生じること。
    c. **適応的**（Accommodating）：両者ともが、関係性において不安の影響を避けるか、あるいは防衛的になるという、ある種の共謀を意味する。

脆弱で、潜在的にリスクが考えられる乳児の研究において、凸状と平板状のコンテイン形態の概念は、親が赤ん坊の不安や激しい感情に対し、いかに適切に応じるのかをとらえるものである。これは特に、赤ん坊の母親との関係、および親のアプローチとそれに対する赤ん坊の反応の違いから、問題のある側面を評価するのに役立つ。ある特定のつかむ関係は、実質的

に、または著しく凸状／平板状の形態と関連することが観察された。例えば、ビック（Bick, 1968）が記述したように、赤ん坊が関係性から引きこもるか、「筋骨たくましく（muscular）」なっていることが観察される場合、これらはいずれも「筋骨たくましい」乳児の身体の硬直や、引きこもった乳児のうつろな表情や、視線の合いづらさといった異なる感覚様式を通して表される。

　これら3つのカテゴリーは、長い年月をかけて個々に観察された赤ん坊のパターンを記述するために用い、乳児の組織化の連続性を同定するのに役立った。2年にわたり観察した、母親と乳児のそれぞれのつかむ関係のパターンを系統的に追跡することで、私たちの注意がある特徴的な性質に向けられた。それは例えば、2年間一貫して、親と乳児が早期の不安に対処し続けたということである。制限された、あるいは適切なコンテインメントの影響と、関係性の発達におけるある特定のつかむ関係の機能を例示する観察記録の分析からは、乳児の内在化もまた同じように特徴的であることがわかった。
　最初の研究における簡潔な例は、つかむ関係のパターンの連続性と、これにリンクすると思われる内在化の性質を証明するものである。

◆ 事例──サマンサ
　最初の3か月、サマンサの母親は、主に平板状のコンテイナー形態にあった。サマンサは「脱力的な」つかまり方を発達させ、関係性からは引きこもっていた。これは、弱く、うつろな表情を特徴とする、サマンサの目によるつかみ方に著しく観察された。乳児と母親の適合性は、「適応的」である。サマンサは、母親の腕と心によって「緩く抱っこ（loosely held）」されていた。重要な出来事の1つに、早すぎる離乳があった。その「緩い抱っこ」の性質は、最初の観察の抜粋からすでにほのめかされている。

　母親は少し動いた。サマンサはまだ眠っている。母親が動いたためにサマンサの頭は後ろにうなだれ、わずかにしか支えられておらず、ほとんど母親の腕の外にあった……（母親は、観察者に出産以降の自分自身の痛みについて話していた）……

サマンサは軽く動き、ゆっくりと静かに目を開けた。彼女は母親の顔を見た。すると母親はサマンサがやっと起きたと言い、「ちょうどおっぱいをあげようと思っていたの」と言った。母親はサマンサに胸を差し出したが、サマンサは乳首をくわえるとしかめ面をした。母親がおっぱいを与え直すと、サマンサは乳首を見失ってしまった。その後、再度、乳首をくわえると安定して吸うことができた。(13日目)

3〜12か月の間、サマンサは「脱力的な」目と身体のままだった。例えば、以下の抜粋に見られるように、落ちるという恐怖の中で内在化された「緩い抱っこ」の性質が現れ始めた。

母親は、着せ替え用のマットにサマンサを寝かせた。サマンサがおもちゃに手を伸ばしてつかもうとすると、マットの上で転がって、あお向けになった。彼女は緊張し、恐怖の感覚が表情に現れた。母親は「大丈夫。落ちないわよ。寝返りできるでしょう」と言った。(8か月2週目)

母親の受容的な発言から、この関わりにおいては、母親の形態が「凹状」であることが見て取れる。サマンサの身体の緊張は、明らかに彼女が硬直的なつかみ方の傾向を発達させている前触れであった。サマンサは、自分の手と身体を用い、硬直的なつかみ方で変化に抵抗した。例えば、彼女は、息を殺したり(4か月、9か月)、子ども用のハイチェアに頑なにしがみついたりした(11か月)。

18か月時から2年時に観察されたサマンサの象徴的な遊びには、落下と落とされること、あるいは墜落という強力なテーマがあった。以下に例を挙げる。

彼女は母親からリンゴを受け取ると、室内を歩き回った。そして、わざとリンゴを落とし、それを拾い上げると、観察者の元にやって来た。椅子に登ろうとしてぎこちなく倒れ、短く叫んだ。(19か月4日目)

彼女は、繰り返し階段の下におもちゃのブロックを落としたり、妊娠している真似をしたりして遊んだ。服の中にボールを入れては、次の瞬間、そのボール／

赤ん坊を落とすというものだった。

　また、15か月から24か月の間には、サマンサはしばしば無目的で焦点が定まらなかったり、集中力が欠如したか、あるいは喪失してしまったかのような「放心状態」に見えたりすることが特徴的に観察された。サマンサが、他者とより密接な接触をする場合、彼女は身体的にも精神的にも自分自身をしっかりつかんで頑なになり、他者に対して「固執的」になってしまうのだった。このように彼女は、「緩い抱っこ」を内在化してきたように思われた。これはまた、身体的にも明らかだった。例えば、18か月から21か月のことである。揺れ木馬に乗っているとき、しっかりとつかまっておらず、不安定に見えた。彼女はあたかも、今にも落ちそうな位置にあり、それを見ていた周囲の者に、高い不安を引き起こしたのだった。

第2段階──設定場面においてコンテイナー−コンテインドを測定する尺度

　この議論の第2段階では、設定場面における6か月時の母親と乳児の相互作用を見る尺度の開発について述べていく。プロジェクトのこのパートは、愛着パターンの伝達メカニズムのあらゆる可能性を探求することを狙いとして、著者の1人（ジョアンナ・バーリンガー）が指揮する、より大規模で長期的な研究に組み込まれた。

　この尺度は、グリッドで開発された他のカテゴリーとともに、コンテイナーの形態とつかむ関係を基礎とする概念から発展した。しかし、これらの概念がビデオ録画された設定場面で観察できるのかどうか、そして、これらの観察をいかに確実にコード化することができるのかを立証する必要があった。さらに、この乳児観察研究において、より臨床的な集団ではなく、標準的なサンプルを研究することの狙いは、乳児観察研究によって生成されるカテゴリーが、このような相互作用の中で観察が可能かどうかという問題を提起することである。したがって、適切な設定場面を同定すること、また、コード化するためのマニュアルにおいて評定尺度を考案することという2つの課題があった。

　母親たちは、生後6か月の赤ん坊とともに設定場面にやって来た。そこは、大学の調査・研究部門が用意した快適な部屋で、マットやおもちゃが備えつけられていた。母親たちには赤ん坊と関わることを求め、それをビデオ録画した。6か

月という時期が選ばれたのは、親の感受性を評価するために適切な時期であること（Ainsworth, Bell & Stayton, 1974）、そして、この時期までに母親と赤ん坊の間に特有の相互作用パターン（「適合」）が組織化され、ビデオ録画した相互作用を追跡することで、その観察が可能であろうと考えられたからである。高次化された設定場面では、母親はいつも通りに赤ん坊と接するだけではなく、赤ん坊の気質に関する8ページもの質問票（Rothbart, 1981）のすべてに、詳細に記入することが求められた。母親と赤ん坊の相互作用におけるコンテイナー－コンテインドの性質について観察したり評価したりする上で、母親に2つの課題を与えること（赤ん坊と接するとともに、質問票への回答に時間を割くよう依頼すること）は、なじみの薄い不慣れな状況にあることに加え、かなりの不安を生み出すだろうと考えられた。実際に、母親の意思決定を見るのは興味深かった。赤ん坊との関わりを選び、質問票を無視する母親もいれば、質問票に答え、赤ん坊との関わりを持たない母親もいた。また、両方を同時に行うことを試みた母親もいた。

　評定尺度とコード化のマニュアルを開発するという課題は、私たちのうちの1人（ジョアンナ・バーリンガー）が進め、その後、この種の手段を生成する通常のプロセスを続けた。これらの方法は相互に影響し合うものであり、母親と赤ん坊の相互作用のビデオを見て検討した。グリッドのカテゴリーをナラティブと試験評定によって導入し、評価した。それぞれの評定とコメントを比較することで、いくつかのカテゴリーについての共通見解を確立し、またどの領域に疑問や見解の違いがあるのか同定した。

　将来的に、他の調査・研究者の使用を促進するために、臨床家以外、あるいは精神分析的な訓練を受けていない評定者にも使用可能なカテゴリーを定義した。次のように、1～5のそれぞれの評定尺度には、詳細な記述を加えた。実例とともに数量的な尺度を正当化するため、判断の強さ、頻度、質を特定するものである。評定者には、より長く連続性のあるもの、あるいは相互作用に強力なインパクトを与えると思われるカテゴリーを得点化する方法についての指示を与えた。それぞれのカテゴリーの定義や、1～5の評定尺度の意味を、相互作用の例に基づく記述とともに記録した。観察記録における行動上の性質と、概念における情緒的、関係的な性質の間に生じる対立は、それぞれの評定の性質の記述方法によって解決されるであろうと考える。尺度には、以下のカテゴリーを含めた。

コンテイナー形態	凹形態	
	平板形態	
	凸形態	
つかむ関係	口 ：固執的、硬直的、脱力的	
	声 ：固執的、硬直的、脱力的	
	目 ：固執的、硬直的、脱力的	
	手 ：固執的、硬直的、脱力的	
	身体：固執的、硬直的、脱力的	
適合	コンテインすること	
	葛藤的	
	適応的	

　私たちはこの新しい尺度を「コンテインメントと対象関係の尺度（Containment And Object Relating Scale: CAORS）」と呼ぶことにした。ビデオによる相互作用の評定尺度は、$\kappa = .90$ という評価者間の信頼性レベルを達成した。これは、この種の調査・研究においては大変意義深い結果であろう。このように、私たちはこの研究において、操作可能なものとしてコンテイナー－コンテインドの概念が測定され得ることを証明したのである。

第3段階──愛着パターンの発達にコンテインメントがもたらす影響を評価する

　他の尺度から得られる結果と比較する際、CAORSの信頼性は確実な根拠を提供する。コンテインメントと親の愛着との関係性、カップル間の愛着を、エインズワース（Ainsworth）の感受性尺度（Sensitivity Scale）を用いて、6か月時点での親の感受性を評価するよう研究を設計した。今後、6か月時に示されたコンテインメントと1年後の新奇場面法によって測定される乳児の愛着との関係を評価するために、赤ん坊を追跡していく。すでに76人の母親がこの研究に参加するために募られている。

　今までのところ、私たちは、CAORSの得点──すなわち6か月時のコンテインメント──とAAIによる親の愛着分類との関係を評価する最初の結果を報告している。将来的には、CAORSの得点と新奇場面法による乳児の愛着の関係を評

価できるようになるであろう。最初の調査結果において、私たちは安定した愛着を持つ母親は著しく凹形態にあり、不安定／混乱状態に分類される母親に比べて、赤ん坊に対してより受容的に適応していることを見いだしている。一方、不安定拡散型の母親との間の相違は見られなかった。CAORSにおいて、適切にコンテインすることとAAIの母親の情緒状態の尺度との間には、意味のある関連性が見られた。興味深いことは、このサンプルでは心の状態の尺度と感受性との間には意味のある関連性がなかったことである。これは、CAORSが親の愛着に関する感受性とは異なる側面を評価していることを示唆するものである。このように、つまるところCAORSは、大人の愛着とその乳児への伝達、さらに、乳児の不安をコンテインするという役割の間の関係性についての知見を加えることができるかもしれないのである。

結論

本章において私たちは、乳児観察の記録が、大規模で実証的な研究にも適用可能な尺度――CAORS――を提供する方法を促進する方法論的プロセスについて検討した。コンテインメントの尺度と愛着との関連性を発見するため、（ⅰ）6か月時点の相互作用、（ⅱ）親の愛着、（ⅲ）12か月時点の乳児の愛着パターンとの間の関係を評価することを狙いとした研究における、この尺度の用い方について述べた。

このアプローチは、重要な理論的問題、さらには実証的な調査・研究課題に取り組むために、乳児観察の調査・研究を実証的に応用する可能性と、乳児の調査・研究のパラダイムに横断的つながりをもたらす可能性を示すものである。この場合の鍵となる問題は、乳児－親の関係性がいかに後の内在化を導き、安定した愛着パターンの獲得に寄与するのかということである。当初、私たちのアプローチは、通常通りに実践される精神分析的乳児観察から観察素材を得ることだった。その後、この素材の分析は、複雑な応用のプロセスをたどることになった。最初にグラウンデッド・セオリーよって概念的カテゴリーを生成した。続いて、信頼性と妥当性を担保するために、統計的分析を含む尺度の開発を通して、これらのカテゴリーを一般化する可能性を広げた。これは、この種のアプローチを通して、

鍵となる精神分析的概念が操作可能であることを示すものである。

　CAORSは、研究者が6か月時点の乳児－親の関係を測定する際に利用できる、信頼性の高い尺度になるだろう。これは、世代を超えた愛着の伝達における乳児－親関係の役割を評価するために、親の愛着、乳児－親の相互作用と乳児の愛着との関係性を導く可能性を引き出す。このアプローチは、不安と分離への反応を組織化するプロセスの結果として愛着パターンが確立されると仮定する枠組みの中で、感情調整とコンテインメントを関連づけることを通して、感情調整のプロセスの理解に、より特殊性をもたらすものである。これにより、臨床家と、愛着および発達に関する調査・研究者との間に対話の機会が広がることであろう。

謝辞

　上記の成果は、ライプツィヒで2010年に開かれた世界乳幼児精神保健会議（World Infant Mental Health Congress）で報告した。この調査・研究は、ゴッドフリード・スパングラー（Gottfried Spangler）教授の指導のもと、エアランゲン・ニュールンベルク大学心理学部と共同で行われた。この共同研究におけるスパングラー教授の指導に感謝する。

第15章
老人ホームにおける観察
調査・研究の方法としての単一事例研究と組織観察

ウィルフリード・ダトラー、ロス・A・ラザール＆
カトリン・トランケンポルツ
Wilfried Datler, Ross A. Lazar & Kathrin Trunkenpolz

イントロダクション——ハーツ氏との最初の出会い

　認知症を抱えるハーツ氏▼[原注1]は、背の高い細身の75歳の男性である。現在、老人ホームで暮らしている。日中は、認知症ケア部門の廊下で散歩を楽しんでいるが、それ以外は援助を受けてかろうじて飲んだり、食べたりできるのみである。他者との意思疎通の能力は低下し続けている。共用エリアに座っている間は、テーブルで見つけたものに関心を持つことがある。例えば、テーブルや椅子の端っこを手のひらでなでたり、破れるまで新聞紙をすりつけたりするようなことである。

　ハーツ氏の妻は、定期的に訪問してくる。基本的に毎週1回訪問している観察者のウルスラ・ボグは、彼らの間の穏やかなやりとりを繰り返し記録している(Bog, 2008)。12回目の観察では、例えば、次のような優しさを例示している。ハーツ夫妻は、建物の居住エリア近くのテーブルに座っていた。ハーツ夫人は、自分と同じく夫がホームで暮らしている女性と話していた。妻の横に座っていたハーツ氏は、彼女を見続けながら、上半身を彼女のほうに傾けていた。

▼原注1　本論文で言及するすべての人名は、その匿名性を保護するため、変更している。居住者、必要に応じてその配偶者、老人ホームのスタッフは、観察の求めに応じて許可を与えてくれた（Hubbard, Downs & Tester, 2001）。

ハーツ氏は、**慎重に妻の手のほうに自分の手を伸ばした。彼はわずかに彼女の手を持ち上げ、テーブルに置いた。ハーツ夫人は、夫が彼女の手を何度も何度もあちらこちらに動かしている間も、まだその女性と話し続けていた。その後彼女は、ゆっくりと夫の手を取り、優しく自分の手の中に握った。彼らのどちらもがテーブルの上でもう一方の手を重ね、互いの手をなでた。ハーツ夫妻のこの相互愛撫は、非常に親密で愛情に満ちたものに見える。**(Bog, 2008: 12/174)▼原注2

　ハーツ夫妻はかなり長い年月を連れ添った夫婦であるが、今も互いに深い愛着があることは明白である。しかし、狭い意味での性的関係は、もはや維持していないという兆候がある。ハーツ夫人は、性的親密さの欲求を示すような行動は表さない。ハーツ氏については、認知症とそれに関連する特徴のために、性的興奮や性的満足を得る状況を確立したり経験したりすることが、もはや不可能であるという印象を与える。しかし、観察を続けた期間を通して、ハーツ氏は性的感情を経験しているが、それを表現したりそのことを理解してもらったりすることに、かなりの困難があることが明らかになっていった。この状況について詳しく述べる前に、観察を行ったこの調査・研究の文脈について記述する必要があるだろう。

老人ホームでの生活の質——ウィーンの調査・研究プロジェクト

　2007年にウィーン大学の社会学部、看護科学部、および教育・人間発達学部のメンバーによって、「老人ホームでの生活の質」という共同調査・研究プロジェクトが始まった▼原注3。このプロジェクトチームは、認知症にさいなまれた人々の主観的な生活の質に対する洞察を得るために、あらゆる方法を用いて、5か所の別々の老人ホームで5つの調査・研究を行うことを提案した。この目的を達成するために、プロジェクトでは以下の事柄を開発する必要があった。

▼原注2　スラッシュの前の数字は、引用文が引き出された観察を示す。スラッシュの後の数字は、抜粋した一節が載っている報告書のページを示す。観察者は、報告を可能な限り客観的記述に制限するよう求められた。太字による強調は感情、解釈や印象を報告するために使用した。

- （一般的な老人ホームでの介護と照らしつつ）この調査対象となった老人ホームにおいて適切な「生活の質（quality of life）」を構成するものの概念。
- 「生活の質」やそこから派生する満足度の査定をすることに役立つ手段。
- さらなる調査につなげることができる仮説。

　以前、調査・研究ユニットである「教育における精神分析（Psychoanalysis in Education）」に属していた教育・人間発達学部のメンバーが、乳児や幼児の発達に対する日常経験の影響についての調査で、ビック（Bick）の観察方法を用いたことがあった（Datler, Datler & Funder, 2010）。この方法を使用したブリッグス（Briggs, 1997）やディエム・ヴィレ（Diem-Wille, 1997）や他の諸研究のように、これらの調査は、毎週1時間の観察によって、観察者が極めて複雑な相互作用や関係性を記録、分析し、時間経過の中での発達について研究できることを示した。この方法はまた、特定の調査・研究上の問いに取り組む際に必要とされることもある。したがって私たちは、老人ホームに暮らす認知症を抱える高齢者の日々の経験について研究するために、これを応用することにした。私たちは、時に精神分析的見解から得られる洞察に興味があったのである。

　調査・研究ユニット「教育における精神分析」のメンバーが、このプロジェクトのこの部分を概念化する役割を果たした。そこに私たちが、以下の3つの根本的な仮説を掲げた。

1. 老人ホームで暮らす認知症を抱える高齢者のウェルビーイング▽訳注1 は、一

▼原注3　ウィーン大学から資金提供を受けたこの調査・研究（2007〜2010年）は、アントン・アマン（Anton Amann）（社会学部）、ウィルフリード・ダトラー（教育・人間発達学部）、エリザベス・セイデル（Elizabeth Seidl）（看護科学部）によって実行された（Datler, Trunkenpolz & Lazar, 2009a）。研究の管理メンバーだったカトリン・トランケンポルツが組織の観察を行い、アレクサンドラ・ビザンツ（Alexandra Bisanz）、ウルスラ・ボグ（Ursula Bog）、バネッサ・セルハ（Vanessa Cerha）、ゼニア・セルハ（Xenia Cerha）、ガブリエル・ホイスラー（Gabriele Heussler）、ターニャ・メインドルファー（Tanja Meindorfer）、ステファニー・ファー（Stephanie Pfarr）、そしてクラウディア・シュナイダー（Klaudia Schneider）が事例の観察を行った。彼らの献身と貢献のすべてに感謝したい。

▽訳注1　現代的ソーシャルサービスの達成目標として、個人の権利や自己実現が保障され、身体的、精神的、社会的に良好な状態にあることを意味する概念。

般に、重要な他者との関係、特に介護職員との関係における経験に大きく依存すると仮定した。そして、精神分析的概念である「コンテインメント（containment）」に沿って、以下のように仮定した。日常生活で自分をケアしてくれる人が、自分の内的世界に興味を持ってくれていると感じられたなら、老人ホーム入居者の生活の質はより豊かになるのではないか。私たちは、重要な介護者が、どの程度入居者自身の考えや感情、衝動やファンタジー、経験や願望について考えるものなのだろうかとの思いをめぐらせていた。そこで、ダヴェンヒルら（Davenhill, Balfour & Rustin, 2007）に影響を受け、3か月をかけて、2つの老人ホームで8つの単一事例研究を実施し、その後、それぞれを比較することに決めた。

2. 組織力動の精神分析理論を踏まえて、個々のホームを特徴づける力動が、入居者の経験に大きな影響を与えるだろうと仮定した。この側面を調査するために、両方のホームで施設内観察を実施した（Hinshelwood, 2002; Hinshelwood & Skogstad, 2000; Lazar, 2009）。日々の活動、例えば、ロビー、老人介護病棟談話室、看護職員の部屋、洗濯室、事務室のほか、職員の勤務交代の際の観察も行った。それぞれの老人ホームの施設内力動や文化をよりよく理解するために、観察者が観察後すぐに書き上げるレポートについて、特にビックの乳児観察セミナーモデルを採用し、セミナーで討議した。セミナーでは、観察者の経験を振り返ると同時に、報告に記載されたどの人についても、記述された状況をいかに経験していたのかについて問い、その状況の背景を踏まえつつ、なぜ彼らがそう行動をしたのかが理解できるかどうか探求した。

　こうした熟考の結果を、単一事例研究の予備的結果と、ウェブサイト、あるいはホームが前もって提示している他の記述から得たホームについての素材の両方と関連づけた。この中で、タビストック・グループ関係（Tavistock Group Relations）[訳注2]の思考から生じた分析的概念を用いつつ、私たちの調査・研究グループではそれをさらに先に進めた。こうした分析的

▽訳注2　タビストック・クリニックでは、専門家を対象にグループ（集団）において何が起こるのかについて体験的に学ぶ機会を提供しているが、これはそうした体験的学びを通して得られた知見のことを指すものと思われる。

手段は、以下の事柄を区別するのに役立った。
- a. ホーム入居者、従業員や管理者が、どのような感情的ストレスと重圧を感じているのか。
- b. このストレスによって行動を喚起される特定の影響を調整するプロセスは何か。
- c. こうしたことが、ホームの職員や管理者側がそれぞれの仕事をする際に、どのような影響をもたらすのか。

このプロジェクトの後期に、施設内観察と個人観察の分析から生み出された結果を、施設内力動と老人ホーム入居者の生活の質との関係性を研究するために関連づけた。

3. 私たちは当初から、この調査・研究の結果が、老人ホームの看護職員と管理チームの教育訓練に影響を及ぼすような結論を示唆することになるだろうと仮定していた。この調査・研究のこうした側面をさらに進めるために、後に看護職員の何人かに面接を行った。残念ながら、ここではプロジェクトのこの側面については議論できない。

単一事例と施設内観察の記録を十分に議論するために、私たちは小セミナーグループの拡大ネットワークを立ち上げた。そこで、観察素材、特定の解釈、そして一般的な理論間の関係を探究するために、より大きなディスカッショングループやワークショップを開いた。記録を読み込み、ビックの乳児観察モデルに則した解釈を示唆した（Datler, Trunkenpolz & Lazar, 2009a）。プロジェクトの後半では、さらなるグループが、このプロジェクトに関わった他のチームから得られた経験上の素材、理論と結果の考察を組み合せて、特にこのプロジェクトが提示した問いを参照しつつ、すべてのデータを分析した（Datler, Hover-Reisner, Steinhardt & Trunkenpolz, 2008, p.88）。

観察者の報告を研究し始めるとすぐに、従業員が入居者の情緒的ウェルビーイングを扱う方法に限界があることが明らかになった。これは特に、生と死の恐怖というテーマに関する領域において、入居者の情緒的経験を認めることや、あるいは消化することの困難さと関係していた。次のセクションでは、ハーツ氏の事例から、さらなる素材を提供する。ここでは、老化と性の苦闘に関して、彼がい

かに支援を受けられていないかが明らかにされた。次に、死への願望が明らかになっていった女性入居者の事例を検討する。

性とハーツ氏

性的親密さや満足な状況を体験できないこと

観察報告のほとんどの状況で、ハーツ氏が身なりのきちんとした魅力的な外観を保った男性だと見なされていることは重要であり、また今も親密な性的経験を渇望している人だと認識されていることは明らかであった。これは例えば、実際に彼が女性の介護者から、しばしばその居住棟の「女好きでもてる男（ladies' man）」「プレイボーイ」、あるいは「魅力的な人（charmer）」として言及されることに反映されている。彼は、きちんと櫛で髪をすき、常にひげをそり、心地よい香水を振り、廊下をゆっくりと歩くことを楽しんだ。これは、直立した姿勢よりも、少なからず彼の男性的で個性的なイメージを伝えるものであった。

さらに観察者は、ハーツ氏と近くで接触するときはいつも、彼に、ある種、親密な性的交流をしたいという願望が呼び起こされているのを感知していた。これは当初、観察者の身体に向けられた隠すことのない熟視と、できるときはいつも身体的接近を求めてくることから理解された。5回目の観察で、観察者は次のように書き留めている。

> ハーツ氏が私に近づいてくる。彼は、かなり接近してきて私の前に立ち、胸の谷間をじっと見下ろす。そうしながら、彼は微笑む。しばらくの間、このように立ったまま、まったく動かずに私を見ている。私たちの間の至近距離に、私はついに不快を感じ、一歩下がった。彼は一歩前に出て、再び私の正面に立つ。看護師のマーサが部屋に戻ってくると、ようやく彼は私から退散し、窓のそばに立つ。（Bog, 2008: 5/128）

9回目の観察では、ハーツ氏はより大胆になった。彼は観察者に優しく触れ、また、彼女と2人きりになれる部屋を探す努力をした。観察のはじめに彼は、ドアを開け、なじみのない部屋に入り、ドアを開けっ放しにして、観察者が自分の

> 彼はドアを開けて、私が後に続くために開けたままにしておく。ハーツ氏は自分のベッドに行き、手で新しく交換されたベッドのシーツをなでる。私はロビーエリアに立ったまま、彼がすることを見ている。数分後、彼は向きを変えて私のほうにやって来る。私から少しの距離を保ち、彼は立ったまま右手で私のあごをなで始めた。彼はこれを何度も繰り返す。……**私は不快に感じていたが、そのままでいた。その間ずっと、彼がなぜこんなことをするのか、私は不思議に思い続けている。**ハーツ氏はそれから私の右肩を軽くたたいて、部屋を出る。
> （Bog, 2008: 9/164）

　この後の検討の際、観察者は、観察状況にいたときよりもより明らかに、何が起きていたのかを認識することができた。調査・研究チームはまた、ハーツ氏が妻と共有した穏やかに手をなでる行為を明らかに越えて、性的関係や親密さへの欲望を表現しているのだろうと結論づけた。しかし、彼のそのような期待は満たされないままであり、おそらくそうありたいと思うほど自分は魅力的でもなく、望まれることもなく、あるいは性的能力がないという事実に直面しなければならなかった。この現実に実感がわいたので、彼はほとんど別れの意思表示として、観察者の肩に触れ、あきらめて部屋を去ることで、口説きに終止符を打ったようであった。

性的欲求を表現することの難しさ

　上に引用した抜粋の最後で、観察者（Bog, 2008: 5/128）は、介護者が部屋に入ってくるとハーツ氏が彼女から遠ざかったと記録している。このことから、彼は時には性的感情を表現して楽しむかもしれないが、いわゆる「目撃者」という第三者の存在に対しては、そのような性的感情を隠さなければならないと感じていることを示している。性的欲求を露わにしたり、衝動的な行動をとることで恥をかいたり拒絶されたりするという恐怖の感情から、そのような衝動をさらに行動に移すことを抑制したのだと私たちは仮定した。

このような状況の一例は、以下の5回目の観察でも述べられている。ハーツ氏は、談話室でテーブルとテーブルの間に立っていた。そこにはすでに多くの入居者が着席し、朝食を待っていた。数日間入院していたハーツ氏は、E看護師に喜んで迎えられた。

　　看護師はハーツ氏に近づき、「ハーツさん、戻ってきてくれてまた会えてうれしいですよ」と言ってあいさつをした。彼女が両手をハーツ氏の肩に置くと、ハーツ氏は彼女のお尻をつかんだ。彼女は彼の肩から手を降ろし、しっかりと彼の手を握る。次に、E看護師がハーツ氏に自分にキスをするのが嫌かどうか尋ねると、彼は彼女の頬にキスをした。すると、そばにいた他の2人の看護師が笑いながら手を叩いた。(Bog, 2008: 5/165)

　この場面では、E看護師がハーツ氏に触れ、実際にキスをするように要求している。その言葉に続いてハーツ氏がキスをすると、他の看護師が声を立てて笑う。しかし、次にハーツ氏はそれがまったく笑いごとではないと考えるのである。

　　突然、ハーツ氏は大きく身を引き離すと、腕を持ち上げながらとても大きな声で叫ぶ。「聞け、わしのことは放っておいてくれ。お前らは急に気でも狂ったのか、くそったれが!」。看護師たちは笑い、きびすを返してナースステーションに戻っていく。(Bog, 2008: 5/165)

　ハーツ氏が、最初に自分が魅力的な男性であるがゆえにE看護師が言い寄ったのだという勘違いをしていたならば、ほんの一瞬の後に、彼はこれが根本的に間違いだったとわかったのだろう。このキスは皆の笑いの種になった。これは、恥や失望、怒りの感情を呼び覚まし、ハーツ氏を傷つけ、侮辱した。彼は、身体的な接触を放棄して大声でどなり、わめき散らして、その責任をE看護師に向けるしかないと感じた。
　笑いながらナースステーションへと去って行った看護師たちの反応は、彼女たちがハーツ氏の感じている心の痛みや激怒、そして熱望の強さを理解するどころか、そうしたことにほとんど気づいていないことを示している。このような経験

は、残念なことにハーツ氏の妻との間にも見られた。彼女は、彼の性的な願望が疑いようもなく明白であり、そのように働きかけているにもかかわらず、ハーツ氏に性的欲求があることをまるで認識していないように思われる。こういった状況が最初のセッションの終了時に記録されている。

> 彼ら2人は、愛情を込めて互いの手をなで合い続けている。何度も何度もハーツ氏は、その途中に目を閉じる。数分間、私は彼らの間に、とても深い愛情に満ちた、和やかな一場面を見ていた。すると突然、予想外にもハーツ氏は自分のズボンから性器を出そうとした。ハーツ夫人は驚いて飛び上がり、介護者の1人を呼ぶ。男性の看護師がすぐに現れて、脇の下からハーツ氏をぎゅっとつかむ。男性の看護師は、ハーツ氏にトイレに行く介添え時間であることを伝える。何度か試みた後、ハーツ氏はゆらゆらと揺れながらも何とか直立の姿勢になり、しっかりと両足で立つことができ、介護者とともにトイレに行く。ハーツ夫人は私のほうに向き直り、夫は決して自分とはトイレに行かないのだと説明する。これは介護者だけに許された仕事なのである。（Bog, 2008: 1/194）

妻との愛情に満ちた和やかなひとときの間、ハーツ氏が妻にペニスを触ってもらったり、愛撫してもらったりすることを願っていたのかもしれないという考えは、誰の心にもまったく思い浮かばなかったようである。ハーツ氏の振る舞いが性的な意味を持っていたという考えは、どうやら彼が性的欲求を持つにはあまりにも高齢であると思っている看護師たちのみならず、妻であるハーツ夫人にも無視されていたのである。

入居者の「内的世界」に対する最小限の関心——組織力動の影響

観察者の報告には、看護師や家族が、ハーツ氏の性的感情や欲求、ファンタジーに対して何らかの関心を示すという場面はなかった。そして、自分はもはや魅力的でもなければ望まれもしないし、活力もないのだという経験に関して、彼がどれほど痛みを感じているのかといった理解を示すような場面もまた、ひとつもなかった。全記録を分析した後、調査・研究チームは、これがすべての老人ホー

ムにおける入居者の日々の経験であると同時に、一般的な特徴を反映するものであり、このことがまさに入居者の生活の質をかなり損なうものであると結論づけた。こうした特徴は、以下のように記述することができよう。

　　介護職員は、入居者に対し、ほとんどの状況で忍耐強く親切に接する。彼らは、入居者の身体的ケアと食事の世話に集中するという状況の中、相当に機転を働かせ、思いやりの態度を見せ、高度な専門技術をもって業務を遂行している。しかし、介護者が意識的、そして意図的に入居者の感情や欲求、あるいはファンタジーを理解しようと試みたり、彼らの「内的世界（inner worlds）」で起きているかもしれないことについて話し合ったりする状況にはほとんど遭遇できない。このことから、入居者の日常生活は、情緒的コンテインメントが相当に欠如していると特徴づけられると言えよう。

　プロジェクトチームでは、このような状況がいかに理解され得るのかについて議論した。すべての記録を分析することで、この問いに対して、部分的にではあるが、意義深い答えをもたらしてくれると思われるいくつかの局面を観察素材から同定することができた。

原初的な情緒に対する無意識的防衛
　私たちは、観察者が老人ホームにいる間、あるいはセミナーで観察記録について議論をしているときに、たびたび強烈な情緒にさらされることに気づいていた。認知症や老齢、依存、無力感、病気と死、あるいは死にたいという**願望**にすら、観察者が定期的に直面しているという事実を考えると、これは驚くべきことではなかった。次のガブリエル・ホイスラーの4回目の観察の抜粋にこれを見ることができる。

　　ゲイブラー夫人は、車椅子にもたれてもう一度私を見つめる。**彼女は満足げに見える**。そして、静かにげっぷをし、小さくため息をつく。「私はもう多くを望まないわ……だけど、コーヒーはいいわね！　本当にいつもここでは、なかなかおいしいコーヒーをいれてくれるのよ」。彼女は私からわずかに視線をそら

し、また戻す。「だけど、あなたに一体何を話せるかしらね？　だって、毎日同じことの繰り返し。いつも同じ……まず私がここに座ると、朝食が運ばれてくる。その後も私はここに座り続けて、誰かが来て着替えの手を貸してくれるのを持つのよ……毎日、同じこと。同じでくだらない毎日なのよ」

　ゲイブラー夫人は「さてと、一体何をしようかしらね？　まだ歩くことができていた頃とはいろんなことが違うのよ」とため息をつく。少しの間があり、ゲイブラー夫人は考えごとに没頭しているかのように見える。それから、ナイトガウンのポケットに手を入れてハンカチを取り出すと、それで口をぬぐう。その後、ハンカチをくちゃくちゃに丸めて、しばらくの間、そのまま握りしめている。今、彼女は正面から私を見つめる。頭をわずかに下に傾け、目は上のほうに向けている。

　彼女は私のほうに身体を向け、わずかに前かがみになって言った。「とにかく、私はこれまでにすべてのことを試したのよ。何も食べず、何も飲まなかったわ。だけど、何の成果も得られなかった。私にとって死は遠いものなのでしょうね……身体があまりに丈夫過ぎるのね！」

　私は、彼女がこう言うのを聞いて、自分がぞっとしていることに気づき、深い共感を覚え、また悲しみが全身に突き抜けるのを感じる。

　ゲイブラー夫人は、こう言った後、すぐに自制心を取り戻して「まあ、ここには私の頭を殴りにくる人は誰もいないわ。それが最も早い方法だろうけど」と言う。そしてもう一度、彼女はあの特別な微笑みを浮かべ、私のほうを向く。上半身をわずかに少し倒れるように私のほうに傾け、彼女は肩をすくめる。私は目を合わせたまま、**私の目と表情を通して、私が彼女に対して感じている共感が伝わったであろうと信じている**。（Heussler, 2008: 4/134）

　一方、こうした報告がセミナーで議論される際、観察者が入居者の感情について内省することにはしばしば困難が伴った。考えるプロセスは、ほとんどの場合、セミナーリーダーに託され、そのセミナーリーダーが、観察者が皆、とても難しい仕事を1人で引き受けているのだと感じることになった。リーダーたちは、時に絶望の淵にいた。なぜなら、このような認知症の高齢者の**内的世界**に集中するよう、観察者を説得できなかったからである。この問題について議論したとき、

この観察者の行動は、老人ホームの入居者がしばしば苦闘しなければならない痛ましい情緒に、より強烈に向き合うことから自分自身を守りたいという、無意識的願望の表れではないかという理解に至った（Datler, Trunkenpolz & Lazar, 2009a, p.75, 2009b）。

このことから、私たち調査・研究チームは、このような防衛プロセスが、観察者だけではなく、介護者側にもまた作用しているのではないかという仮定を導き出した。観察記録の大部分についての綿密な分析が、仮説の1つを立証する。メンジーズ－ライス（Menzies-Lyth, 1959）の研究がしばしば引用されるが、そこで彼女は、病院や介護ホームで働く看護師が日常的に直面すると思われる、脅されるように恐ろしく、耐えがたいほど強烈な感情を強調している。このことについて考慮することで、介護職員と入居者の間に観察される関係性の質の限界のいくらかが理解できる。防衛プロセスは、認知症の高齢者を相手に仕事をする際に絶えず誘発される、耐えがたいほどの原初的な情緒の強烈さから従業員を保護する役割を担っている。このことは、看護師がしっかりと訓練を積んできた領域の業務に集中し、身体に関する看護行為に焦点を当てることと呼応する。同時に、この防衛プロセスは、業務に困難が生じるほど情緒的な影響を受けることから、看護師を守ってもくれるのである（Foster, 2001, p.81）。

防衛が組織化された形態をとることの重要性

もし、入居者の情緒生活に対して、より深く注意を払うことを介護者に望むならば、いかに介護者それぞれの**コンテインする能力**（containing capabilities）を向上させることができるのかについて議論すべきであろう。しかし、組織化された防衛の作用に注目すると、個人の「コンテインメント」の能力の向上について考えるだけでは不十分であることをこの調査・研究から確信した。こうした問題を効果的に扱おうとするならば、複数の水準からアプローチしなければならない。それは、教育と訓練の水準、リーダーシップとマネジメントの水準、そして倫理と精神面の水準である。

組織観察の分析からは、大多数の従業員が、入居者の不安と願望、行動と活動、ファンタジーと情緒について、より深い理解をしないよう、そこをできる限り避けようとしていることが明らかになった。これは看護師だけではなく、医者やセ

ラピスト、そして管理チームのメンバーにも当てはまる。これらの観察が行われた施設内で——メンジース－ライス（Menzies-Lyth, 1959）が記述している意味での——無意識的に組織化された形態の防衛活動は、入居者が苦闘しなければならない孤独や絶望、嫌悪感、弱さ、あるいは憂鬱といった脅威的な情緒に気づくことにつながる不安から、従業員を保護するために用いられる。この見解からすると、入居者の情緒生活についての興味を維持し関心を持つことで、ほぼ間違いなく、個人的防衛の形態のみならず、組織のそれをも同時に知ってしまうことになるであろう。

　老人ホームの適切な改善を実現しようとするならば、入居者の情緒的側面に対する「精神的スペース（mental space）」をより発達させるよう、個々の従業員をサポートすると同時に、老人ホームの「社会的スペース（social space）」の充実を確実なものにすることである。そこでは、専門職員の心理的、社会的要因も考慮し、さらに問題－解決－対処が検討される風潮の中で働くことが認められ、また奨励される（Briggs, 1999, p.149）ことが非常に重要である。

　そのような社会的スペースを創出するためには、スタート時から、変化のプロセスを準備しておく必要があるだろう。新たに生じる不安や危険の感覚は、従業員集団すべてを巻き込む強力な無気力を引き起こしやすい。それでも、新たな能力の開発は、老人ホームの日常生活と決まりきった日課に、こうした革命的な変化から引き起こされる情緒的混乱に対処するためには、必要不可欠であろう。

第16章
乳児観察、民族誌学、そして社会人類学

ジュディ・シャトルワース
Judy Shuttleworth

　民族誌学（ethnography）とは、前世紀の前半に、社会人類学者が発展させた調査・研究の一形態であり、人間に自然に生じる出来事について研究するものである。データは、コミュニティーの中で生活する者が、参加者として、また観察者としてまとめた記述からなる。この分野の専門家のもともとの研究対象は、生活のあらゆる局面が濃密に連結し、安定して自己充足的に「向かい合う（face to face）」コミュニティーであり、伝統的社会の視点から形成された1つの研究方法であった。過去30年以上にわたり、こうした基本的な研究方法の前提に対するこの分野の内部から起きた過激な批判にもかかわらず、ある期間をフィールドワークに当てることを基礎とする民族誌学的調査・研究は、若手の人類学者の中核的訓練として現在も残っている。

　近年、乳児観察は、臨床訓練の一部としてのみではなく、通常の家庭生活の中での乳児の心の発達に接近するとともに（Rustin, 2002, 2006）、実験的、もしくは臨床的出会いを通して接近する民族誌学的な調査・研究方法の1つとして理解されるようになっている。また、乳児期のリスク（Briggs, 1997）のような、新しい研究領域における調査・研究方法として用いられたり、例えばアーウィン（Urwin, 2007）のように、母親のアイデンティティに関するような、より広い社会的調査・研究プロジェクトの中の一要素として用いられたりするようになっている。本章では、私の社会人類学の博士号のための調査・研究▼原注1 の観点から、「調査・研

究としての乳児観察」について検討する。このプロジェクトは、特に学問領域間の関連性の可能性を探求するために行ったものである。本章では、この調査・研究の性質を例示し、人類学における民族誌学的フィールドワークに対する乳児観察の潜在的価値について検討する。

このプロジェクトは、私が子どもの心理療法士として働く、子ども・思春期精神保健サービス（Child and Adolescent Mental Health Services: CAMHS）に紹介されてきた家族についての社会的、文化的環境への好奇心から始まった。すべてがそうではないが、臨床状況で主に焦点となるのは、子どもの内的な情緒性とその子どもを養育する人のそれである。しかし、これらの情緒性は、個人の内部と個人を越えた、また家族の内部と家族を越えた想像的空間に位置づけられるものとしても理解されるかもしれない。ウィニコット（Winnicott, 1958）は、乳児の想像力の発達と母親の存在、そして「見つけてもらうこと（to be found）」を期待するという文化的理解の間の、必然的にあいまいな「移行（transitional）」空間に注意を促した。私は、この調査・研究の中で、家族を越えた社会的世界の中での想像的可能性を理解するために、こうした文化の微細な表れ方に注目しようとした。

社会人類学部での調査・研究を行うために、臨床的、あるいは社会的ケアの提供とは関わりのない設定を探した。そうすることで、自分にとってはなじみのない文脈で、関与する観察者になれるからである。この設定はまた、社会人類学としては部分的な（part-time）プロジェクトである。同時に、この調査・研究の関心の性質から、情緒的に深刻な問題を抱える社会的集団を探した。様々な困難の後、私と私の提案した調査・研究計画を受け入れてくれたモスクへの紹介状を受け取った。これは、礼拝に集まる会衆内部の宗教的、社会的活動の密接な観察によって、そこに共有される宗教的現実の感覚を明らかにすることができるのかという問いに接近するものだと要約できる。

モスクで観察者になること

しかしながら、モスクと会衆を、社会人類学の博士号の調査・研究においては

▼原注1　博士号は、ロンドン・スクール・オブ・エコノミクスの社会人類学部で登録された。

変わらず優先される基準となっている自己充足的コミュニティーと同等のものだと見なすのはたやすくはなかった。そこは都心地域に位置し、会衆はすぐ近くに住んでいるか、近くで仕事をしている人々と、主要な宗教的催しやコミュニティーの催しのために遠くから来ている人々とに分かれていた。特定の宗教的、文化的傾向によって組織された、流動的な集団である。現代の他の都市部の社会集団のように、会衆たちは、隣接した地域の環境だけではなく、より広い社会で生じている風潮や移住、そしてグローバリゼーションの力によって組織化されている。こうした流動性がこのプロジェクトを複雑にする一方で、このことは、今日のヨーロッパで生きるイスラム教徒の宗教的体験に関する文献の中核的テーマでもある（Haddad, 2002）。

モスクは、会衆の共同生活の表象であり、観察の場であったが、民族誌学者としてすんなり入り込めるところではなかった。常には開いておらず、開いていても私的な会話がなされていたり、読書をしている人や個人の祈りを捧げている人が数人いるのみである。個人の生活の中に宗教的傾倒が継続的に存在しているとしても、会衆のメンバーたちは、モスクですべての生活をともにすることはない。家族生活や仕事、学校は別のところにある。しかしながら、モスクは年間を通して、会衆の礼拝や宗教的儀式、大人のための講話や勉強会、子どものための授業、ライフサイクル上の行事を催すなど、観察の素材には事欠かない。それらの多くは、金曜日や週末、そして放課後に行われる。ある催しは儀式によって体系化されているが、また別のものはその時々に関係者によって考案される。どちらも1日、1週間、1年を通しての儀式の反復によって創造された枠組みの中で行われる。

フィールドワークを行う人類学者と、乳児観察を行う観察者の課題は、ある特定の個人を主要な対象として関わることに基づいている。いずれの場合も伝統的に観察期間は2年間であるが、今日ではしばしば1年のみのこともある。しかしながら、人類学者は、たいていスーパーヴァイザーや同僚と離れて、その研究対象となるグループの中で生活し、コミュニティーの生活様式の実践を共有し、その観察を通してその内部に入り込む。他方、1つの家族の1人の赤ん坊の観察は、毎週1時間、家庭を訪問し、通常はセミナーグループに所属して、そこで観察について議論する。本書の他の章で述べられているように、こうした訪問は、家族の中での乳児の発達や相互作用、出来事の理解と、そこに関連して現れてくる行

動のパターンと情緒の状態の流動性を探求する、安定した規則的な環境を提供してくれる。私はモスクの訪問でも、これと同様の枠づけを設定しようと決めた。「一度限り（one-off）」の催しに出席する人にも注意を払いながら、特に長期にわたりモスクを訪れている人に注意を向けた。また、数人に対するインタビューを行った。

　初回の訪問の後、私は自分なりの方法を探索することになった。自由に座って様々な会衆の催しを観察したが、当初は居心地の悪さや不慣れな感覚と戦わなくてはならなかった。自分の存在について、何度も繰り返し理由を説明する必要があるのを意識していた。これは、新しい人が来るたびに続いた。しかしながら、私の存在がなじんでくると、定期的に出席する人の中に自分の居場所を見つけることができた。これは、調査・研究についてのどんな説明よりも私の傾倒と関心の直接的体験から生じたのだと思われる。つまり、観察者が定期的に訪問する家族と同様に、訪問の目的についての説明的な情報の必要性を感じる状態から、それについては体験的にわかっているという感情への移行から生じたのである。親が、乳児を知っていくやり方が観察者の関心の一部や一群となるように、観察するための特定のスペースが現れてくるのである。乳児観察と関与観察の双方ともがそうであるように、観察中にメモを取ることはせず、後でできるだけ早く、多くのことを書き上げた。しかしながら、授業や講話のように人々が何かを書いているときには、多少のメモを取ることができる場合はあった。また、個人との会話は録音した。

　観察者と観察対象との間の力動的で再帰的関係性の質は、民族誌学的伝統における中心的関心である。イスラム教徒ではない私は、宗教的活動においては参加者ではないが、社会的催しにおいては、乳児観察におけるよりもより積極的な関与が求められた。しかし、私がイスラム教徒ではないという事実は、彼らが非イスラム教徒の目で見られるという考えをどのように経験しているのかという問題を前面に出す、重要な含みを持っていた。

　このプロジェクトを始めたとき、私はイスラムについては何も知らなかった。会衆の儀式を観察することや、人々がどのように話をしているのかを聞くこと、そして大人たちが学んでいる授業に出席することを通して、ゆっくりと学ぶことを選んだ。この立場は、互いのことを知り始めるプロセスにおける、母親と乳児

のカップルについて知っていく観察者と同様のものである。礼拝中の人を観察することは、授乳時の母親の観察と同様に、本質的な特権であるが、未知のショックに開かれることでもある（Urwin, 2007; 本書第9章）。繰り返し説明したにもかかわらず、ある日私がイスラム教に改宗するかもしれないという考えが何人かの人からは決して消えなかったのは、必然的なことかもしれなかった。そして私は、多くの人が宗教的義務感から私のことを受け入れようと感じていたであろう事実から、確かに恩恵を得ていた。他の人がイスラム教に改宗する（「戻る（reverts）」）ことを聞くときの彼らの喜びようは明らかなものだった。

宗教儀式と、より最近では実践を通しての潜在的宗教体験の形成は、社会人類学の調査・研究の主要な領域になってきているが、宗教的支持者の観点は、しばしば権力とイデオロギーの主要な分析的枠組みの中では、重要ではないとされている（Cannell, 2007）。私は、あらゆる行事に参加することを通して、この問題にアプローチしようとした。多くの行事を通して、参加者は会衆の生活を構成するもの、つまりその活動そのものが彼らの宗教的、社会的関心の表明であると言えるかもしれない。しかしながら、家庭での毎週の乳児の観察研究と同様に、このような関心には対価がかかる。統計的研究や実験的調査・研究を通してのみ扱うことができる乳児の発達については多くの問題があるように、ここには大規模な統計調査、宗教的教養、あるいはメディアに登場するイスラム教徒の代表の分析のみを通して答えられた、西洋社会におけるイスラム教徒の体験の理解という問題がある。

想像の場としてのモスク ▼原注2

調査・研究の焦点である乳児観察の衝撃について述べる上での文脈として、私がモスクの参加者の歴史について知ったことについてまとめておこう。

特にこのモスクの会衆は、1950年代前半に英国に入ってきたガイアナ人の生涯計画として徐々に生じてきた。その当時のロンドンで、他のイスラム教徒のグ

▼原注2　アンダーソン（Anderson, 1983）によって「想像の共同体」と呼ばれたものが生み出されるプロセスを観察するための設定という意味である。

ループからは正統派としては不十分だと拒絶されたと感じたために、彼らはこのグループを設立し、新たな状況の下でイスラム教徒として生きようと、彼ら自身の資源と伝統を結集した。当初は、誰かの家の一室で礼拝者を集め、様々な中間の段階を経て、現在のモスクを建てるに至った。英国に移住してきた彼らの祖父母は、もともとは19世紀中期から後期に、インド亜大陸からガイアナへ移動し、現地の南米人（大部分はかつてのアフリカ系奴隷の子孫のキリスト教徒）と、インド人（大部分はヒンドゥー教徒だが、イスラム教徒とキリスト教徒もいる）の複雑な社会を形成していた。この多様性が、現在のモスクを引きつける多民族的会衆の中で生き続けているのである。このグループの創設者たちと同様に、アラビア語を話す人々はほとんどおらず、礼拝外でのモスクの共有言語は英語である。現時点で、このモスクは設立されてわずか5年であるが、しばしば人でいっぱいになるので、会衆からの資金提供を受けて、新たなビルの建設が予定されている。

　会衆は、礼拝のときに後ろで座っている老人から、親の近くで遊んだり、参拝者の列を出入りしたりする非常に幼い子どもたちにまで及ぶ。人々がモスクに参集する理由は様々であろうし、会衆の中での傾倒の度合いの程度も様々であろうが、この世と来世における人間性の神聖な計画のためにイスラムが求められているという認識は共通しているのであろう。したがって、少なくとも暗黙のうちに、参拝者はこの考えを体現しているという関係性の中にある。モスクで起こっているすべてのことが、明らかに宗教的なものだというわけではないが、そこには情緒的体験について議論する、ある種の真摯さと開放性がある。このことは、ある特別の種類の共有の場を開き、強い親密さと相互の傾倒のための可能性をつくり出す。世界に倫理的重要性を付与する人間の能力を観察する重要な観点は、臨床の仕事と乳児観察とのつながりを呼び起こすものである。

　宗教活動の研究は、調査・研究者を異常な状態に置く。私たちは皆、かつて乳児であったし、大半は人生の途上で幼い子どもの世話をする機会がある。しかし、私たちすべてが宗教的傾倒の経験を持っているわけではないし、この領域では私たちの職業生活は、私的な見解がどうであれ、慎重な不可知論、もしくは多元論によって特徴づけられている。このことは、観察者と観察される人々との間に特別な壁をつくり、一方では改宗の含みなしに、他方では不誠実であることなく、いかに真剣に他者の宗教世界についてとらえるのかという問題を生じさせる。こ

の点について私は、想像を心的現実としてとらえる精神分析的思考は、倫理的想像の形として宗教生活を真摯にとらえ、超越的体験の主張に対峙するための基礎として特別な方法を与えてくれると感じている。

「信じる」という言葉のもともとの意味は、「私の信頼を置くところ」について確認するといったことである（例えば、Pouillon, 1982）。つまり、宗教において信頼は、潜在する信念を備える共有の慣習形態への傾倒を公に実行して生きることである。これは、個人の自主的で明白な信念に始まって終わる宗教のアプローチとは異なる。現代の精神分析的思考が、潜在的な内的対象に基づく宗教的傾倒と、それらが人間関係の中で表現される方法の理解に、重要な貢献ができることは明らかである。

母親の存在に対する乳児の身体的反応の出現として心を理解することについて、ウィニコット（Winnicott, 1960）やビオン（Bion, 1962）、そしてビック（Bick, 1968）は、早期の心的発達の中心は、隠れた発生的プロセスの存在であると示唆した。それは、臨床家／観察者の受けるインパクトによってのみ、間接的に観察可能なものである。乳児観察そのものを含む訓練とは、臨床家において、身体－感情的コミュニケーションに同調し（attune）、それに伴う外界の出来事を観察する自然な能力を発展させることである。現在では、関係の連続性と阻害は、実験室で撮影する相互作用と脳のイメージングを通して、部分的に接近可能である。

乳児観察の焦点は、参加者間、および彼らと観察者の間の間主観的な流れに置かれる。臨床的精神分析と、より最近では発達心理学のいずれも、早期の身体－感情的、間主観的プロセスに意味の出現の基礎を置いている。ダトラーら（Datler, Trunkenpolz & Lazar, 2009; 本書第15章）やマッケンジー－スミス（McKenzie-Smith, 2009）の仕事は、高齢者の体験や彼らがどのようにケアをされているのかを探求するために、乳児観察を基礎にしたアプローチを用いている。私の調査・研究は、乳児やその家族を観察するというこうした伝統を、社会的集団の中で現れる間主観的プロセスと、想像の緻密さへと拡張しようとするものである。

暗示的および明示的に表現されるイスラム教

ブルデュー（Bourdieu, 1972）は、潜在的知識は身体の状態に起因するものであり、

それは実践を通じて形成され、伝統の中の習慣の一部として伝えられていくと述べている。この観点は、イスラムのような宗教的伝統を理解する上で重要であるが、少なくとも宗教的エリートの中には、常にこうした伝統に対する明らかな内省がある。今日、実践の中に潜在している同質的で変化しないイスラムという理解と、多様で変化する状況を生き抜き、伝統に対してはより広範囲で自覚的な意識との間に、対立状況があると言えるかもしれない。この現象は、より大きな枠組みでの表現としては人類学の文献（例えば、Bowen, 2010）の中でうまく記述されているが、私の調査・研究はある特定のグループ内での影響に関するものである。

　宗教的実践をこれらの対立状況という文脈において見る必要があっても、少なくともそれは一時的な安息地をつくるようなものである。礼拝のためにメッカの方向を維持することと、太陰暦と日々の太陽の軌道によって時を刻むことは、並行世界を創造する。一方で、宗教的実践の基本的な要素は、参加者の間の認識を調律し、情緒的感性を形成する美的な力動を創造する。このような観点は、早期の乳児－母親の相互関係の特徴と成果（Stern, 1985; Trevarthen, 1980）、そしてハーシカインド（Hirschkind, 2006）が述べる宗教的実践の特徴と成果とをつなげるものである。こうして、実践を通して現れる、異なった特定の身体－感情的雰囲気について問うことができるかもしれない。彼らはどの程度現実から撤退しているのか。そしてどの程度モスクの中で神や想像上の「信者たちのコミュニティー」であるウンマーや互いの関係を維持しているのだろうか。

　人類学においては、言葉で明白になっているものと実践の中に潜在しているものとの間に分離があるが、宗教的没頭が表現される中では、言葉のイメージと語りによって生命がもたらされるものにも注意を向ける必要がある。他のイスラム教徒と共有の生活を表現したり、もしくは宗教的没頭を共有するために人が集まる儀式的ではない催しには、脚本がなく、様々な失敗が起こりやすい。ここでは、多くの人にとって言葉の意味よりもむしろその調べを通して理解される儀式的言語や儀式的行動の美しさが取り除かれ、人々は自身の特性と限界の中に取り残される。不安は誰が催しに出席するのかということや、そこで何を考えるのだろうかといった表現を通じて表される。こうした苦闘は、複雑で繊細な宗教的敏感性を目に見えるものにする。

フィールドノート

　ある日曜日の午後、小さな「女性サークル」のために訪れたホールで、私は非常に大きな集まりを見て驚いた。私が知っているある人が、これは重い病気のガイアナ人の「おばさん（auntie）」のために祈りを捧げる会だと説明してくれた。多くの年配の男性たちが一方の壁沿いに座っており、年配の女性たちは集団でそれと垂直に座っていた。しかし、鮮やかな布のノースリーブのドレスにヘッドカバーなしの若い女性たちも多くいた。私は、彼女たちはイスラム教徒ではないが、病気の女性の家族なのだろうと思った。モスクのガイアナ人の理事の１人であるＴが、バングラデシュ人のイマームの隣に座った。イマームは、ある女性が病気の女性のための会合を持ってほしいと頼んできたのだと話し始めた。彼が彼女のところを訪れたとき、彼女は、礼拝がアラーによって受け入れられるのはどのようなときなのかと尋ねた。彼は、いろいろな状況について列挙し始め、そのうちの１つが病人のための礼拝であると言った……。

　そのとき、１人の年配の女性が、おそらく娘と孫娘だと思われる２人の若い女性とともにやって来た。彼女らはスツールと敷物を携帯しており、イマームとＴの間にゆったりと座った。彼らは会合の残りの時間ずっと、そっと彼女の手を握っていた。イマームはその女性について、彼女の回復のために祈るつもりだと言い、娘は皆に感謝した。私は、背後でうろうろしているのが、モスクの強力な、しかし高齢の議長であるＸ氏だと気づいた。私には、ある意味で、普段とは違ってＸ氏はより高齢か、むしろ年齢相応に見えた。

　イマームは、「グループがともに座ってアラーを思い浮かべているとき、空にいる天使たちが周りを旋回し、賞賛するだろう。私たちが心を開き、心から祈るならば、アラーは私たちが彼を思うように、私たちのことを思ってくださるだろう」と言った。会合中、何度かその女性がＴの手を持って、頭を下げて座り、うめくことがあった。そのときＴが、他に話したい人がいるかと尋ねると、１人の年配の男性が話し始めた。……「私たちが行うすべての良いことは、礼拝の行為である。……今日ここで私たちの親愛なるある女性を勇気づけることのように。……それはイバダ（アラビア語で礼拝）である」。他の男性がコーランのいくつかの節を詠唱したが、それはまるで、自分の美声を披露する機会を歓迎しているかのように思われた。

そのときX氏は、いつものおどけたやり方でいくつかの言葉を言ったが、それは悲しみの響きを持つものだった。彼は昔、モスクの資金を調達するために、この女性と一緒にクリケットをしたのだと言った。「皆さんは信じられないかもしれないが、彼女はどんなに速く走ったことか」。彼はそれから、新しいカレンダーが発売されたことについて何か言うのを我慢することができなくなった。イマームが祈りを始めようとしていたとき、X氏は、イスラム教徒ではない人がここに出席しているが、きっと自身の言葉で祈るべきだろう。「祈りは言葉を持たない」ので、自分の言葉で祈ればよいのだと言った（こうして中に入れてもらったことに、私は心を動かされたが、これが伝統的なスンニ派の見解ではないということにも注目せずにはいられなかった）。イマームは、人々に手を広げ、心を開くように言い、嘆願の祈りのためのジェスチャーが始まった。はじめの少しはアラビア語で、それから次に英語で、「アラーは今日ここで私たちが示したことを受け入れてくださる……」と言った。

解説

この時点で、会衆内部のグループが一体となり、彼らに共通する宗教的な病気の理解と、より広い社会的絆を確認していた。あるいはおそらくそれらを創造していた。祈りは常に応えられるというこれらの催しへの言及にもかかわらず、私が主に強い印象を受けたのは、他者への祈りのために、そして彼らの神に対するニーズと依存が公に示されたことである。私は、それまでに参加した様々な授業で聞いたことを思い起こしていた。それは、個人で果たさなければならない宗教的義務と、病人と死者には共同の責任があるという宗教的義務との区別である。ここでは、神の前でグループが一体になるという強い感覚がある。イマームの言葉は、すべてを含んだ思慮深い、気取らない祈りの瞬間を創造したと思われる。しかし私は、このようにすべてを包み込むことは、集団内での差異に関する不安や外からの脅威を前にしては、常に可能ではないだろうということに気づいていた。

私は、若い頃に英国に来て会衆の設立のために協力して働いたグループが、現在、死に直面する中で、互いを援助する方向に向かっているという考えに支配されている自分に気づいた。過去の傾倒を新たな危険のある未来の中に

継続していくという問題は、この部屋の中に見られる多様性が部分的に象徴しているように、明らかに存在しているのであった。

ここに解説とともに示した私のフィールドノートの抜粋は、会衆の催しを記録したものであるが、彼らの社会的役割だけではなく、私の洞察を通した彼ら相互の情緒的な関わりと、この催し自体の表象の公的表現との関わりにおいては特定の個人も際立っている。私の基本的な調査・研究課題は、共有された宗教的現実の発生条件について答えることだが、これはそのためのエビデンスとなる生の素材である。

1980年代から、人類学の内部では、完成された民族誌学のテキストにおける解釈プロセスの性質と認識論的状態について、激しい議論がなされてきた。民族誌学のテキストにおいては、個々のインフォーマントと観察者がしばしば不明瞭になりがちである。この議論においてこそ、乳児観察の方法が特別な貢献ができる。モスクでのこの特別な状況の中で、私は積極的に人と交わってはいない。したがって、私の立場は、家族の中での非関与的観察者に近いものである。モスクでの催しによっては、人類学の中でよくあるように積極的な参加者であることが必要とされるが、イスラム教徒ではない私は、概して他者の宗教的活動を観察する部外者であった。観察者の立場、(特に親と乳児の間における)情緒的流れに対して開かれていること、そして逆転移反応への注意深さは、乳児観察での訪問と解釈の記述において必須の要素である。

上に示した抜粋で、私は自分の周りで起こっていることの観察結果を記述しているが、特定の時点での私自身の反応も明示している。他の観察者なら、また異なる要素に気づき、異なる反応をしたかもしれない。これが、個人的視点から切り離された、特権的な立ち位置からの客観的な説明であるとは主張しない。とはいえ、観察者の想像力のみの産物以上のものであるという仮定はある。これは、他者とのつながりから引き出された説明である。乳児観察の調査・研究においては、こうした認識論は、基本的に臨床的出会いについての精神分析的理解にしっかりと根ざしたものである。しかしこれは、ここ30年以上、ますます乳児の情緒と関係性に関心を寄せるようになった発達心理学の実験的発見と同時進行してきたものでもある。

この調査・研究は、社会人類学の枠組みで行われたが、精神分析や乳児観察、子どもの発達研究における逆転移過程や、一次的、二次的間主観性に関する現代の知見を利用しながら、モスクでの会衆の情緒の流れ、そしてそれらの流れが想像的に精緻化されて公に表現される方法について探求した。これは常に、特定のある場面で、特定の個人に関わるものであるが、私はこれらの現象の集団的側面に関心がある。このような観点によって、部分的にではあるが、特定の催しの中から現れる、異なる情緒的流れと関係性の形態によってモスクとその会衆の存在が維持されていることが理解できるのである。

あとがき

リサ・ミラー
Lisa Miller

　本書をすべて読み終えたところで、再び丁寧に振り返ってみよう。乳児観察の有用性と独自性について、私たちの中に核として残るものは何であろうか？　第1に、本書の各章はすべて、乳児観察それ自体が1つの調査・研究手法であるという知見に基づいている。ここには、明確に確立された手順（protocol）がある。毎週1時間の訪問。観察のスタンスは、フレンドリーではあるが中立的であり、介入をしたり何かを教えたりはしない。とはいえ、心ここにあらず、というわけではない。観察者自身の反応を道具としてそこに包摂する。観察後に詳細な記録を起こす。そしてセミナーグループでのディスカッション。訪問は、通常は2年間という長期にわたって継続される。これは、地理的、文化的境界を越えて共通の、情緒発達についての調査・研究手法なのである。トルコ、台湾、オーストラリア、あるいはアルゼンチンといった世界の各地で乳児観察を教えた経験のある者は皆、この同じ手法を用いることで、同じ結果が得られるということに喜びと驚きを感じている。

　さて、それでは、それはどのような結果なのか。そしてそれは何のためなのか？　赤ん坊を観察することで得られる結果は、その観察者が、乳児の発達に伴う膨大な意識的、無意識的情報を得るという恩恵に浴することである。受精の瞬間から、子どもの成長は、周囲の世界との相互作用の結果としてもたらされる。他のあらゆる調査・研究でも証明されているように、乳児は関係性を求めて生まれてくる。観察者は、その後に続く成長を見て、外的には紙の上に、内的には心の中に記録を取るためにそこにいる。この方法において不可欠なのは、観察者の中で起こり続ける消化のプロセスである。実際の出来事のすべてを、そして心理学的に関連性のある日常生活の微妙なあやを記録することを通して、赤ん坊にとっての意味の探求が満たされたり妨げられたりするさまを見つめ、そこで本当に起こっていることをはっきりと認識していくのである。注視のそのまた奥にあるも

のに一貫した注意を払うことを学ぶ。それが私たちに課せられたタスクである。プライスとクーパーが明らかにしているように（第6章）、この手法は、彼らの言うところの「ありきたりの事柄に注意を向けること（the shift of attention to the mundane）」を推奨し、それを役立てることである。彼らはこれをフロイト（Freud）と結びつけて論じている。

　フロイトが他のことに関してどうであったかはともかく、彼はこの特定の領域の伝統の中で、最初の、極めて詳細な観察者であった。彼は、観察的発見の直接性をとらえた。また、無意識の心の征服者、地図製作者、考古学者として、それ以前には哲学者、神学者、そして詩人のみが探求していた領域に、19世紀の合理主義の光をともした。しかしながら、彼がすぐに気づいたことは、ハムレットが言うように道理（reason）は「情熱の奴隷（passion's slave）」であり、その事実がしばしば見過ごされるということ、そしてそこには意識的、無意識的感情が強力に作用するということであった。ビオン（Bion, 1970）は『注意と解釈（*Attention and Interpretation*）』のイントロダクションで次のように述べている。「道理（reason）は感情の奴隷であり、情緒的体験を合理化するために存在する」。フロイトは、自らを精査する必要に迫られた。つまり、自分と患者との間で思わず知らずに引き起こされる無意識的関係性を精査した結果、情緒発達の卓越性について考える方向へと導かれていったのである。彼の用いた方法は観察的なものであったが、そこではいかなる微細な事柄ですら意味を見いだすのに小さすぎることはなく、また理論体系との整合性をもたせるのに不手際はなかった。

　乳児観察は、情緒生活、そしてそこに同時に存在し、持ちこたえられる限り注意を向けるべき、あらゆる子どもの成長、発達――知的、社会的、道徳的――をとらえる調査・研究である。観察する感覚と心の間に知的追求（intellectualism）のフィルター（film）を介在させないでいるのは難しいこともある。しかし実際、理論にとらわれすぎることは不利にもなる。例えば、7か月の子どもが見知らぬ人から顔をそむけるのを見て、単に「人見知り」だと考えるならば、乳児観察をしていることにはならない。それよりはるか先を見据える必要がある。本当にそこで起こっていることは何なのか、知りたいと感じる必要があるのである。ビオン（Bion, 1977）がキップリング（Kipling）の『象の子ども（*Elephant's Child*）』から引用しているように、「何が、なぜ、いつ、どうやって、どこで、誰が」なのである。

単に反応を分類し、名づけることもできれば、見つめ続け、検証し続け、その前に、そしてその後に何が起こるのか、問い続けることもできるのである。

　観察者にとっての情緒的出来事や情緒的影響を強調することは、やっかいだが驚くべき産物をもたらしてもくれる。体験に開かれていようとすることで見解が広げられ、心の筋肉が鍛えられる。この方法は、乳児的な体験から臆病に目をそむけない力を促進してくれるが、時にこれは原初的な不安に触れ、そこに引き込まれ、その存在を認めることを意味する。私たちには、赤ん坊が人間の状態で生まれてくるということ、極めて幼い頃から内的、外的世界に対して時間を割くなどという考え方に対して、かなりの抵抗があるようである。むろん、小さな乳児が保護された状態の中で物事を楽しむのは極めて重要なことではあるが、そのような保護は完璧ではあり得ないし、その必要もない。例えば、赤ん坊が生きるために頑張らなければならないと考えるのは痛ましい。しかし、その精力的な努力と課題は、避けがたいものなのである。普通の赤ん坊が、時に敵対的で攻撃的になり得るなどということを人々は考えもしないし、いかに不安にさいなまれ得るのかということなど感じたくないのである。

　しかしながら、この種の事柄に耐え、知ることと知られることの圧倒的な(rapturous)体験や、世界が広がっていくことの喜びを含む、乳児的体験の他の側面も含めて考えることで、観察者の人生観は広がり、どのような仕事をしているにせよ、そこに豊かさがもたらされる。本書には、観察がどのように用いられるのかということについての多くのエビデンスが描写されているが、中でも最も痛ましいエピソードが、最も強力なエビデンスを提示している。例えば、トロウェルとマイルズ（第4章）は、専門家訓練においてこの方法を用いることに関する詳細な記録を取り上げているが、ここではケリーと呼ばれる女の子が直面する困難が非常に鮮明に描き出されている。同様に、ウェイクリン（第8章）は、里親養育される赤ん坊の心に接近することがどのような感じのするものなのかということを示している。また、地方当局に自らの生活を委ねなければならない不運な子どもたちについて考え、彼らの人生の計画を立てることに、この種の調査・研究が及ぼす影響の可能性について、それがいかに価値のあるものなのかを提示している。

　この方法の厳粛で効果的な応用の記録も見られる。リードは、赤ん坊を亡くし

た母親との病院での先駆的な仕事（第12章）を通じて、この方法を臨床的に用いている。また、ロードが記述するように、乳児の発達が深刻で複雑な（awry）道をたどるような事例における、早期介入としての参与観察という概念もある（第10章）。ダトラーと共著者が調査したような、老人ホームにおける観察を調査・研究に用いることで、政策策定に影響を及ぼし得るような、非常に遠大な用い方もある（第15章）。そして、乳児観察を他の方法論と結びつけるようなブリッグスとバーリンガー（第14章）のようなものも含めたこれらすべての章が、ある意味で、この方法が情緒的意味の見方を新たに付け加えることに大きく寄与することになるのは明らかである。

　乳児観察の領域には、かつてないほどの文献が出てきている。シャークロスの章（第7章）のもとになっているような数々の博士論文のほか、『国際乳児観察・乳児観察応用研究（*International Journal of Infant Observation and its Applications*）』は年に3回の発行を続け、14年目に入った。本書は、その先駆者として有益なものであり、高く評価されるものであろう。

文　献

▼イントロダクション

Ardener, E. (2007) Some outstanding problems in the analysis of events. In Chapman, M. (Ed.), *The Voice of Prophecy and Other Essays*. New York: Berghahn Books, pp. 86-104.

Bick, E. (1964) Notes on infant observation in psychoanalytic training. *International Journal of Psychoanalysis*, 45, 558-566.

Bick, E. (1968) The experience of the skin in early object-relations. *International Journal of Psychoanalysis*, 49, 484-486.

Bion, W.R. (1962) *Learning from Experience*. London: Heinemann.（福本修（訳）(1999) 経験から学ぶこと　精神分析の方法Ⅰ：セブン・サーヴァンツ　法政大学出版局）

Briggs, A. (Ed.) (2002) *Surviving Space: Papers on Infant Observation: Essays on the Centenary of Esther Bick*. London: Karnac.

Briggs, S. (1997) *Growth and Risk in Infancy*. London: Jessica Kingsley.

Burman, E. (1994) *Deconstructing Developmental Psychology*. London: Routledge.（青野篤子・村本邦子（監訳）(2012) 発達心理学の脱構築　ミネルヴァ書房）

Clarke, S. & Hoggett, P. (Eds.) (2009) *Researching Beneath the Surface: Psycho-Social Research Methods in Practice*. London: Karnac.

Cohen, M. (2003) *Sent before My Time: A Child Psychotherapist's View of Life on a Neonatal Intensive Care Unit*. London: Karnac.

Diem-Wille, G. (1997) Observed families revisited - two years on. A follow-up study. In Reid, S. (Ed.), *Developments in Infant Observation. The Tavistock Model*. London: Routledge, pp. 182-206.

Fonagy, P. & Target, M. (1997) Attachment and reflective function: Their role in self-organization. *Development and Psychopathology*, 9, 679-700.

Green, A. (2000) Science and science fiction in infant research. In Sandler, J., Sandler, A-M. & Davies, R. (Eds.), *Clinical and Observational Psychoanalytic Research: Roots of a Controversy*. London: Karnac, pp. 41-72.

Groarke, S. (2008) Psychoanalytical infant observation: A critical assessment. *European Journal of Psychotherapy and Counselling*, 10, 299-321.

Hinshelwood, R.D. & Skogstad, W. (2000) *Observing Organisations: Anxiety, Defence and Culture in Health Care*. London: Barnes & Noble.

Hollway, W. (2007) Afterword: Infant observation in a research project. *International Journal of Infant Observation and its Applications*, 10, 331-336.

Magagna, J. (1987) Three years of infant observation with Mrs. Bick. *Journal of Child Psychotherapy*, 13, 19-40.

McKenzie-Smith, S. (2009) Observational study of the elderly: An applied study utilizing Esther Bick's infant observation technique. *International Journal of Infant Observation and its Applications*, 12, 107-115.

Mendelsohn, A. & Phillips, A. (2005) Editorial: Infant observation. *International Journal of Infant Observation and its Applications*, 8, 187-188.

Miller, L., Rustin, M.E., Rustin, M.J. & Shuttleworth, J. (Eds.) (1989) *Closely Observed Infants*. London: Duckworth.

Redman, P. (2009) Affect revisited: Transference-countertransference and the unconscious dimensions of affective, felt and emotional experience. *Subjectivity*, 26, 51-68.

Reid, S. (Ed.) (1997) *Developments in Infant Observation: The Tavistock Model*. London: Routledge.

Rustin, M.J. (2006) Infant observation research: What have we learned so far? *International Journal of Infant Observation and its Applications*, 9, 35-52.

Sandler, J., Sandler, A-M. & Davies, R. (Eds.) (2000) *Clinical and Observational Psychoanalytic Research: Roots of a Controversy*. London: Karnac.

Steiner, R. (2000) Introduction. In Sandler, J., Sandler, A-M. & Davies, R. (Eds.), *Clinical and Observational Psychoanalytic Research: Roots of a Controversy*. London: Karnac, pp. 1-20.

Stern, D.N. (2000) The relevance of empirical infant research to psychoanalytic theory and practice. In Sandler, J., Sandler, A-M. & Davies, R. (Eds.), *Clinical and Observational Psychoanalytic Research: Roots of a Controversy*. London: Karnac, pp. 73-90.

Sternberg, J. (2005) *Infant Observation at the Heart of Training*. London: Karnac.

Strauss, A. & Corbin, J. (1990) *Basics of Qualitative Research: Grounded Theory Procedures and Techniques*. Newbury Park, CA: Sage.（南裕子（監訳）（1999）質的研究の基礎：グラウンデッド・セオリーの技法と手順　医学書院）

Thomson, R., Moe, A., Thorne, B. & Nielsen, H.B. (2012) Situated affect in travelling data: Tracing processes of meaning making in qualitative research. *Qualitative Inquiry*, 18, 310-322.

Urwin, C. (2007) Doing infant observation differently? Researching the formation of mothering identities in an inner London borough. *International Journal of Infant Observation and its Applications*, 10, 239-251.

Winnicott, D.W. (1984a) Ego distortion in terms of true and false self. In *The Maturational Process and the Facilitating Environment*. London: Hogarth Press and the Institute of Psychoanalysis, pp.140-157.（牛島定信（訳）（1977）本当の，および偽りの自己という観点からみた自我の歪曲　情緒発達の精神分析理論：自我の芽ばえと母なるもの　岩崎学術出版社）

Winnicott, D.W. (1984b) The theory of the parent-infant relationship. In *The Maturational Process and the Facilitating Environment*. London: Hogarth Press and the Institute of Psychoanalysis, pp. 37-55.（牛島定信（訳）（1977）親と幼児の関係に関する理論　情緒発達の精神分

析理論：自我の芽ばえと母なるもの　岩崎学術出版社）

Wittenberg, I. (1997) Beginnings: The family, the observer, and the infant observation group. In Reid, S. (Ed.), *Developments in Infant Observation: The Tavistock Model*. London: Routledge, pp. 19-32.

▼第２章

Anderson, J. (2006) Well-suited partners: Psychoanalytic research and grounded theory. *Journal of Child Psychotherapy*, 32, 329-348.

Bick, E. (1968) The experience of the skin in early object-relations. *International Journal of Psychoanalysis*, 49,484-486.

Bion, W.R. (1962) *Learning from Experience*. London: Heinemann.（福本修（訳）（1999）経験から学ぶこと　精神分析の方法Ⅰ：セブン・サーヴァンツ　法政大学出版局）

Briggs, A. (Ed.) (2002) *Surviving Space: Papers on Infant Observation: Essays on the Centenary of Esther Bick*. London: Karnac.

Briggs, S. (1997) *Growth and Risk in Infancy*. London: Jessica Kingsley.

Briggs, S. & Ingle, G. (Ed.) (2005) Applications of infant observation to work in educational settings. *International Journal of Infant Observation*, 8(1).

Charmaz, K. (2006) *Constructing Grounded Theory: A Practical Guide through Qualitative Analysis*. London: Sage.（抱井尚子・末田清子（監訳）（2008）グラウンデッド・セオリーの構築：社会構成主義からの挑戦　ナカニシヤ出版）

Cohen, M. (2003) *Sent before My Time: A Child Psychotherapist's View of Life on a Neonatal Intensive Care Unit*. London: Karnac.

Datler, W., Datler, M. & Funder, A. (2010) Struggling against a feeling of becoming lost: A young boy's painful transition to day care. *International Journal of Infant Observation*, 13, 65-87.

Datler, W., Trunkenpolz, K. & Lazar, R.A. (2009) An exploration of the quality of life in nursing homes: The use of single case and organisational observation in a research project. *International Journal of Infant Observation*, 12, 63-82.

Davenhill, R. (Ed.) (2007) *Looking into Later Life: A Psychoanalytic Approach to Depression and Dementia in Old Age*. London: Karnac.

Delion, P. (2000) The application of Esther Bick's method to the observation of babies at risk of autism. *International Journal of Infant Observation*, 3, 84-90.

Elfer, P. (2010) The power of psychoanalytic conceptions in understanding nurseries. *International Journal of Infant Observation*, 13, 59-64.

Emanuel, L. & Bradley, E. (Eds.) (2008) *What Can the Matter Be? Therapeutic Interventions with Parents, Infants and Young Children*. London: Karnac.

Galison, P. & Stump, D.J. (Eds.) (1996) *The Disunity of Science: Boundaries, Contexts, and Power*. Stanford: Stanford University Press.

Gretton, A. (2006) An account of a year's work with a mother and her 18-month-old son at risk of autism. *International Journal of Infant Observation*, 9, 21-34.

Groarke, S. (2008) Psychoanalytical infant observation: A critical assessment. *European Journal of Psychotherapy and Counselling*, 10, 299-321.

Grunbaum, A. (1984) *The Foundations of Psychoanalysis: A Philosophical Critique*. Berkeley, Los Angeles, London: University of California Press.（村田純一・貫成人・伊藤笏康・松本展明（訳）（1996）精神分析の基礎：科学哲学からの批判　産業図書）

Haag, G. (2000) In the footsteps of Frances Tustin: Further reflections in the construction of the body ego. *International Journal of Infant Observation*, 3, 7-22.

Heimann, P. (1950) On counter-transference. *International Journal of Psychoanalysis*, 31 (Part1-2).

Hinshelwood, R.D. & Skokstad, W. (2000) *Observing Institutions: Anxiety, Defence and Culture in Health Care*. London: Routledge.

Houzel, D. (1999) A therapeutic application of infant observation in child psychiatry. *International Journal of Infant Observation*, 2, 42-53.

Klein, M. (1932) *The Psychoanalysis of Children*, Part 1. London: Hogarth Press.（衣笠隆幸（訳）（1997）メラニー・クライン著作集2　児童の精神分析　誠信書房）

Kuhn, T.S. (1962) *The Structure of Scientific Revolutions*. Chicago: Chicago University Press.（中山茂（訳）（1971）科学革命の構造　みすず書房）

Kuhn, T.S. (2000) *The Road since Structure*. Chicago: Chicago University Press.（佐々木力（訳）（2008）構造以来の道：哲学論集1970-1993　みすず書房）

Latour, B. (1983) Give me a laboratory and I will raise the world. In Knorr-Cetina, K. & Mulkay, M. (Eds.), *Science Observed*. London: Sage, pp. 141-170.

Lechevalier, B., Fellouse, J-C. & Bonnesoeur, S. (2000) West's syndrome and infantile autism: The effect of a psychotherapeutic approach in certain cases. *International Journal of Infant Observation*, 3, 23-38.

Maiello, S. (1997) Interplay: Sound aspects in mother-infant observation. In Reid, S. (Ed.), *Developments in Infant Observation: The Tavistock Model*. London: Routledge, pp. 23-42.

McDougall, J. (1986) *Theatres of the Mind: Illusion and Truth on the Psychoanalytic Stage*. London: Free Association Books.

Mendelsohn, A. & Phillips, A. (Eds.) (2005) Babies in hospital. *International Journal of Infant Observation*, 8(3).

Midgley, N., Anderson, J., Grainger, E., Nesic-Vuckovic, T. & Urwin, C. (Eds.) (2009) *Child Psychotherapy and Research: New Approaches, Emerging Findings*. London: Routledge.（鵜飼奈津子（監訳）（2012）子どもの心理療法と調査・研究：プロセス・結果・臨床的有効性の探求　創元社）

Miller, L., Rustin, M.E., Rustin, M.J. & Shuttleworth, J. (Eds.) (1989) *Closely Observed Infants*. London: Duckworth.

Negri, R. & Harris, M. (2007) *The Story of Infant Development*. London: Karnac.

Ng, A.V. (2009) Making sense of dementia using infant observation techniques: A psychoanalytic perspective on a neuropathological disease. *International Journal of Infant Observation*, 12, 83-107.

Reid, S. (Ed.) (1997) *Developments in Infant Observation: The Tavistock Model*. London: Routledge.

Rhode, M. (1997) Psychosomatic integrations: Eye and mouth in infant observation. In Reid, S. (Ed.), *Developments in Infant Observation: The Tavistock Model*. London: Routledge, pp.140-156.

Rhode, M. (2003) Sensory aspects of language development in relation to primitive anxieties. *International Journal of Infant Observation*, 6, 12-32.

Roper, F. (2009) Riding the rollercoaster: An infant observation of a teenage couple and their baby. *International Journal of Infant Observation*, 9, 283-294.

Rustin, M.E. & Bradley, J. (Eds.) (2008) *Work Discussion: Learning from Reflective Practice in Work with Children and Families*. London: Karnac.

Rustin, M.J. (2001) Give me a consulting room: The generation of psychoanalytic knowledge. In *Reason and Unreason: Psychoanalysis, Science and Politics*. London: Continuum, pp. 30-51.

Rustin, M.J. (2002) Looking in the right place: Complexity theory, psychoanalysis and infant observation. *International Journal of Infant Observation*, 5, 122-144.

Rustin, M.J. (2006) Infant observation research: What have we learned so far? *International Journal of Infant Observation and its Applications*, 9, 35-52.

Rustin, M.J. (2007) How do psychoanalysts know what they know? In Braddock, L. & Lacewing, M. (Eds.), *The Academic Face of Psychoanalysis*. London: Routledge.

Rustin, M.J. (2009) What do child psychotherapists know? In Midgley, N., Anderson, J., Grainger, E., Nesic-Vuckovic, T. & Urwin, C. (Eds.), *Child Psychotherapy and Research: New Approaches, Emerging Findings*. London: Routledge, pp. 35-49.（鵜飼奈津子（監訳）（2012）第2章 子どもの心理療法士は何を知っているのだろうか？ 子どもの心理療法と調査・研究：プロセス・結果・臨床的有効性の探求　創元社）

Rustin, M.J. (2011a) In defence of infant observational research. *European Journal of Psychotherapy and Counselling*, 13, 153-168.

Rustin, M.J. (2011b) Infant observation and research: A reply to Steven Groarke. *International Journal of Infant Observation*, 14, 179-190.

Sandler, J., Sandler, A-M. & Davies, R. (Eds.) (2000) *Clinical and Observational Psychoanalytic Research: Roots of a Controversy*. London: Karnac.

Shuttleworth, J. (2010) Faith and culture: Community life and the creation of a shared psychic reality. *International Journal of Infant Observation*, 13, 45-58.

Sorensen, P. (2000) Observations of transition facilitating behaviour: Development and theoretical implications. *International Journal of Infant Observation*, 3, 46-54.

Sternberg, J. (2005) *Infant Observation at the Heart of Training*. London: Karnac.

Strachey, J. (1934) The nature of the therapeutic action of psychoanalysis. *International Journal of Psychoanalysis*, XV, 127-159.

Thomas, L. (2009) Jack - an observation of a baby with adolescent parents. *International Journal of Infant Observation*, 12, 295-304.

Urwin, C. (Ed.) (2007) Becoming a mother: Changing identities. Infant observation in a research project. *International Journal of Infant Observation*, 10(3).

Waddell, M. (2009) Why teenagers have babies. *International Journal of Infant Observation*, 12, 271-282.

Williams, G. (1997) *Internal Objects and Foreign Bodies: Eating Disorders and Other Pathologies*. London: Karnac.

Winnicott, D.W. (1964) *The Child, the Family and the Outside World*. London: Penguin.（猪股丈二（訳）（1985）子どもと家族とまわりの世界（上）　赤ちゃんはなぜなくの：ウィニコット博士の育児講義　星和書店，猪股丈二（訳）（1986）子どもと家族とまわりの世界（下）　子どもはなぜあそぶの：続・ウィニコット博士の育児講義　星和書店）

Wollheim, R. (1993) Desire, belief and Professor Grünbaum's Freud. In *The Mind and its Depths*. Cambridge, MA and London: Harvard University Press, pp. 91-111.

▼第3章

Ainsworth, M.D.S., Blehar, M.C., Waters, E. & Wall, S. (1978) *Patterns of Attachment: A Psychological Study of the Strange Situation*. Hillsdale, NJ: Lawrence Erlbaum Associates.

Akhtar, N. & Tomasello, M. (1998) Intersubjectivity in early language learning and use. In Bráten, S. (Ed.), *Intersubjective Communication and Emotion in Early Ontogeny*. Cambridge: Cambridge University Press, pp. 316-335.

Bargh, J.A. (2007) *Social Psychology and the Unconscious: The Automaticity of Higher Mental Processes*. New York: Psychology Press.（及川昌典・木村晴・北村英哉（編訳）（2009）無意識と社会心理学：高次心理過程の自動性　ナカニシヤ出版）

Bechara, A., Damasio, H., Damasio, A.R. & Lee, G.P. (1999) Different contributions of the human amygdala and ventromedial prefrontal cortex to decision-making. *Journal of Neuroscience*, 19, 5473-5481.

Beebe, B. & Lachmann, F.M. (2002) *Infant Research and Adult Treatment: Co-Constructing Interactions*. Hillsdale, NJ: Analytic Press.（富樫公一（監訳）（2008）乳児研究と成人の精神分析：共構築され続ける相互交流の理論　誠信書房）

Beebe, B., Lachmann, F.M. & Jaffe, J. (1997) Mother-infant interaction structures and presymbolic self and object representations. *Psychoanalytic Dialogues*, 7, 133-182.

Bick, E. (1968) The experience of the skin in early object relations. *International Journal of Psychoanalysis*, 49, 484-486.

Damasio, A.R. (1999) *The Feeling of What Happens: Body, Emotion and the Making of Consciousness*. London: Heinemann.（田中三彦（訳）（2003）無意識の脳　自己意識の脳：身体と情動と感情の神秘　講談社）

De Casper, A. & Spence, M. (1986) Prenatal maternal speech influences newborns' perception of speech sound. *Infant Behavior and Development*, 9, 133-150.

Dehaene-Lambertz, G., Montavont, A., Jobert, A., Allirol, L., Dubois, J. & Hertz-Pannier, L. (2009) Language or music, mother or Mozart? Structural and environmental influences on infants' language networks. *Brain and Language*, 114, 53-65.

Field, T.M. (1981) Infant gaze aversion and heart rate during face-to-face interactions. *Infant Behavior and Development*, 4, 307-315.

Field, T.M., Cohen, D., Garcia, R. & Greenberg, R. (1984) Mother-stranger face discrimination by the newborn. *Infant Behavior and Development*, 7, 19-25.

Fraiberg, S. (1982) Pathological defenses in infancy. *Psychoanalytic Quarterly*, 51, 612-635.

Gergen, K.J. (2009) *An Invitation to Social Construction*, 2nd edition. London: Sage

Heyes, C. (2010) Mesmerising mirror neurons. *Neuroimage*, 51, 789-791.

Hobson, P. (2002) *The Cradle of Thought: Exploring the Origins of Thinking*. London: Macmillan.

Macfarlane, A. (1975) Olfaction in the development of social preferences in the human neonate. In *Parent-Infant Interaction (Ciba Foundation Symposium 33)*. New York: Elsevier, pp. 103-113.

Mahler, M.S. (1965) On early infantile psychosis: The symbiotic and autistic syndromes. *Journal of the American Academy of Child and Adolescent Psychiatry*, 4, 554-568.

Meltzoff, A.N. (2007) 'Like me': A foundation for social cognition. *Developmental Science*, 10, 126-134.

Meltzoff, A.N. & Borton, R.W. (1979) Intermodal matching by human neonates. *Nature*, 282, 403-404.

Murray, L., Stanley, C, Hooper, R., King, F. & Fiori-Cowley, A. (1996) The role of infant factors in postnatal depression and mother-infant interactions. *Developmental Medicine and Child Neurology*, 38, 109-119.

Myers, D.G. (2002) *Intuition: Its Powers and Perils*. New Haven: Yale University Press.（岡本浩一（訳）（2012）直観を科学する：その見えざるメカニズム　麗澤大学出版会）

Reddy, V. (1991) Playing with others' expectations: Teasing and mucking about in the first year. In Whiten, A. (Ed.), *Natural Theories of Mind*. Oxford: Blackwell, pp. 143-158.

Reddy, V. (2008) *How Infants Know Minds*, 1st edition. Cambridge, MA: Harvard University Press.

Rizzolatti, G. & Sinigaglia, C. (2008) *Mirrors in the Brain: How our Minds Share Actions and Emotions*, 1st edition. Anderson, F. (Tr.), New York: Oxford University Press.

Sandler, J., Sandler, A.-M. & Davies, R. (Eds.) (2000) *Clinical and Observational Psychoanalytic Research: Roots of a Controversy*. London: Karnac.

Stern, D.N. (1985) *The Interpersonal World of the Infant: A View from Psychoanalysis and*

Development Psychology. New York: Basic Books.（神庭靖子・神庭重信（訳）（1989）乳児の対人世界　理論編　岩崎学術出版社、神庭靖子・神庭重信（訳）（1991）乳児の対人世界　臨床編　岩崎学術出版社）

Sternberg, J. (2005) *Infant Observation at the Heart of Training*. London: Karnac.

Sutter-Dallay, A.L., Murray, L., Glatigny-Dallay, E. & Verdoux, H. (2003) Newborn behavior and risk of postnatal depression in the mother. *Infancy*, 4, 589-602.

Tomasello, M. (2009) *Why We Cooperate*. Cambridge, MA: MIT Press.（橋彌和秀（訳）（2013）ヒトはなぜ協力するのか　勁草書房）

Trevarthen, C. & Aitken, K.J. (2001) Infant intersubjectivity: Research, theory, and clinical applications. *Journal of Child Psychology and Psychiatry and Allied Disciplines*, 42, 3-48.

Tronick, E. (2007) *The Neurobehavioral and Social-Emotional Development of Infants and Children*. New York: Norton.

Urwin, C. (2007) Doing infant observation differently? Researching the formation of mothering identities in an inner London borough. *International Journal of Infant Observation and its Applications*, 10, 239-251.

Vaish, A., Carpenter, M. & Tomasello, M. (2009) Sympathy through affective perspective-taking and its relation to prosocial behavior in toddlers. *Developmental Psychology*, 45, 534-543.

▼第4章（参考文献）

Bick, E. (1964) Notes on infant observation in psychoanalytic training. *International Journal of Psychoanalysis*, 45, 558-566.

Bridge, G. & Miles, G. (1996) On the Outside Looking. In: *Collected Essays on Young Child Observation in Social Work Training*. London: CCETSW Publishing.

Harris, M. (2011) *Thinking about Infants and Young Children*, Reprinted edition. London: Karnac.

McKenzie-Smith, S. (1992) A psychoanalytic study of the elderly. *Free Associations*, 3, 27.

Miles, G. (1999) The contribution of institutional observation studies to the teaching on a multi disciplinary postgraduate course in child protection. *International Journal of Infant Observation and its Applications*, 2, 67-77.

Trowell, J. (1999) Assessment and court work: The place of observation. *International Journal of Infant Observation and its Applications*, 2, 91-101.

Trowell, J. & Miles, G. (1991) The contribution of observation training to professional development in social work practice. *Journal of Social Work Practice*, 5, 51-60.

Trowell, J., Paton, A., Davids, Z. & Miles, G. (1998) The importance of observational training: An evaluative study. *International Journal of Infant Observation and its Applications*, 2, 101-111.

Williams, M.H. (Ed.) (1987) *Collected Papers of Martha Harris and Esther Bick*. Strathtay, Perthshire: Clunie Press.

▼第5章

Bion, W.R. (1962) *Learning from Experience*. London: Heinemann.（福本修（訳）（1999）経験から学ぶこと　精神分析の方法Ⅰ：セブン・サーヴァンツ　法政大学出版局）

Bloor, M., Frankland, J., Thomas, M. & Robson, K. (2001) *Focus Groups in Social Research*. London: Sage.

Coffey, A. & Atkinson, P. (1996) *Making Sense of Qualitative Data. Complementary Research Strategies*. London: Sage.

Crick, P. (1997) Mother-baby observation: The position of the observer. *Psychoanalytic Psychotherapy*, 11, 245-255.

Fern, E.F. (2001) *Advanced Focus Group Research*. London: Sage.

Glaser, B.G. & Strauss, A.L. (1967) *The Discovery of Grounded Theory: Strategies for Qualitative Research*. Chicago: Aldine.（後藤隆・大出春江・水野節夫（訳）（1996）データ対話型理論の発見：調査からいかに理論をうみだすか　新曜社）

Klauber, T. & Trowell, J. (1999) Editorial. *International Journal of Infant Observation and its Applications*, 2, 2-3.

Lignos, E. (1997, September) *The Clinical Value of Training in Psychoanalytic Infant Observation for the Preventative Programme of a General Children's Hospital*. Paper presented at Tavistock 2nd International Infant Observation Conference, Tavistock Clinic, London.

Maiello, S. (1997) Twinning phantasies in the mother-infant couple and the observer's counterpoint function: Preliminary remarks about the numbers one, two and three. *International Journal of Infant Observation and its Applications*, 1, 31-50.

Merton, R.K., Fiske, M. & Kendall, P.L. (1990) *The Focused Interview: A Manual of Problems and Procedures*, 2nd edition. New York: Free Press.

Morgan, D.L. (1997) *Focus Groups as Qualitative Research*, 2nd edition. London: Sage.

Pidgeon, N. & Henwood, K. (1996) Grounded theory: Practical implementation. In Richardson, J.T.E. (Ed.), *Handbook of Qualitative Research Methods for Psychology and the Social Sciences*. Leicester: British Psychological Society, pp. 86-101.

Rustin, M.E. (1988) Encountering primitive anxieties: Some aspects of infant observation as a preparation for clinical work with children and families. *Journal of Child Psychotherapy*, 14, 15-28.

Rustin, M.J. (1997) The generation of psychoanalytic knowledge: Sociological and clinical perspectives part one: 'Give me a consulting room…'. *British Journal of Psychotherapy*, 13, 527-543.

Sternberg, J. (2005) *Infant Observation at the Heart of Training*. London: Karnac.

Taylor, S.J. & Bogdan, R. (1998) *Introduction to Qualitative Research Methods: A Guidebook and Resource*, 3rd edition. New York: Wiley.

Trowell, J., Paton, A., Davids, Z. & Miles, G. (1998) The importance of observational training: An evaluative study. *International Journal of Infant Observation and its Applications*, 2, 101-111.

Wittenberg, I. (1999) What is psychoanalytic about the Tavistock model of studying infants? Does it contribute to psychoanalytic knowledge? *International Journal of Infant Observation and its Applications*, 2, 4-15.

▼第6章

Baranger, M. & Baranger, W. (2008) The analytic situation as a dynamic field. *International Journal of Psychoanalysis*, 89, 795-826.

Bick. E. (1964) Notes on infant observation in psychoanalytic training. *International Journal of Psychoanalysis*, 45, 558-566.

Briggs, A. (Ed.) (2002) *Surviving Space: Papers on Infant Observation: Essays on the Centenary of Esther Bick*. London: Karnac.

Brown, J. (2006) Reflexivity in the research process: Psychoanalytic observations. *International Journal of Social Research Methodology: Theory and Practice*, 9, 181-197.

Burgess, R.G. (1984) *In the Field: An Introduction to Field Research*. London: Batsford.

Deacon, J. (2010) *From Perversion to Policy*. Unpublished professional doctorate thesis. London: Tavistock and Portman NHS Trust and University of East London.

Freud, S. (1905) Fragment of an analysis of a case of hysteria ("Dora"). *Case Histories I*. London: Penguin.（渡邉俊之・草野シュワルツ美穂子（訳）（2009）あるヒステリー分析の断片〔ドーラ〕 フロイト全集6 岩波書店）

Frosh, S. (1997) *For and Against Psychoanalysis*. London: Routledge.

Geertz, C. (1988) *Works and Lives: The Anthropologist as Author*. Stanford: Stanford University Press.（森泉弘次（訳）（2012）文化の読み方／書き方 岩波書店）

Hammersley, M. (1992) *What's Wrong with Ethnography?* London: Routledge.

Klein, M. (1952) The origins of transference. In *Envy and Gratitude and Other Works 1946-1963*. London: Virago, pp. 48-56.（小此木敬吾・岩崎徹也（編訳）（1985）転移の起源 メラニー・クライン著作集4 妄想的・分裂的世界 誠信書房）

Kraemer, S. (1999) *Talking Cure*. London: BBC.

O'Shaughnessy, E. (1994) What is a clinical fact? *International Journal of Psychoanalysis*, 75, 939-947.

Price, H. (2006) Jumping on shadows: Catching the unconscious in the classroom. *Journal of Social Work Practice*, 20, 145-161.

Riessman, C.K. (1993) *Narrative Analysis. Qualitative Research Methods Series 30*. Newbury Park, CA: Sage.

Steiner, J. (1980) *Psychotic and Non-Psychotic Parts of the Personality in Borderline Patients*. London: Tavistock Publications.

▼第Ⅱ部　イントロダクション

Dreher, A.U. (2000) *Foundations for Conceptual Research in Psychoanalysis*. London: Karnac.

▼第7章

Bion, W.R. (1967) Notes on memory and desire. In Bion, F. (Ed.), *Cogitations*. London: Karnac (1992), pp. 293-296.

Bion, W.R. (1970). *Attention and Interpretation*. London: Tavistock Publications.（福本修・平井正三（訳）（2002）第 4 部　注意と解釈　精神分析の方法Ⅱ：セブン・サーヴァンツ　岩崎学術出版社）

Bion, W.R. (1992). *Cogitations*. London: Karnac.

Burhouse, A. (1999) *Me, You and It: Conversations about the Significance of Joint Attention Skills from Cognitive Psychology, Child Development Research and Psychoanalysis*. Unpublished dissertation, Tavistock Clinic.

Freud, S. (1926) Inhibitions, symptoms and anxiety. *Standard Edition*, 20, pp. 77-174.（大宮勘一郎・加藤敏（訳）（2010）制止、症状、不安19　フロイト全集19　岩波書店）

Glaser, B.G. & Strauss, A.L. (1967) *The Discovery of Grounded Theory: Strategies for Qualitative Research*. Chicago: Aldine.（後藤隆・大出春江・水野節夫（訳）（1996）データ対話型理論の発見：調査からいかに理論をうみだすか　新曜社）

Harris, M. (1987) Papers on infant observation. In Williams, M.H. (Ed.), *Collected Papers of Martha Harris and Esther Bick*. Strathtay, Perthshire: Clunie Press, pp. 219-223.

Klein, M. (1959) Our adult world and its roots in infancy. In Klein, M. (Ed.), *Envy and Gratitude and Other Works, 1946-1963*. London: Hogarth Press (1975), pp. 247-263.（小此木敬吾・岩崎徹也（編訳）（1996）大人の世界と幼児期におけるその起源　メラニー・クライン著作集 5　羨望と感謝　誠信書房）

Prat, R., Amar, M., Delion, P., Le Guellec, M.C. & Mellier, D. (2006) *The Contribution of Esther Bick's Method of Infant Observation to Clinical Practice*. Unpublished paper in a course on the fundamental rules of analytical listening by the World Association for Infant Mental Health.

Rustin, M. (2006) Infant observation research: What have we learned so far? *International Journal of Infant Observation and its Applications*, 9, 35-52.

Schore, A.N. (1994) Affect regulation and the origin of the self. *The Neurobiology of Emotional Development*. Hillsdale, NJ: Lawrence Erlbaum Associates.

Soussignan, R. & Schaal, B. (2005) Emotional processes in human newborns: A functionalist perspective. In Nadel, J. & Muir, D. (Eds.), *Emotional Development: Recent Research Advances*. Oxford: Oxford University Press, pp. 127-159.

Waddell, M. (1998) *Inside Lives: Psychoanalysis and the Growth of the Personality*. London: Duckworth.

▼第8章

Anderson, J. (2006) Well-suited partners: Psychoanalytic research and grounded theory. *Journal of Child Psychotherapy*, 32, 329-348.

Berta, L. & Torchia, A. (1998) The contribution of infant observation to paediatrics. *International Journal of Infant Observation and its Applications*, 2, 79-89.

Bion, W.R. (1962) A theory of thinking. *International Journal of Psychoanalysis*, 43, 306-310.（松木邦裕（監訳）中川慎一郎（訳）（2007）考えることの理論　再考：精神病の精神分析論　金剛出版）

Brandon, M., Belderson, P., Warren, C., Howe, D., Gardner, R., Dodsworth, J. & Black, J. (2008) *Analysing Child Deaths and Serious Injury through Abuse and Neglect: What Can We Learn? A Biennial Analysis of Serious Case Reviews 2003-2005*. Research Brief DCSF-RB023 (PDF). London: Department for Education and Skills.

Britton, R. (1983) Breakdown and reconstitution of the family circle. In Boston, M. & Szur, R. (Eds.), *Psychotherapy with Severely Disturbed Children*. London: Routledge & Kegan Paul, pp. 105-109.

Craven, P.A. & Lee, R.E. (2006) Therapeutic interventions for foster children: A systematic research synthesis. *Research on Social Work Practice*, 16, 287-304.

Department for Children, Schools and Families (2008) Children looked after in England (including adoption and care leavers) year ending 31 March 2008. Retrieved July 24, 2009, from http://www.dcsf.gov.uk/rsgateway/DB/SFR/s000810/index.shtml

Emanuel, L. (2006) The contribution of organisational dynamics to the triple deprivation of looked-after children. In Kenrick, J. (Ed.), *Creating New Families: Therapeutic Approaches to Fostering, Adoption and Kinship Care*. London: Karnac, pp. 239-256.

Fonagy, P., Gergely, G., Jurist, E. & Target, M. (2002) *Affect Regulation, Mentalization, and the Development of the Self*. New York: Other Press.

Glaser, B.G. & Strauss, A.L. (1967) *The Discovery of Grounded Theory: Strategies for Qualitative Research*. Chicago: Aldine.（後藤隆・大出春江・水野節夫（訳）（1996）データ対話型理論の発見：調査からいかに理論をうみだすか　新曜社）

Hillen, T., Gafson, L., Drage, L. & Conlan, L-M. (2012) Assessing the prevalence of mental health disorders and mental health needs among preschool children in care in England. *Infant Mental Health Journal*, 33, 411-420.

Holton, J.A. (2007) The coding process and its challenges. In Bryant, A. & Charmaz, K. (Eds.), *The Sage Handbook of Grounded Theory*. London: Sage, pp. 265-281.

Houzel, D. (2010) Infant observation and the receptive mind. *International Journal of Infant Observation and its Applications*, 13, 119-133.

Kelle, U. (2007) The development of categories: Different approaches in grounded theory. In Bryant, A. & Charmaz, K. (Eds.), *The Sage Handbook of Grounded Theory*. London: Sage, pp.

191-213.

Klein, M. (1957) Envy and gratitude. In *Envy and Gratitude and Other Works, 1946-1963*. London: Hogarth Press (1975), pp. 48-56.（小此木敬吾・岩崎徹也（編訳）（1996）羨望と感謝　メラニー・クライン著作集5　羨望と感謝　誠信書房）

Lanyado, M. (2003) The emotional tasks of moving from fostering to adoption: Transitions, attachment, separation and loss. *Clinical Child Psychology and Psychiatry*, 8, 337-349.

Lazar, R.A. & Ermann, G. (1998) Learning to be: On the observation of a premature baby. *International Journal of Infant Observation and its Applications*, 2, 21-39.

Main, M. & Solomon, J. (1980) Procedures for identifying infants as disorganized/ disoriented during the Ainsworth Strange Situation. In Greenberg, M.T., Cicchetti, D. & Cummings, E.M. (Eds.), *Attachment in the Preschool Years: Theory, Research and Intervention*. Chicago: University of Chicago Press, pp. 161-185.

Reason, P. & Bradbury, H. (Eds.) (2001) *Handbook of Action Research: Participative Inquiry and Practice*. London: Sage.

Rhode, M. (2007) Infant observation as an early intervention. In Acquarone, S. (Ed.), *Signs of Autism in Infants: Recognition and Early Intervention*. London: Karnac, pp. 193-211.

Rustin, M.E. (1991) The strengths of a practitioner's workshop as a new model in clinical research. In Szur, R. & Miller, S. (Eds.), *Extending Horizons. Psychoanalytic Psychotherapy with Children, Adolescents and Families*. London: Karnac, pp. 379-388.

Rustin, M.J. (2001) Research, evidence and psychotherapy. In Mace, C., Moorey, S. & Roberts, B. (Eds.), *Evidence in the Psychological Therapies. A Critical Guide for Practitioners*. London: Brunner-Routledge, pp. 27-45.

Wakelyn, J. (2010) *What can be learned from a therapeutic observation of an infant or young child in foster care?* Unpublished clinical doctorate thesis, University of East London/Tavistock Centre.

Ward, H., Munro, E.R. & Dearden, C. (2006) *Babies and Young Children in Care: Life Pathways, Decision-Making and Practice*. London: Jessica Kingsley.

Williams, G. (1998) Reflections on some particular dynamics of eating disorders. In Anderson, R. & Dartington, R. (Eds.), *Facing It Out. Clinical Perspectives on Adolescent Disturbance*. London: Duckworth, pp. 79-98.（鈴木龍（監訳）李振雨・田中理香（訳）（2000）摂食障害のある特異な力動に関する考察　思春期を生き抜く：思春期危機の臨床実践　岩崎学術出版社）

Winnicott, D.W. (1965) Providing for the child in health and crisis. In *The Maturational Processes and the Facilitating Environment: Studies in the Theory of Emotional Development*. London: Hogarth Press, pp. 64-72.（牛島定信（訳）（1977）健康なとき、危機状況にあるときの子どもに何を供給するのか　情緒発達の精神分析理論：自我の芽ばえと母なるもの　岩崎学術出版社）

▼第9章

Bruner, J.S. (1983) *Child's Talk: Learning to Use Language*. New York: Norton.（寺田晃・本郷一夫（訳）（1988）乳幼児の話しことば：コミュニケーションの学習　新曜社）

Flakowicz, M. (2007) Daughter, mother, wife: Transitions from ideals to the real family. *International Journal of Infant Observation and its Applications*, 10, 295-306.

Hollway, W. *Mothers' Knowing, Knowing Mothers*. London: Palgrave. 近刊.

Hollway, W. (2011) In between external and internal worlds: Imagination in transitional space. In Davies, K., Mason, J., Heath, S. & Smart, C. (Eds.), *Crossing Boundaries: Special Themed Issue of Methodological Innovations Online*, 6, 50-60.

Hollway, W. & Jefferson, T. (2000) *Doing Qualitative Research Differently: Free Association, Narrative and the Interview Method*. London: Sage.

Layton, S. (2007) Left alone to hold the baby. *International Journal of Infant Observation and its Applications*, 10, 253-266.

Maiello, S. (2000) The cultural dimension in early mother-infant interaction and psychic development: An infant observation in South Africa. *International Journal of Infant Observation and its Applications*, 3, 80-92.

Pluckrose, E. (2007) Loss of the Motherland: The dilemma of creating triangular space a long way from home. *International Journal of Infant Observation and its Applications*, 10, 307-318.

Thorp, J. (2007) The search for space in the process of becoming a first-time mother. *International Journal of Infant Observation and its Applications*, 10, 319-330.

Urwin, C. (2007) Doing infant observation differently? Researching the formation of mothering identities in an inner London borough. *International Journal of Infant Observation and its Applications*, 10, 239-252.

Urwin, C. (2009) Separation and changing identity in becoming a mother. In Day Sclater, S., Jones, D.W., Price, H. & Yates, C. (Eds.), *Emotion: New Psychosocial Perspectives*. London: Palgrave, pp. 139-153.

Watt, F. (2007) Mixed feeds and multiple transitions: A teenager becomes a mother *International Journal of Infant Observation and its Applications*, 10, 281-294.

Winnicott, D.W. (1971) The location of cultural experience. In *Playing and Reality*. Harmondsworth: Penguin, pp. 112-121.（橋本雅雄（訳）（1979）文化的体験の位置づけ　遊ぶことと現実　岩崎学術出版社）

Woograsingh, S. (2007) A single flavour of motherhood: An emerging identity in a young Bangladeshi woman. *International Journal of Infant Observation and its Applications*, 10, 267-280.

▼第10章

Baron-Cohen, S., Cox, A., Baird, G., Swettenham, J., Drew, A., Nightingale, N., Morgan, K. &

Charman, T. (1996) Psychological markers in the detection of autism in infancy in a large population. *British Journal of Psychiatry*, 168, 158-163.

Bick, E. (1964) Notes on infant observation in psychoanalytic training. *International Journal of Psychoanalysis*, 45, 558-566.

Bion, W.R. (1962) *Learning from Experience*. London: Heinemann.（福本修（訳）（1999）経験から学ぶこと　精神分析の方法Ⅰ：セブン・サーヴァンツ　法政大学出版局）

Brazelton, B.T., Koslowski, B. & Main, M. (1974) The origins of reciprocity: The early mother-infant interaction. In Lewis, I.M. & Rosenblum, L.A. (Eds.), *The Effect of the Infant on its Caregiver*. New York: Wiley, pp. 49-76.

Britton, R. (1989) The missing link: Parental sexuality in the Oedipus complex. In Steiner, J. (Ed.), *The Oedipus Complex Today*, London: Karnac, pp. 83-102.

Gretton, A. (2006) An account of a year's work with a mother and her 18-month-old son at risk of autism. *International Journal of Infant Observation and its Applications*, 9, 21-34.

Houzel, D. (1999) A therapeutic application of infant observation in child psychiatry. *International Journal of Infant Observation and its Applications*, 2, 42-53.

Lechevalier, B., Fellouse, J.-C. & Bonnesoeur, S. (2000) West's Syndrome and infantile autism: The effect of a psychotherapeutic approach in certain cases. *International Journal of Infant Observation and its Applications*, 3, 23-38.

Papousek, M. (1992) Early ontogeny of vocal communication in parent-infant interactions. In Papousek, H., Jürgens, U. & Papousek, M. (Eds.), *Nonverbal Vocal Communication*. Cambridge: Cambridge University Press, pp. 230-261.

Rhode, M. (2007) Helping toddlers to communicate: Infant observation as an early intervention. In Acquarone, S. (Ed.), *Autism in Infants: Detection and Early Intervention*. London: Karnac, pp. 193-212.

Stern, D.N. (1995) *The Motherhood Constellation: A Unified View of Parent-Infant Psychotherapy*. New York: Basic Books.（馬場禮子・青木紀久代（訳）（2000）親－乳幼児心理療法：母性のコンステレーション　岩崎学術出版社）

Urwin, C. (2002) A psychoanalytic approach to language delay: When 'autistic' isn't necessarily autism. *Journal of Child Psychotherapy*, 28, 73-93.

▼第11章

Beebe, B. (2003) Brief mother-infant treatment: Psychoanalytically informed video feed-back. *Infant Mental Health Journal*, 24, 24-52.

Britton, R. (1989) The missing link: Parental sexuality in the Oedipus complex. In Britton, R., Feldman, M. & O'Shaugnessy, E. (Eds.), *The Oedipus Complex Today: Clinical Implications*. London: Karnac, pp. 83-102.

Fairbairn, W.R. (1944) Endopsychic structure considered in terms of object-relationships. In

Fairbairn, W.R. (Ed.), *Psychoanalytic Studies of the Personality*. London: Tavistock with Routledge and Kegan Paul (1952), pp. 162-179.（山口泰司（訳）（2002）対象関係から見た内的精神構造　新装版　人格の精神分析学的研究　文化書房博文社）

Freud, S. (1914) Remembering, repeating and working through. *Standard Edition*, 12, pp. 255-269.（道簱泰三（訳）（2010）想起、反復、反芻処理　フロイト全集13　岩波書店）

Gammelgaard, J. (2010) *Betweenity: A Discussion of the Concept of Borderline*. London: Routledge.

Guedeney, A. & Guedeney, N. (2010) The era of using video for observation and intervention in infant mental health. *The Signal*, 18 (2).

Jones, A. (2005) *The Process of Change in Parent-Infant Psychotherapy*. Unpublished doctoral dissertation, Tavistock/University of East London.

Jones, A. (2006a) Levels of change in parent-infant psychotherapy. *Journal of Child Psychotherapy*, 32, 295-311.

Jones, A. (2006b) How video can bring to view pathological defensive processes and facilitate the creation of triangular space in perinatal parent-infant psychotherapy. *International Journal of Infant Observation and its Applications*, 9, 109-123.

Jones, A. (2007) Parent-infant psychotherapy: When feelings of futility are prevalent. In Pozzi Monzo, M. & Tydeman, B. (Eds.), *Innovations in Parent-Infant Psychotherapy: International Contributions*. London: Karnac, pp. 154-176.

Jones, A. (2010) The traumatic sequelae of pathological defensive processes in parent-infant relationships. In Baradon, T. (Ed.), *Relational Trauma in Infancy: Psychoanalytic, Attachment and Neuropsychological Contributions to Parent-Infant Psychotherapy*. London: Routledge, pp. 75-87.

Sameroff, A.J., McDonough, S.C. & Rosenblum, K.L. (Eds.) (2004) *Treating Parent-Infant Relationship Problems: Strategies for Intervention*. New York: Guilford Press.

Winnicott, D.W. (1971) *Playing and Reality*. London: Tavistock Publications.（橋本雅雄（訳）（1979）遊ぶことと現実　岩崎学術出版社）

▼第12章

Baradon, T. (1986) A mother-baby relationship in the shadow of neo-natal death. *Bulletin Anna Freud Centre*, 9, 195-204.

Bourne, S. (1968) The psychological effects of stillbirth on women and their doctors. *Journal of Royal College of General Practitioners*, 16, 103-112.

Bourne, S. & Lewis, E. (1984) Pregnancy after stillbirth or neonatal death. *The Lancet*, 2, 31-33.

Bracken, M.B. (1984) Perinatal epidemiology. In Bracken, M.B. (Ed.), *Effective Care of the New Born*. New York: Oxford University Press.

Cain, A. & Cain, B. (1964) On replacing a child. *Journal of the American Academy of Child Psychiatry*, 3, 443-456.

Dreher, A.U. (2000) *Foundations for Conceptual Research in Psychoanalysis*. London: Karnac.

Eliot, T.S. (1969) The Hollow Men. In Eliot, T.S. (Ed.), *The Complete Poems and Plays of T.S. Eliot*. London: Faber & Faber, pp. 83-86. (Original work published 1925)

Johnson, M.P. & Puddifoot, J.E. (1998) Miscarriage: Is vividness of visual imagery a factor in the grief reaction of the partner? *British Journal of Health Psychology*, 3, 1-10.

Kirkley Best, E. & Kellner, K. (1982) The forgotten grief: A review of the psychology of stillbirth. *American Journal of Orthopsychiatry*, 52, 420-429.

Kirkley Best, E. & VanDevere, C. (1986) The hidden family grief: An overview of grief in the family following perinatal death. *International Journal of Family Psychiatry*, 7, 419-437.

Kohner, N. (1993) The loss of a baby: Parents' needs and professional practice after early loss. In Dickenson, D. & Johnson, M. (Eds.), *Death, Dying and Bereavement*. New York: Sage, pp. 355-359.

Leon, I.G. (1990) *When a Baby Dies: Psychotherapy for Pregnancy and Newborn Loss*. New Haven: University Press.

Lewis, E. (1979) Mourning by the family after a stillbirth or neonatal death. *Archives of Disease in Childhood*, 54, 303-306.

Meltzer, D. (1988) *The Apprehension of Beauty*. Strathtay, Perthshire: Clunie Press.（細澤仁（監訳）（2010）精神分析と美　みすず書房）

Reid, M. (1992) Joshua - life after death: The replacement child. *Journal of Child Psychotherapy*, 18, 109-138.

Reid, M. (2003a) Clinical research: The inner world of the mother and her new baby-born in the shadow of death. *Journal of Child Psychotherapy*, 29, 207-226.

Reid, M. (2003b) *The Mother's State of Mind Following the Loss of a Baby and the Birth of the Next Infant*. Unpublished thesis, University of East London.

Reid, M. (2007a) Grief in the mother's eyes: A search for identity. In Bainbridge, C., Radstone, S., Rustin, M. & Yates, C. (Eds.), *Culture and the Unconscious*. Basingstoke: Palgrave Macmillan, pp. 202-211.

Reid, M. (2007b) The loss of a baby and the birth of the next infant: The mother's experience. *Journal of Child Psychotherapy*, 33, 181-201.

Smith, J.A., Jarman, M. & Osborn, M. (1999) Doing interpretative phenomenological analysis. In Murray, M. & Chamberlain, K. (Eds.), *Qualitative Health Psychology: Theories and Methods*. London: Sage, pp. 218-240.

Strauss, A. & Corbin, J. (1990) *Basics of Qualitative Research: Grounded Theory Procedures and Techniques*. Newbury Park, CA: Sage.（南裕子（監訳）（1999）質的研究の基礎：グラウンデッド・セオリーの技法と手順　医学書院）

Strauss, A. & Corbin, J. (1994) Grounded theory methodology: An overview. In Denzin, N.K. & Lincoln, Y.S. (Eds.), *The Sage Handbook of Qualitative Research*. Thousand Oaks, CA: Sage, pp.

271-285.

▼第13章

Ardener, E. (2007) Some outstanding problems in the analysis of events. In Chapman, M. (Ed.), *The Voice of Prophecy and Other Essays*. New York: Berghahn Books, pp. 86-104.

Austin, S. (2002). Psychoanalytic infant observation and the "shadow" of containment. *International Journal of Critical Psychology*, 7, 102-125.

Bradley, B.S. (2005) *Psychology and Experience*. Cambridge: Cambridge University Press.

Briggs, A. (Ed.) (2002) *Surviving Space: Papers on Infant Observation: Essays on the Centenary of Esther Bick*. London: Karnac.

Bruner, J.S. (1975) From communication to language: A psychological perspective. *Cognition*, 3, 255-287.

Cox, M. (1988) *Coding the Therapeutic Process*, Revised edition. London: Jessica Kingsley.

Darwin, C.R. (1901). *The Descent of Man and Selection in Relation to Sex*, 2nd edition. London: John Murray. (Original work published 1874)（長谷川眞理子（訳）（1999-2000）ダーウィン著作集１・２　人間の進化と性淘汰１・２　文一総合出版）

Dunbar, R.I.M. (2003) The social brain: Mind, language, and society in evolutionary perspective. *Annual Review of Anthropology*, 32, 163-181.

Fivaz-Depeursinge, E. (1994) Triadic interactions as anchors for the conceptualisation of interactive representations. *Infant Behaviour and Development*, 17, 307.

Freud, S. (1922) Group psychology and the analysis of the ego. *Standard Edition*, 18, pp. 65-143. （藤野寛（訳）（2006）集団心理学と自我分析　フロイト全集17　岩波書店）

Hollway, W. (2007) Afterword. *International Journal of Infant Observation*, 10, 331-336.

Ishikawa, F. & Hay, D.F. (2006) Triadic interaction among newly acquainted 2-year-olds. *Social Development*, 15, 145-168.

Magagna, J. & Dubinsky, H. (1983) Remembering Mrs. Bick, remembering Mrs. Klein. *Tavistock Gazette*, 10, 5-9.

Markova, G., Stieben, J. & Legerstee, M. (2010) Neural structures of jealousy: Infants' experience of social exclusion with caregivers and peers. In Hart, S. & Legerstee, M. (Eds.), *Handbook of Jealousy: Theories, Principles and Multidisciplinary Approaches*. Hoboken, NJ: Wiley-Blackwell, pp. 83-100.

Paul, C. & Thomson-Salo, F. (1996) Infant-led psychotherapy with groups. *Journal of Child Psychotherapy*, 6, 118-136.

Perry, B.D. (1997) Incubated in terror: Neurodevelopmental factors in the "cycle of violence". In Osofsky, J.D. (Ed.), *Children in a Violent Society*. New York: Guilford Press, pp. 124-148.

Schaffer, H.R. (1971) *The Growth of Sociability*. Harmondsworth: Penguin Books.

Selby, J.M. & Bradley, B.S. (2003) Infants in groups: A paradigm for the study of early social experience. *Human Development*, 46, 197-221.

Selby, J.M. & Bradley, B.S. (2005) Psychologist as moral agent: Negotiating praxis-oriented knowledge in infancy. In Gülerce, A., Hofmeister, A., Steauble, I., Saunders, G. & Kaye, J. (Eds.), *Contemporary Theorizing in Psychology: Global Perspectives*. New York: Captus Press, pp. 242-250.

▼第14章

Ainsworth, M.D.S., Bell, S. & Stayton, D. (1974) Infant-mother attachment and social development: "Socialisation" as a product of reciprocal responsiveness to signals. In Richards, M.P.M. (Ed.), *The Integration of the Child into a Social World*. Cambridge: Cambridge University Press, pp. 99-135.

Ainsworth, M.D.S., Blehar, M.C., Waters, E. & Wall, S. (1978) *Patterns of Attachment: A Psychological Study of the Strange Situation*. Hillsdale, NJ: Lawrence Erlbaum Associates.

Behringer, J., Reiner, I. & Spangler, G. (2011) Maternal representations of past and current attachment relationships, and emotional experience across the transition to motherhood: A longitudinal study. *Journal of Family Psychology*, 25, 210-219.

Behringer, J. & Spangler, G. The parental couple, attachment and maternal sensitivity. *Journal of Attachment and Human Development*. 投稿中.

Bick, E. (1968) The experience of the skin in early object-relations. *International Journal of Psychoanalysis*, 49, 484-486.

Bion, W.R. (1962) *Learning from Experience*. London: Heinemann.（福本修（訳）（1999）経験から学ぶこと　精神分析の方法Ⅰ：セブン・サーヴァンツ　法政大学出版局）

Bowlby, J. (1969) *Attachment: Attachment and Loss. Vol. 1*. London: Penguin.（黒田実郎・大羽蓁・岡田洋子・黒田聖一（訳）（1991）新版　母子関係の理論１：愛着行動　岩崎学術出版社）

Briggs, S. (1997) *Growth and Risk in Infancy*. London: Jessica Kingsley.

Downing, G., Bürgin, D., Reck, C. & Ziegenhain, U. (2008) Interfaces between intersubjectivity and attachment: Three perspectives on a mother-infant inpatient case. *Infant Mental Health Journal*, 29, 278-295.

Fonagy, P. (2001) *Attachment Theory and Psychoanalysis*. New York: Other Press.（遠藤利彦・北山修（監訳）（2008）愛着理論と精神分析　誠信書房）

McFadyen, A., Canham, H. & Youell, B. (1999) Rating infant observation-is it possible? *International Journal of Infant Observation and its Applications*, 2, 66-80.

Rothbart, M.K. (1981) Measurement of temperament in infancy. *Child Development*, 52, 569-578.

Schore, A.N. (2001) Effects of a secure attachment relationship on right brain development, affect regulation, and infant mental health. *Infant Mental Health Journal*, 22, 7-66.

Stern, D.N. (1985) *The Interpersonal World of the Infant*: *A View from Psychoanalysis and*

Development Psychology. New York: Basic Books.（神庭靖子・神庭重信（訳）（1989）乳児の対人世界　理論編　岩崎学術出版社、神庭靖子・神庭重信（訳）（1991）乳児の対人世界　臨床編　岩崎学術出版社）

Tronick, E. (2007) *The Neurobehavioral and Social-Emotional Development of Infants and Children*. New York: W.W. Norton.

Urwin, C. (2007) Doing infant observation differently? Researching the formation of mothering identities in an inner London borough. *International Journal of Infant Observation and its Applications*, 10, 239-251.

van Ijzendoorn, M.H. (1995) Adult attachment representations, parental responsiveness and infant attachment: A meta-analysis on the predictive validity of the adult attachmemt interview. *Psychological Bulletin*, 117, 387-403.

▼第15章

Bog, U. (2008) *Single Case Observation Accounts - The Observation of Mr. Hartz*. Unpublished research project.

Briggs, S. (1997) *Growth and Risk in Infancy*. London: Jessica Kingsley.

Briggs, S. (1999) Links between infant observation and reflective social work practice. *Journal of Social Work Practice*, 13, 147-156.

Datler, W., Datler, M. & Funder, A. (2010) Struggling against a feeling of becoming lost: A young boy's painful transition to day care. *International Journal of Infant Observation and its Applications*, 13, 65-87.

Datler, W., Hover-Reisner, N., Steinhardt, K. & Trunkenpolz, K. (2008) Zweisamkeit vor Dreisamkeit? Infant Observation als Methode zur Untersuchung früher Triangulierungsprozesse. In Ruth, J., Katzenbach, D. & Dammasch, F. (Eds.), *Triangulierung - Lernen, Denken und Handeln aus pädagogischer und psychoanalytischer Sicht*. Frankfurt: Brandes & Apsel, pp. 85-109.

Datler, W., Trunkenpolz, K. & Lazar, R.A. (2009a) An exploration of the quality of life in nursing homes: The use of single case and organisational observation in a research project. *International Journal of Infant Observation and its Applications*, 12, 63-82.

Datler, W., Trunkenpolz, K. & Lazar, R.A. (2009b) *Nursing Homes under the Observational Microscope: An Analysis of their Organisational Dynamics in Terms of the Quality of Life Provided*. Paper presented at the OPUS-Conference 'Organisational and Social Dynamics. International Perspectives from Group Relations, Psychoanalysis and System Theory', London.

Davenhill, R., Balfour, A. & Rustin, M. (2007) Psychodynamic observation and old age. In Davenhill, R. (Ed.), *Looking into Later Life. A Psychoanalytic Approach to Depression and Dementia in Old Age*. London: Karnac, pp. 129-144.

Diem-Wille, G. (1997) Observed families revisited - two years on: A follow-up study. In Reid, S.

(Ed.), *Developments in Infant Observation. The Tavistock Model*. London: Routledge, pp. 182-206.

Foster, A. (2001) The duty to care and the need to split. *Journal of Social Work Practice*, 15, 82-90.

Heussler, G. (2008) *Single Case Observation Accounts - The Observation of Mrs. Gabler*. Unpublished research project.

Hinshelwood, R.D. (2002) Applying observational method. Observing organisations. In Briggs, A. (Ed.), *Surviving Space: Papers on Infant Observation: Essays on the Centenary of Esther Bick*. London: Karnac, pp. 157-171.

Hinshelwood, R.D. & Skogstad, W. (Eds.) (2000) *Observing Organisations: Anxiety, Defence and Culture in Health Care*. London: Routledge.

Hubbard, G., Downs, M. & Tester, S. (2001) Including the perspectives of older people in institutional care during the consent process. In Wilkinson, H. (Ed.), *The Perspectives of People with Dementia: Research Methods and Motivations*. London: Jessica Kingsley, pp. 63-82.

Lazar, R.A. (2009) Vom Kinderzimmer zum Konferenzraum: Die Beobachtungsmethode von Esther Bick und ihre Anwendungen bei Säuglingen und Institutionen. In Diem-Wille, G. & Turner, A. (Eds.), *Ein-Blicke in die Tiefe. Die Methode der psychoanalytischen Säuglingsbeobachtung und ihre Anwendungen*. Stuttgart: Klett-Cotta, pp. 201-214.

Menzies-Lyth, I. (1959) The functioning of social systems as a defence against anxiety. In Menzies-Lyth, I. (Ed.), *Containing Anxiety in Institutions. Selected Essays Vol. I*. London: Free Association Books (1988), pp. 43-85.

▼第16章

Anderson, B. (1983) *Imagined Communities: Reflections on the Origin and Spread of Nationalism*. London: Verso.（白石隆・白石さや（訳）（2007）定本 想像の共同体：ナショナリズムの起源と流行　書籍工房早山）

Bick, E. (1968) The experience of the skin in early object-relations. *International Journal of Psychoanalysis*, 49, 484-486.

Bion, W.R. (1962) *Learning from Experience*. London: Heinemann.（福本修（訳）（1999）経験から学ぶこと　精神分析の方法 I：セブン・サーヴァンツ　法政大学出版局）

Bourdieu, P. (1972) *Outline of a Theory of Practice*. New York: Cambridge University Press.

Bowen, J.R. (2010) *Can Islam be French? Pluralism and Pragmatism in a Secularist State*. Princeton: Princeton University Press.

Briggs, S. (1997) *Growth and Risk in Infancy*. London: Jessica Kingsley.

Cannell, F. (2007) How does ritual matter? In Astuti, R., Parry, J. & Stafford, C. (Eds.), *Questions of Anthropology*. Oxford: Berg, pp. 105-135.

Datler, W., Trunkenpolz, K. & Lazar, R.A. (2009) An exploration of the quality of life in nursing homes: The use of single case and organisational observation in a research project. *International

Journal of Infant Observation and its Applications, 12, 63-82.

Haddad, Y.Y. (2002) *Muslims in the West*. Oxford: Oxford University Press.

Hirschkind, C. (2006) *The Ethical Soundscapes: Cassette Sermons and Islamic Counterpublics*. New York: Columbia University Press.

McKenzie-Smith, S. (2009) Observational study of the elderly: An applied study utilising Esther Bick's infant observation technique. *International Journal of Infant Observation and its Applications*, 12, 107-115.

Pouillon, J. (1982) Remarks on the verb 'to Believe'. In Izard, M. & Smith, P. (Eds.), *Between Belief and Transgression: Structuralist Essays in Religion, History, and Myth*. Chicago: University of Chicago Press, pp. 1-8.

Rustin, M. (2002) Looking in the right place: Complexity theory, psychoanalysis and infant observation. *International Journal of Infant Observation and its Applications*, 5, 122-144.

Rustin, M. (2006) Infant observation research: What we have learned so far? *International Journal of Infant Observation and its Applications*, 9, 35-52.

Stern, D.N. (1985) *The Interpersonal World of the Infant: A View from Psychoanalysis and Development Psychology*. New York: Basic Books.（神庭靖子・神庭重信（訳）（1989）乳児の対人世界　理論編　岩崎学術出版社、神庭靖子・神庭重信（訳）（1991）乳児の対人世界　臨床編　岩崎学術出版社）

Trevarthen, C. (1980) The foundations of intersubjectivity: Development of interpersonal and cooperative understanding in infants. In Olson, D. (Ed.), *The Social Foundations of Language and Thought: Essays in Honour of J.S. Bruner*. New York: W.W. Norton, pp. 316-342.

Urwin, C. (2007) Doing infant observation differently? Researching the formation of mothering identities in an inner London borough. *International Journal of Infant Observation and its Applications*, 10, 239-251.

Winnicott, D.W. (1958) Transitional objects and transitional phenomena. In *Collected Papers: Through Paediatrics to Psycho-analysis*. London: Tavistock Publications, pp. 229-242.（橋本雅雄（訳）（1979）移行対象と移行現象　遊ぶことと現実　岩崎学術出版社）

Winnicott, D.W. (1960) The theory of the parent-infant relationship. *International Journal of Psychoanalysis*, 41, 585-595.

▼あとがき

Bion, W.R. (1970) *Attention and Interpretation*. London: Tavistock Publications.（福本修・平井正三（訳）（2002）第4部　注意と解釈　精神分析の方法Ⅱ：セブン・サーヴァンツ　岩崎学術出版社）

Bion, W.R. (1977) *Seven Servants*. New York: Jason Aronson.（福本修（訳）（1999）精神分析の方法Ⅰ：セブン・サーヴァンツ　法政大学出版局、福本修・平井正三訳（2002）精神分析の方法Ⅱ：セブン・サーヴァンツ　法政大学出版局）

人名索引

◆あ行
アードナー（Ardener, E.） 14，184
ウィニコット（Winnicott, D.W.） 6，8，24，132，222，227
ウゼル（Houzel, D.） 135，140
エインズワース（Ainsworth, M.D.S.） 41，137，205

◆か行
クーン（Kuhn, T.S.） 25，26
クライン（Klein, M.） 22，83，91，99，115
グリーン（Green, A.） 8，20
クレーマー（Kraemer, S.） 72
グロアーク（Groarke, S.） 9，29

◆さ行
シュタイナー（Steiner, J.） 80
スターン（Stern, D.N.） 8，20，31，37，147

◆た行
トマセロ（Tomasello, M.） 35，37
トロニック（Tronick, E.） 40

◆は行
ハマースレイ（Hammersley, M.） 75，77
ビービ（Beebe, B.） 31，40，150
ビオン（Bion, W.R.） 6，22，69，115，141，197，227
ビック（Bick, E.） 4，20，24，40，73，90，134，180，201，210，227
フェアバーン（Fairbairn, W.R.） 158
フォナギー（Fonagy, P.） 9，195
フライバーグ（Fraiberg, S.） 40
ブリトン（Britton, R.） 140
フロイト（Freud, S.） 72，181
ボウルビィ（Bowlby, J.） 20，30

◆ま行
マイエロ（Maiello, S.） 69
マクドゥーガル（McDougall, J.） 23
メンジーズ－ライス（Menzies-Lyth, I.） 219，220

◆ら行
レシュヴァリエ（Lechevalier, B.） 135

事項索引

◆あ行

愛着　9, 39, 195
　──カテゴリー　138
　──パターン　195, 196, 197
　──分類　206
　──理論　30, 181, 193, 194, 195, 196
アイデンティティ　45, 59, 120, 122, 127, 131
　乳児の──　24
アクションリサーチ　107
アルファ機能　115
インタビュー　60, 120, 132
エビデンス　5
　観察的──　99
　経験的──　22
　実験上の──　21
　実験的──　35
親・乳児精神保健サービス　149

◆か行

観察技術　43, 44
観察記録　5, 73, 198
観察訓練　45
観察者　10, 22, 32, 35, 53, 60, 66, 92, 139, 141, 223
　──のスタンス　64, 66
　──の態度　12
　──の役割　97
　乳児──　36
観察者／調査・研究者　12, 26
観察セミナー　54
観察的態度　5
観察の方法　4, 37
間主観性　83, 181

間主観的コミュニケーション　74
間主観的プロセス　227
感受性尺度　205
感情調整　195
機能　139
虐待　193
逆転移　6, 9, 21, 22, 40, 65, 66, 83, 92, 121, 231
共同構成主義　75
共同注意　102
グラウンデッド・セオリー　12, 63, 92, 106, 112, 165, 199
グループ　68, 127
　──スーパーヴィジョン　84
　──のメンバー　32
　──プロセス　182
訓練　5, 9, 70, 92
　──コース　5, 51, 61
　──生　60, 70
　心理療法の──　44, 105
言語の影　184
現実主義　75
原初的自己　99
原－防衛　97, 102
行為の主体の感覚　36
公的保護　49, 104
心の理論　74
心への関心　115
個人セラピー　52, 55
個人分析　60, 68
子どもと青年のための精神保健サービス　104
子どもの心理療法コース　4
子どもの心理療法士　104, 118, 119, 144
子どもの精神保健サービス　30
コンテイナー－コンテインド　197, 204
コンテインする機能　142
コンテインメント　6, 115, 140, 195, 211, 219
コンテインメントと対象関係の尺度

260

（CAORS） 205

◆さ行
里親　106
　　——家族　106
　　——家庭　50
三項関係思考　102
三項思考　91
施設内観察　211
実証的研究　33
実践者／調査・研究者　77，78，81
質的社会科学　77
児童発達実験研究　27
自閉症スペクトラム　33，144
　　——障害　134，135，137
「社会科学的」方法論　71
社会構成主義　32
社会脳仮説　181
周産期　162
　　——喪失　162
　　——と乳児の精神保健サービス　162
羞恥心　152
情動調整　195
情動調律　39，96，98
新奇場面法　41，43，137，196
神経科学　30，32，181
スーパーヴァイザー　143
スーパーヴィジョン　11
　　——グループ　79，80
　　——セミナー　73
スティル・フェイス法　40
生活の質　210
正常な自閉期　8
成人愛着面接（AAI）　55，196，205
精神分析的観察　83
精神分析的思考　8，32
精神分析的知識　195
精神分析的理解　195
設定　7
　　観察の——　22
　　乳児観察の——　21，22
セミナー　38，39，53，69，120，184，211，217
　　——グループ　5，11，22，48，64，130，135，212
　　——リーダー　5，45，54，64，68，134，218
全体状況　83
喪失　7
ソーシャルワーカー　106
ソーシャルワーク　43，79
組織観察　49，220
組織プロセス　78

◆た行
第三の位置　59，102，140，143
第二の皮膚　20
　　——の防衛　40
多職種治療　106
抱っこ　6，102
ダビストック・クリニック　4，20，51
ダビストック・グループ関係　211
単一事例研究　11，117，164
調査・研究　3，4，8-14，21，22，24-29，30，31，38
　　実験的——　37
　　実証的——　9，41
　　社会科学の——　10
　　社会心理学的——　38
　　社会的——　78
　　人文科学と社会科学の質的——　75
　　心理学的——　30
　　精神分析的——　75，78，83
　　精神分析的フィールド——　81
　　民族誌的——　71，76
　　量的、および長期的——　40
調査・研究者／臨床家　165
治療的観察　25，27，105，106，117，136
治療的乳児観察　135
通常の自閉状態　37

事項索引　261

転移　9, 21, 22
　　──対象　84
転移－逆転移　84
動物行動学的観察　4
トライアンギュレーション　11
トラウマ　7, 116, 157, 158
トラウマティックな喪失　102

◆な行
内省力　55
ナラティブ記録　5, 10, 12
乳児観察的方法　24
乳児観察のデータ　194
乳児研究　30, 31, 35, 194
　　実験的──　31
乳幼児精神保健　28
ネグレクト　79, 193

◆は行
ハイリスク・カテゴリー　137, 142
発達研究　8, 9
発達心理学　8, 13, 24, 30, 36, 42, 73, 181
発達理論　193
非言語的行動　183
非言語的コミュニケーション　6, 59
ビデオ　148
　　──カメラ　150
　　──録画　182, 183, 203
美的鑑識力　97
フィールドノート　183, 231
フィールドワーク　75, 222, 223
フォーカスグループ　60, 62
負の能力　92
プロセスノート　139
文献研究　106
防衛的構造　97
防衛プロセス　219

◆ま行
ミラーニューロン　34
民族誌学　221
民族誌的記録　75
無意識的空想　99
無秩序／混乱型の愛着　116
メンタライゼーション　9, 115

◆や行
幼児自閉症チェックリスト（CHAT）　136, 142
抑うつポジション　115

監訳者あとがき

　本書は、乳児観察がその始まりから現在に至るまで果たし続けてきた訓練としての意義、およびその治療的応用の可能性について、近年、英国の子どもの心理療法士らの間では最もホットなテーマの1つである調査・研究の視点から論じた数々の論文から成り立つ一書です。

　私が最初に本書に出会ったのは、2012年の末頃であったと記憶しています。その頃、私が勤務する大学の大学院生や研修員の中には、すでに乳児観察の訓練を受けている人たちや、これから始めてみたいと関心を持っている人たちがいました。ちょうど、2013年4月から1年間、私のタビストック・クリニック再訪が決まっており、その間にこうしたメンバーが集まって何か学べることがないかと模索していた時期でもあり、それではその間にぜひ本書の翻訳に取り組んでみてはどうかというアイディアが出てきたわけです。本書は、そうした意欲的なメンバーのおかげで実現したものです。

　1年という短期間の滞在では、私自身が改めて乳児観察を行うことは現実的に難しかったのですが、セミナーに出席して、その学びの醍醐味を再体験することは可能でした。実際、改めて乳児観察セミナーにメンバーとして参加し、何年経っても変わらない乳児観察の訓練（観察の方法、そしてセミナーの運営）が続いていることに、しかし毎回のセミナーごとに発表される乳児と家族の物語は、当然ながら一度たりとも同じであることはなく、私の中に起こってくる様々な気づきや感情の揺れに、週ごとに新鮮な刺激を受けたものでした。私自身が実際に乳児観察を行い、訓練を受けていた当時と同様に、今回参加していたセミナーも、あらゆるバックグラウンドを持ち、将来、子ども・青年心理療法士になるための訓練を受けることを視野に入れている人もいれば、乳児観察の訓練それ自体を目的として参加している人まで、幅広いメンバーから成っていました。

　本書においても触れられているように、乳児観察の訓練は、乳児と家族を観察

することから生じてくる観察者の情緒的経験に注目しながら、観察者の理解し、感じる能力を発達させるのを目的とする一方法だと考えられています。当初は、心理療法士や精神分析家を目指す人たちが実際に臨床訓練に入る以前の、いわば訓練の第一歩として位置づけられていましたが、今日ではソーシャルワーカーや看護師、教師、入所型施設の職員など、幅広く子どもや家族と関わる対人援助職に就く人たちの訓練として取り入れられるなど、そのすそ野の広がりが見られます。

このように、元来、乳児観察の最大の焦点は、受講生の学びの体験にあり、家族支援が目的だったわけではありませんが、こうした観察者の存在は、しばしば母親や家族にとって望ましく、援助にさえなる体験であるようだということは、かなり早い段階からわかっていたということです。通常、観察者は、明らかな問題やリスクを持たない家族を観察家庭として求めます。つまり、観察者が、「普通の」乳児期やその「ほどよい」母子関係について学ぶための場を求めるのであり、家族が助言や支援を与えてくれる観察者を求め、それを受け入れるというわけではないのです。ところが、ある種の環境下では、乳児観察に治療的な目的を付与することができるかもしれないという考えが次第に認識されるようになってきました。そして、リスクのある家族へのサポートとしての乳児観察が試験的に模索されるようになり、その中で多くの事例が蓄積されていきました。このような治療的観察といった実践の広がりの例については、本書で詳しく紹介されている通りです。こうした動きは、まずはフランスで始まったのですが、乳児観察訓練の発祥の地である英国においては、私がちょうど子ども・青年心理療法士としての訓練が終了に差しかかる頃に始まったと記憶していますから、今から十数年前のことになります。いずれにせよ、乳児観察が訓練として始まってから、かなりの時を隔てた後であったと言えます。ただ、このように乳児観察をより「治療的な」性質のものだとする考えは、通常の訓練を目的とするものとは明らかに異なるものです。また、治療的観察を行う際には、観察者の側にかなり多くの体験が求められるでしょうし、訓練という目的とは異なる視点を持ったスーパーヴィジョンが必要だとも思われます。

乳児観察の方法やその訓練としての意義については、日本でも論文や著作の一部などを通して、あるいは学会などでの事例発表やワークショップなどといった形で、討議される機会が年々増えてきていると思われます。むろん、乳児観察セ

ミナーがすでに何年も前から国内のいくつかの地で開催されていることからも、乳児観察の訓練そのものと、そして乳児観察の訓練を受けた人たちによる、その応用としての取り組み——例えば、スクールカウンセラーによる教室の観察など——も少しずつではありますが、広がりを見せてきています。観察の方法をこのように家庭の外といったあらゆる場面で応用する事例については、本書でも紹介されている通りです。

　冒頭でも述べましたように、本書の翻訳チームのメンバーは皆、私が大学で出会った人たちです。大学や大学院の講義では、乳児観察について紹介することはできても、その訓練を大学といった枠組みの中で行うことは現実的には不可能です。ですから、ここにそろったメンバーは、大学の枠を超えて、自らがまさに臨床心理士としての技量を磨くために、進んで乳児観察という新たな世界の扉をたたいた（あるいはたたこうとしている）熱心な人たちです。本書を通してすでにお察しの読者も少なくないと思いますが、乳児観察というのは、その一歩を踏み出すにはかなりのコミットメントが求められる訓練です。ただ、そうした時間的、体力的、そして精神的コミットメントをするだけの価値があってあまりある体験であることは間違いありません。英国での訓練がそうであるように、今後、日本においても、臨床心理士や精神科医のみならず、対人援助職に就く幅広い専門職の人たちへの広がりが見られるようになることを願っています。

　本書が、乳児観察という訓練としての体験に関心を持っていただき、その扉を開けてみるきっかけになることを願ってやみません。また、社会科学、あるいは文化人類学といった領域の調査・研究といった視点からお読みいただける読者の皆様には、精神分析的な知見に裏打ちされた、関与観察という新たな調査・研究の方法への扉を開いていただけることになれば幸いです。

　最後になりましたが、編集者の柏原隆宏さんには、『子どもの心理療法と調査・研究（*Child Psychotherapy and Research*）』（2009年）の翻訳でも大変お世話になりました。そして、本書はその姉妹編といった位置づけで、大変意欲的に編集作業に取り組んでいただきました。ここに心からの感謝を申し上げます。

　2015年 春

鵜飼奈津子

著者紹介

◆ジョアンナ・バーリンガー（Johanna Behringer）Dipl.Psych　　第14章
エアランゲン・ニュールンベルク大学心理学研究所の研究者、講師である。また、精神分析的心理療法士でもある。現在は、乳児の愛着と、カップルの関係性が愛着に及ぼす影響に関する縦断研究を行っている。

◆ベンジャミン・S・ブラッドリー（Benjamin S. Bradley）　　第13章
オーストラリアのニューサウスウェールズ州バースハーストにあるチャールズ・スチュアート大学の心理学の教授である。母親と赤ん坊の早期の相互作用に関する発達心理学、および近年は乳児の集団行動の萌芽に関する調査・研究に広範な実績がある。著書に、*Visions of Infancy*（Cambridge: Polity Press, 1989）、*Psychology and Experience*（Cambridge: Cambridge University Press, 2005）がある。

◆スティーブン・ブリッグス（Stephen Briggs）　　第14章
タビストック・ポートマンNHS財団の専門的成人精神保健サービス（SAMHS）の副代表である。また、東ロンドン大学のソーシャルワークの教授でもある。これまでに、乳児と思春期の精神保健に関して、また精神分析や自殺に関して膨大な調査・研究を行い、論文として発表している。著書 *Growth and Risk in Infancy*（London: Jessica Kingsley, 1997）は、脆弱な乳児の集団に対して行った乳児観察がもとになっている。

◆アンドリュー・クーパー（Andrew Cooper）　　第6章
東ロンドン大学、タビストック・クリニックのソーシャルワークの教授である。成人の精神分析的心理療法士でもあり、タビストック・クリニックの思春期・青年期部門でも仕事をしている。もともとは哲学者としての訓練を受けており、長らく心理療法的な観察プロセスと体験の認識論に関心を寄せてきた。近年の著書に、*Borderline Welfare*（J. Lousadaとの共著、London: Karnac, 2005）がある。

◆ウィルフリード・ダトラー（Wilfried Datler）　　第15章
ウィーン大学教育学部の教授であり、「教育における精神分析」ユニットの調査・研究の指揮を執っている。特に、タビストック方式の観察を調査・研究手法として応用することに特徴がある2つの調査・研究プロジェクトの代表である。1つは、幼児観察の方法論を手がかりに、幼児の保育所への適応について調査するプロジェクトであり、もう1つは老人ホームで暮らす認知症の人の生活体験の質を探求するものである。ここでは、単一事例の観察と組織観察が前面に出ている。いずれのプロジェクトも多職種協働で行われており、他の調

査・研究手法に対するタビストック方式の観察アプローチの特性について精査している。彼はまた、オーストリア個人心理学協会（OVIP）の訓練分析家であり、ウィーン乳児観察研究グループ（IOSGV）のメンバーでもある。

◆ウェンディ・ホールウェイ（Wendy Hollway）　　まえがき
オープン大学の心理学の教授である。精神分析が認識論および方法論の原則を付与し、主観性を理論化するような様々なプロジェクトを通して、心理社会的調査・研究の方法論を発展させてきた。近年の著書に、*Doing Qualitative Research Differently*（T. Jeffersonとの共著、London: Sage, 2000）、*The Capacity to Care*（London: Routledge, 2006）がある。現在は、ESRC▽訳注1フェローシップの支援を受け、*Mothers' Knowing, Knowing Mothers*という著書を執筆中である。

◆アマンダ・ジョーンズ（Amanda Jones）　　第11章
家族療法士であり、ロンドン北東部NHS財団の第3層▽訳注2周産期／親－乳児精神保健サービスの長である。タビストック・クリニックでの博士号の調査・研究では、いかに母親の「投影同一化」が赤ん坊の発達を逸脱させるのかについて精査した。アンナ・フロイト・センターと共同で製作したチャンネル4のドキュメンタリー「Help me love my baby」は、2007年の王立テレビ番組協会のドキュメンタリー部門で最優秀賞を受賞した。国内外の心理力動的親－乳児治療に関する学会で発表し、またロンドン大学カレッジおよび東ロンドン大学の臨床心理学プログラムで教鞭を執っている。親－乳児心理療法とビデオの用い方に関して多くの論文を書いている。

◆ロス・A・ラザール（Ross A. Lazar）BA, MA　　第15章
タビストックで訓練を受けた精神分析的子ども・青年心理療法士であり、個人開業している。また、成人の精神分析的心理療法士としてカップルや家族に対する心理療法を広範に行っている。さらに、主にドイツとオーストリアの多くの営利、非営利団体や組織においてコンサルタント、スーパーヴァイザー、コーチとして活動している。臨床実践および組織の問題をテーマに、ウィーンとクラーゲンフルトの調査・高等教育研究所（アルペン・アドリア大学、クラーゲンフルト）、ウィーン大学教育学部で客員教授として教えている。ISPSO（国際精神分析的組織研究協会）、ACP（子どもの心理療法士協会、英国）、OPUS（社会の理解を促進する組織）、ドイツにおける子どもの心理療法の団体であるVAKJP、IOSGV（ウィー

――――――
▽訳注1　経済・社会調査協議会（Economics and Social Research Council）の略称。
▽訳注2　英国における子どもと思春期の青年に対する精神保健サービスは、第1層（Tier 1）から第4層（Tier 4）までの4層からなっている。第3層は、そのうち特に、子ども・思春期精神保健サービス（Child and Adolescent Mental Health Services: CAMHS）と呼ばれる多職種協働チームであり、専門性の高いサービスを提供している。

ン乳児観察研究グループ）の会員であり、DPV（ドイツ精神分析連盟）のゲスト会員である。

◆ジリアン・マイルズ（Gillian Miles）MA（Oxon）　　第4章
タビストック・クリニック子ども・家族部門のソーシャルワークの元上級臨床講師である。精神分析的心理療法士、英国心理療法士協会会員であり、現在は協会の精神分析的心理療法訓練委員会の長を務めている。*On the Outside Looking In: Collected Essays on Young Child Observation in Social Work Training* の共編者（G. Bridge とともに、London: CCETSW Publications, 1996）である。

◆リサ・ミラー（Lisa Miller）　　あとがき
タビストックの子ども・家族部門の長を数年務め、現在は名誉コンサルタント子ども・青年心理療法士である。*Closely Observed Infants* の共編者（M.E. Rustin, M.J. Rustin, J. Shuttleworth とともに、London: Duckworth, 1989）であるほか、乳児観察および「5歳以下」の仕事に関して多くの論文や著書を発表している。また、創刊時より現在に至るまで『国際乳児観察研究』の編集委員である。

◆グレイアム・ミュージック（Graham Music）　　第3章
タビストックの子ども・家族部門のコンサルタント子ども・青年心理療法士、副臨床長であり、子どもの発達の調査・研究に関する前臨床段階の訓練を企画している。また、英国のほか、イタリア、トルコ、フランスで子どもの心理療法について教鞭を執り、スーパーヴィジョンを行っている。主な臨床的関心は、里親養育および養子に関する領域、「5歳以下」、地域の中での治療的実践の応用である。『子どもの心理療法研究』の編集委員であり、特に発達研究と精神分析的臨床実践の間の共通項をテーマに、幅広く論文を発表している。この関連の著書に、*Affect and Emotion*（Cambridge: Icon, 2001）、*Nurturing Natures*（East Sussex: Psychology Press, 2011）がある。

◆ヘザー・プライス（Heather Price）　　第6章
東ロンドン大学の心理社会学研究の上級講師であり、タビストック・ポートマンNHS財団でも教鞭を執っている。近年の調査・研究の関心は幼年期にあるが、特に教育システムの中で学ぶということの情緒的文脈、教育者の感情労働、そして精神分析に裏打ちされた調査・研究と教育についてである。著書に、*Emotion*（S. Day-Sclater, D. Jones, C. Yates との共編、London: Palgrave MacMillan, 2009）がある。『国際乳児観察・乳児観察応用研究』特集号に寄せた、教育現場への乳児観察の応用に関する論文が特に彼女の関心領域を示している。

◆マーグリート・リード（Marguerite Reid）　　第12章
20年近く周産期精神保健の領域で仕事をしてきたコンサルタント子ども・青年心理療法士であり、ロンドンのチェルシー・ウェストミンスター病院で革新的な周産期サービスを確立

した1人である。博士号の調査・研究では、周産期の喪失について取り上げた。赤ん坊を亡くした後にその次の子どもを産むときの母親の心の状態と、それがいかに母親－乳児の関係性に影響を及ぼすのかということに特に関心を持っている。周産期精神保健の領域に関する講義を行い、多くの論文を執筆している。また、ロンドンのタビストック・クリニックの前臨床段階の訓練のほか、ローマとウィーンのタビストックをモデルにしたコースでも教鞭を執ってきた。トルコのイズミールで乳児観察コースを確立した1人であり、イスタンブールでも乳児観察を指導した。

◆マリア・ロード（Maria Rhode）　　第10章
東ロンドン大学／タビストック・クリニックの子どもの心理療法の名誉教授である。また、タビストック・クリニックの名誉コンサルタント子どもの心理療法士であり、以前は自閉症ワークショップの責任者の1人であった。自閉症と乳児観察に関して幅広く講義を行い、論文を発表している。*The Many Faces of Asperger's Syndrome*（London: Karnac, 2004）のほか、3冊の著書の共編著者である。

◆マイケル・ラスティン（Michael Rustin）　　第2章
東ロンドン大学の社会学の教授であり、タビストック・クリニックの客員教授である。英国精神分析協会の会員であり、その応用部門の長でもある。著書に、*The Good Society and the Inner World*（London: Verso, 1991）、*Reason and Unreason*（London: Continuum, 2001）、*Narratives of Love and Loss*（Margaret Rustinとの共著、London: Verso, 1987）、*Mirror to Nature*（Margaret Rustinとの共著、London: Karnac, 2002）がある。また、*Closely Observed Infants*(1989)の共編者であり、この著書以降、乳児観察とその調査・研究の可能性に関してさらに論文を発表している。

◆ジェーン・セルビー（Jane Selby）　　第13章
オーストラリアを拠点とする臨床心理士である。個人開業のほか、発達、健康、社会心理学の領域における調査・研究者としても仕事をしている。大学卒女性がいかに主観的あるいは個人的な経験を文化や社会の文脈の中で理解しているのかに焦点を当てた調査・研究を行ったが、この関心は彼女の仕事全体に通じるものである。オーストラリアでは、原住オーストラリア人と「ハイリスク」の若者の健康上のニーズについて調査・研究を行っているほか、乳児の発達を含む多くのプロジェクトに携わっており、それぞれの分野で論文を発表している。

◆ウェンディ・シャークロス（Wendy Shallcross）　　第7章
NHS^{▽訳注3}で働く子ども・青年心理療法士である。イングランド南西部における子どもの心理療法サービスの発展と維持に多大な貢献をした。これまでに、ブリストルの乳幼児精神保健の修士課程で教えたほか、現在はロンドンのタビストック・クリニックおよびエクセター

の精神分析的乳児観察コースで教鞭を執っている。

◆ジュディ・シャトルワース（Judy Shuttleworth）　　第16章
ウィッティントン病院とタビストック・ポートマンNHS財団で臨床家および教員のポストを持つコンサルタント子ども・青年心理療法士である。以前は、エンフィールドCAMHSの子どもの心理療法の長であった。彼女は長年、臨床実践の社会的文脈に関心を持ってきた。ロンドン大学の医療人類学の修士号を有しているが、現在はロンドン・スクール・オブ・エコノミクス▽訳注4で社会人類学の博士課程に所属している。精神分析的乳児観察に関する最初の論文集である*Closely Observed Infants*（1989）の共編者であるほか、子どもの心理療法と乳児観察について多くの論文がある。

◆ジャニーン・スターンバーグ（Janine Sternberg）　　編者・第1章・第5章
タビストック・ポートマンNHS財団のポートマン・クリニックのコンサルタント子ども・青年心理療法士である。それ以前は、多様な問題を持つ子どもたちのためのタビストック・マルベリーブッシュ・デイユニットで長年にわたって仕事をしていた。もともとはタビストック・クリニックで子どもの心理療法士としての訓練を受けたが、その後、英国心理療法士協会で成人の心理療法士としての訓練も受けた。心理療法の仕事に求められる能力や技術について検討し、それがいかに乳児観察によって伸ばされるのかをテーマにした著書（*Infant Observation at the Heart of Training*, London: Karnac, 2005）のほか、*A Question of Technique*（East Sussex: Routledge, 2006）、*What Can the Matter Be?*（London: Karnac, 2008）に寄稿している。また、最近まで『子どもの心理療法研究』の編集に携わり、『英国心理療法研究』の編集コーディネーターも務めていた。

◆ジュディス・トロウェル（Judith Trowell）　　第4章
MBBS, DCH, DPM, FRCPsych, FIPsychoanal
子ども、青年、そして成人の精神分析家であり、タビストック・クリニックの子ども・家族部門のコンサルタント精神科医として長年にわたって仕事をしてきた。モンロー・ヤングファミリー・センターを設立し、自ら専門家証人として、また他職種の専門家が行うアセスメントの訓練を通して家庭裁判に携わってきた。これまでに、ヤング・マインズ（Young Minds）や政策策定グループ（Policy and Strategy Group）の長を務めた。近年は、西ミッドランド地方の訓練と調査・研究を推進するほか、全国にわたるサービスのコンサルテーションを行っている。また、虐待を受け、トラウマを負った子どもと青年についての調査・研究プロジェクト、抑うつ状態にある若者に関するプロジェクトを率いており、膨大な著作がある。

▽訳注3　国民健康サービス（National Health Service）の略称。英国に6か月以上在住する人が誰でも無料で受けられる医療サービス制度のこと。
▽訳注4　ロンドン大学の社会科学を専門とする研究・教育機関。

◆カトリン・トランケンポルツ（Kathrin Trunkenpolz）　　第15章
オーストリアのMag.Philの学位を有するウィーン大学教育学部のリサーチフェローであり、「教育における精神分析」ユニットの調査・研究の一員でもある。単一事例観察、組織観察の手法を用い、老人ホームで暮らす認知症の人々の生活体験の質について精査を行っている。また、訓練を目的に観察を行うことと、タビストック方式の観察技法を用いて調査・研究を行うことの影響について探求している。

◆キャシー・アーウィン（Cathy Urwin）　　編者・第1章・第9章・第13章
子ども、青年、成人の心理療法士である。ロンドンのタビストック・クリニックで、コンサルタント子ども・青年心理療法士、リサーチフェローのポストを持ち仕事をしていた。また、個人開業も行っていた。教師、発達心理学の研究者としての背景を持ち、長年の間、乳児観察および幼児観察を指導してきた。また、ESRC基金の調査・研究である、母親が養育を行うこととアイデンティティに関する研究における乳児観察の部分をスーパーヴァイズし、そこで得られた知見を2007年の『国際乳児観察・乳児観察応用研究』特集号に発表した。また、*Child Psychotherapy and Research*（N. Midgley, J. Anderson, E. Grainger, T. Nesic-Vuckovic とともに、London: Routledge, 2009）の編者である。

◆ジェニファー・ウェイクリン（Jenifer Wakelyn）　　第8章
タビストック／ハリンゲイ公的保護下にある子どもと青年の精神保健サービスの子ども・青年心理療法士である。以前は、モンロー・ヤングファミリー・センターで仕事をしていた。タビストック・クリニックの多くのコースで教鞭を執っており、アーボールの成人心理療法の訓練コースで子どもの発達セミナーも行っていた。最近、里親養育を受ける乳児の治療的観察に関する博士号の調査・研究を終えたばかりであるが、その前にはマリア・ロードとマーガレット・ラスティン（Margaret Rustin）による、コミュニケーションに問題のある乳児と家族の臨床観察という調査・研究に臨床家として携わっていた。2006年にヘイミッシュ・カナン記念論文賞を受けたほか、公的保護下にある子ども、家庭裁判のためのアセスメント、乳児観察に関して多くの論文を発表している。

監訳者紹介

◆**鵜飼奈津子**（うかい・なつこ）
京都女子大学大学院修士課程修了後、大阪府子ども家庭センター心理職を経て、1997～2004年、タビストック・クリニック留学。子ども・青年心理療法訓練コース修了。子ども・青年心理療法士資格、M. Psych. Psych. 取得。 ロンドン医療センター、Refugee Therapy Centre Child & Adolescent Psychotherapistを経て、2008年より大阪経済大学人間科学部准教授。2014年より同教授。臨床心理士、日本精神分析学会認定心理療法士、英国児童心理療法士協会会員。
主要著訳書
『自閉症とパーソナリティ』（共訳）創元社　2006年
『被虐待児の精神分析的心理療法』（共監訳）金剛出版　2006年
『学校現場に生かす精神分析』（共監訳）岩崎学術出版社　2008年
『子どもの精神分析的心理療法の基本』誠信書房　2010年
『子どもの精神分析的心理療法の応用』誠信書房　2012年
『子どもの心理療法と調査・研究』（監訳）創元社　2012年
『児童青年心理療法ハンドブック』（共監訳）創元社　2013年

訳者紹介

◆**鵜飼奈津子**（監訳者）　　第1章・まえがき・あとがき

◆**柏谷純子**（かしわだに・じゅんこ）　第8章・第10章・第15章
大阪経済大学大学院人間科学研究科修士課程臨床心理学専攻修了。
現在、関西学院高中部相談室に勤務。臨床心理士。大阪経済大学心理臨床センター研修員。NPO法人子どもの心理療法支援会専門会員。

◆**辻内咲子**（つじうち・さきこ）　第7章・第9章
大阪経済大学大学院人間科学研究科修士課程臨床心理学専攻修了。
現在、谷町こどもセンター・関西心理センターに勤務。臨床心理士。NPO法人子どもの心理療法支援会専門会員。

◆中澤鮎美（なかざわ・あゆみ）　　第3章・第6章・第11章
大阪経済大学大学院人間科学研究科修士課程臨床心理学専攻修了。
現在、児童養護施設羽曳野荘に勤務。臨床心理士。

◆二宮一美（にのみや・かずみ）　　第12章・第13章
大阪経済大学大学院人間科学研究科修士課程臨床心理学専攻修了。
現在、関西学院高中部相談室に勤務。

◆堀内　瞳（ほりうち・ひとみ）　　第2章・第16章
大阪経済大学大学院人間科学研究科修士課程臨床心理学専攻修了。
現在、大阪経済大学心理臨床センターに勤務。臨床心理士。NPO法人子どもの心理療法支援会専門会員／臨床セミナースタッフ。

◆山下浩太（やました・こうた）　　第5章
大阪経済大学大学院人間科学研究科修士課程臨床心理学専攻修了。
現在、保健センター発達相談員、および大阪市スクールカウンセラーとして勤務。臨床心理士。大阪経済大学心理臨床センター研修員。NPO法人子どもの心理療法支援会専門会員／臨床セミナースタッフ。

◆山名利枝（やまな・りえ）　　第4章・第14章・第15章
大阪経済大学大学院人間科学研究科修士課程臨床心理学専攻修了。
現在、大津市スクールカウンセラー、大阪府立知的障害高等支援学校スクールカウンセラー、保健センター発達相談員として勤務。臨床心理士。

乳児観察と調査・研究
日常場面のこころのプロセス

2015年5月20日　第1版第1刷発行

編著者——キャシー・アーウィン
　　　　　ジャニーン・スターンバーグ
監訳者——鵜飼奈津子
発行者——矢部敬一
発行所——株式会社 創元社

〈本　社〉
〒541-0047　大阪市中央区淡路町4-3-6
TEL.06-6231-9010(代)　FAX.06-6233-3111(代)
〈東京支店〉
〒162-0825　東京都新宿区神楽坂4-3 煉瓦塔ビル
TEL.03-3269-1051
http://www.sogensha.co.jp/

印刷所——株式会社 太洋社

©2015, Printed in Japan
ISBN978-4-422-11539-9 C3011

〈検印廃止〉
落丁・乱丁のときはお取り替えいたします。

装丁・本文デザイン　長井究衡

JCOPY 〈(社)出版者著作権管理機構 委託出版物〉

本書の無断複写は著作権法上での例外を除き禁じられています。複写される場合は、そのつど事前に、(社)出版者著作権管理機構(電話 03-3513-6969、FAX 03-3513-6979、e-mail: info@jcopy.or.jp)の許諾を得てください。

子どもの心理療法と調査・研究

プロセス・結果・臨床的有効性の探求

N・ミッジリー、J・アンダーソン、E・グレンジャー、
T・ネシッジ・ブコビッチ、C・アーウィン［編著］

鵜飼奈津子［監訳］

子どもの精神分析的心理療法の先進地域・英国の専門家を中心にまとめられた論文集。心理療法におけるエビデンスとは何か、子どもの心理療法はどのようなプロセスを経て、その結果や有効性はどのように評価されるのかなど、本質的な問いを掲げながら、実践面に確固たるエビデンスを提供するための調査・研究の先駆的な試みを多数紹介する。

A5判・上製・304頁・定価（本体5,200円＋税）
ISBN 978-4-422-11524-5